Ulla Klingovsky
Schöne Neue Lernkultur

Ulla Klingovsky (Dr. phil.) ist Erziehungswissenschaftlerin und arbeitet an der sozialwissenschaftlichen Fundierung didaktisch-methodischen Handelns in der Erwachsenen- und Weiterbildung. Sie ist wissenschaftliche Mitarbeiterin an der Universität Potsdam im Netzwerk Studienqualität Brandenburg sowie freiberufliche Trainerin und Beraterin.

Ulla Klingovsky

Schöne Neue Lernkultur

Transformationen der Macht in der Weiterbildung.

Eine gouvernementalitätstheoretische Analyse

[transcript]

Diese Arbeit wurde als Dissertation an der Humanwissenschaftlichen Fakultät der Universität Potsdam unter dem Titel: »Didaktisch-methodische Handlungsweisen als Regierungspraktiken – eine gouvernementalitätstheoretische Analyse von Praxiskonzepten für eine ›Neue Lernkultur‹« angenommen.

Bibliografische Information der Deutschen Nationalbibliothek
Die Deutsche Nationalbibliothek verzeichnet diese Publikation in der Deutschen Nationalbibliografie; detaillierte bibliografische Daten sind im Internet über http://dnb.d-nb.de abrufbar.

Umschlaggestaltung: Kordula Röckenhaus, Bielefeld
Umschlagabbildung: Andrea Faragó
Lektorat & Satz: Susanne Steffen & Andrea Faragó
Druck: Majuskel Medienproduktion GmbH, Wetzlar
ISBN 978-3-8376-1162-5

Gedruckt auf alterungsbeständigem Papier mit chlorfrei gebleichtem Zellstoff.

Besuchen Sie uns im Internet: *http://www.transcript-verlag.de*

Bitte fordern Sie unser Gesamtverzeichnis und andere Broschüren an unter: *info@transcript-verlag.de*

Inhalt

1 Einleitung

Didaktische und methodische Überlegungen für die Gestaltung von Lehr- und Lernprozessen in der Erwachsenen- und Weiterbildung unterliegen zeitgemäßen Konjunkturen. Was und wie Erwachsene ihren Voraussetzungen, Grundlagen und Zielen entsprechend lernen können und sollen, wurde seit dem Beginn der Erwachsenenbildungsarbeit immer wieder unterschiedlich interpretiert und begründet. Dabei sind didaktisch-methodische Aussagen über Lehr-Lern-Prozesse eingebunden in die Gesamtkultur einer Gesellschaft und auch eine Reaktion auf die Herausforderungen, mit denen sich diese jeweils konfrontiert sieht. Gegenwärtig begründen die technisch-ökonomischen Entwicklungen und gesamtgesellschaftlichen Veränderungsprozesse im Zeichen der Globalisierung einen erneuten Reflexionsbedarf der Disziplin. Bieten das disziplinäre Wissen und die professionelle Lern- und Entwicklungsarbeit mit Erwachsenen zeitgemäße Perspektiven, um den Anforderungen einer dynamisch sich wandelnden Lebenswelt begegnen zu können? Wird die darin erforderliche Lern- und Entwicklungsbereitschaft von Menschen angemessen unterstützt und gefördert?

Diesen Fragestellungen korrespondiert die bildungspolitische Forderung des lebenslangen bzw. lebensbegleitenden Lernens: Um den Herausforderungen der modernen Gesellschaft und Arbeitswelt gewachsen zu sein, ist zu klären, wie das Lernen *aller* Menschen „in allen Lebensphasen und Lebensbereichen, an verschiedenen Lernorten und in vielfältigen Lernformen angeregt und unterstützt werden kann“ (Bund-Länder-Kommission 2003: 5).

Seit Mitte der 1990er Jahre werden diese Aufgabenstellungen in der Didaktik der Erwachsenen- und Weiterbildung unter dem Begriff der „Neuen Lernkultur“ diskutiert.[1] Der Begriff der „Neuen Lernkultur“ steht für ver-

1 Im Jahr 1990 erschien das von Peter Faulstich herausgegebene Sammelwerk *Lernkultur 2006* (Faulstich 1990), mit dem dieser Begriff in die Diskussion eingeführt wurde.

schiedene Bemühungen der Erwachsenen- und Weiterbildung, die sich abzeichnenden und als notwendig erachteten Anforderungen an die Erwachsenen- und Weiterbildung begrifflich zu fassen. Eine Veränderung der Lern-Kultur wird als notwendig erachtet, da „die Gesamtheit der menschlichen Lebensweise, die wir als Kultur bezeichnen können, sich verschiebt und damit auch veränderte Bedingungen für Lernen entstehen" (Faulstich 1990: 9). Während im Verlauf der 1990er Jahre nur einzelne Veröffentlichungen zum Thema erfolgten, ist seit 1999 eine starke Zunahme zu konstatieren. Diese kann auch im Zusammenhang mit der Förderpolitik des Bundes gesehen werden, in der der Begriff eine zunehmende Rolle spielt.[2]

Die Didaktik der Erwachsenen- und Weiterbildung stellt ein heterogenes Ensemble theoretischer und praktischer Betrachtungsweisen dar. Dementsprechend war der Begriff der „Neuen Lernkultur" über lange Zeit „weitgehend ungeklärt" (Arnold/Schüßler 1998: VII). Er steht nicht für ein klar konturiertes Programm, sondern gleicht eher einem Schmelztiegel, in den sich unterschiedliche theoretische Referenzen, Subjektvorstellungen und praktische Zielrichtungen einschreiben. Um ein verbindendes Moment der unterschiedlichen Ansätze zu bestimmen, wird heute von einem „Wandel des Lehr-Lern-Paradigmas" (Dubs 2000: 98, kritisch hierzu vgl. Klein 2002: 241) gesprochen. Mit diesem Paradigmenwechsel ist eine Verschiebung grundlegender Parameter didaktisch-methodisch gestalteter Lehr-Lern-Prozesse intendiert. Er stellt eine den Herausforderungen angemessene Zukunft des Lernens in Aussicht.

Die Entwicklung einer „Neuen Lernkultur" ist insgesamt mit hohen Erwartungen verbunden. Die Gestaltung von Lehr-Lern-Prozessen soll hierin eine Funktion erfüllen, in der das Lernen der Subjekte von Lehrpersonen unabhängiger, selbst bestimmter und selbst verantworteter wird. Eine „Neue Lernkultur" habe dabei Prozesse zu ermöglichen, in denen Lernende ihre Lernbedürfnisse selbst feststellen, so dass diese zum Gegenstand des Lernprozesses werden können. Darüber hinaus formulieren Lernende ihre eigenen Lernziele und identifizieren ihre persönlichen Ressourcen für das Lernen. Schließlich wählen und realisieren sie angemessene Lernstrategien, um ihren individuellen Lernbedarf zu befriedigen. Die didaktisch-methodische Gestal-

2 Zu erwähnen ist etwa das vom Bundesministerium für Bildung und Forschung und dem Europäischen Sozialfond geförderte Programm *Lernende Regionen*, das für die Öffnung der Lernkulturen steht. Des Weiteren das Programm *Lernkultur Kompetenzentwicklung*, das die Arbeitsgemeinschaft Betriebliche Weiterbildungsforschung e.V. in Zusammenhang mit der „Berliner Erklärung [...] für eine neue gesellschaftliche Lernkultur" startete. Ebenso entwickelte zum Beispiel der Arbeitsstab Forum Bildung in der Geschäftsstelle der Bund-Länder-Kommission für Bildungsplanung und Forschungsförderung umfangreiche Empfehlungen für eine *Neue Lern- und Lehrkultur* (vgl. Forum Bildung 2001: 7).

tung habe nicht länger in der Gewalt einer Profession zu liegen, die Entscheidungen darüber treffe, welches die optimale Art und Weise des Lernens ist. Jeder Lernende verfüge bereits über angemessene Praktiken, Lernprozesse individuell zu gestalten. Schließlich ist auch der Lernerfolg lediglich individuell zu bewerten, von „außen" also weder erkenn- noch evaluierbar. Eine zeitgemäße Lernkultur habe die „lehrerzentrierte Perspektive" (vgl. Arnold 1996: 25) aufzugeben, die davon ausgeht, dass Lernprozesse sich von Lehrenden herstellen ließen. Dabei soll Fremdsteuerung in einer „Neuen Lernkultur" durch eine radikale Selbststeuerung abgelöst werden, in der Lernende lediglich unterstützt beziehungsweise nach eigenem Wunsch beraten werden (vgl. Dauber 1999: 42).

Die Suche nach einer erwachsenengerechten Lernkultur in der Erwachsenen- und Weiterbildung ist allerdings kein neues Thema. Diese Bemühungen reflektieren insbesondere das professionelle Verhältnis der Lehrenden zu den Lernenden. In diesem Zusammenhang „ist immer wieder mehr oder weniger leidenschaftlich gegen das ‚Schulische' und für die Selbststeuerung gesprochen worden" (Tietgens 1990: 8).[3] Im Zeichen einer „Neuen Lernkultur" ist vor dem Hintergrund gesellschaftlicher Transformationsprozesse allerdings ein struktureller Wandel des didaktisch-methodischen Diskurses zu beobachten. In diesem Prozess verändert sich die Gegenstandsbestimmung didaktischer Aufgaben ebenso wie die Funktionsbestimmung und damit einhergehend auch die didaktisch-methodischen Handlungsweisen selbst. Diese konzeptionellen Veränderungen innerhalb des didaktisch-methodischen Diskurses sind das Thema der vorliegenden Untersuchung.

Dabei wird das Ziel verfolgt, die Gegenstands- und Funktionsbestimmung einer „Neuen Lernkultur" sowie die in ihrem Rahmen entwickelten didaktisch-methodischen Praktiken im Hinblick auf ihre machttheoretischen Implikationen zu analysieren. Didaktisch-methodische Handlungsweisen werden hierbei allerdings nicht als konkrete empirische Praktiken untersucht. Gegenstand der folgenden Untersuchung sind vielmehr konzeptionelle Aussagen über didaktisch-methodische Handlungsweisen in einer „Neuen Lernkultur".

In dieser Untersuchung werden die divergierenden Ansätze innerhalb der „Neuen Lernkultur" und die kontrovers geführte Debatte über didaktisch-methodische Fragen als Diskurs, also im weitesten Sinne als *Formation von*

3 Tietgens vermerkt in diesem Zusammenhang auch, dass die „Alltagsrealität der Erwachsenenbildung, jedenfalls im deutschsprachigen Raum, gegenüber ihrem eigenen Selbstanspruch" immer deutlich zurück blieb (vgl. Tietgens 1990:8).

Aussagen, betrachtet.[4] Es wird davon ausgegangen, dass in dem Diskurs um eine „Neue Lernkultur" eine grundlegende Erneuerung didaktisch-methodischer Handlungsweisen zur Gestaltung von Lehr-Lern-Prozessen vorgenommen wird. Diese grundlegende Erneuerung besteht in einer radikalen Reduktion externer Steuerung zugunsten der Selbstbestimmung der lernenden Subjekte. Damit geraten die Lernenden selbst in den Fokus der für eine „Neue Lernkultur" entworfenen Praxiskonzepte.

Die Untersuchung wird durch die Fragestellung geleitet, in welcher Form die programmatische Erneuerung in den unterschiedlichen Praxiskonzepten *konkret* entworfen wird. Anknüpfend an die machtanalytische Konzeption Michel Foucaults, die eine zentrale theoretische Referenz dieser Publikation darstellt, wird in dieser Untersuchung gezeigt, dass sich durch die Dezentrierung der Lehrfunktion in diesen Programmen Standardisierungen und Verhaltenslenkung der Subjekte keineswegs verflüchtigen.

Als lerntheoretisch fundierte Handlungsanweisungen lassen sich die didaktisch-methodischen Praxiskonzepte für eine „Neue Lernkultur" als Programme verstehen.[5] Als Programme enthalten sie ein Wissen über lerntheoretische Zusammenhänge und angemessene didaktisch-methodische Praktiken sowie deren Effekte. Da es sich bei den vorgeschlagenen didaktisch-methodischen Arrangements nicht um Beschreibungen einer empirisch beobachteten Unterrichtspraxis, sondern um konzeptionelle Überlegungen handelt, sind auch die Effekte in der Regel keine tatsächlichen, empirisch beobachteten, sondern erhoffte und unterstellte. Die genannten Effekte sind damit ebenso Hoffnungen wie Versprechungen für eine neue Praxis des Lehrens und Lernens. Sie legitimieren die anvisierten Handlungsweisen.

In dieser Publikation verwende ich den Begriff der didaktisch-methodischen Handlungsweise oder Praktik synonym. Dem Begriff der Handlungsweise oder Praktik wird auf einer theoriestrategischen Ebene ein Vorteil eingeräumt gegenüber den verschiedenen Versionen eines Handlungsbegriffs, die sich seit den 1970er Jahren im erziehungswissenschaftlichen und erwach-

4 Der Diskursbegriff wird hier in Anlehnung an Michel Foucault verwendet. Er bezeichnet ein Ensemble zusammenhängender Aussagen (den didaktisch-methodischen Diskurs), in dem sich Diskursgegenstände, Äußerungsmodalitäten und Begriffe auf eine spezifische Art formieren. Der Diskurs als regelgeleitete Formation von Aussagen konstituiert über sprachliche Wissensproduktion und praktische Handlungsweisen eine jeweils historisch kontingente „Ordnung der Dinge" (Foucault 1966). Der didaktisch-methodische Diskurs konkretisiert die didaktische Aufgabenstellung über eine Gegenstands- und Funktionsbestimmung und entwickelt die Bearbeitungsprozesse unterstützende didaktisch-methodische Praktiken. Vergleiche dazu Kapitel 4.1.1.

5 Programme sind für Foucault Elemente eines Diskurses, die weder mit der Realität identisch sind, noch in direkter Weise „angewandt" oder „umgesetzt" werden (siehe Kapitel 4.3.3.).

senenpädagogischen Diskurs etabliert haben (vgl. Göhlich/Zirfas 2006: 48 ff.). Gegenüber diesem bringt der Begriff der Praktik die kulturelle Dimension des Handelns ins Spiel und bricht mit der Annahme einer grundsätzlichen Dualität von individueller Handlung und gesellschaftlicher Struktur (vgl. Giddens 1984: 77 ff.).

Der Begriff der Handlungsweise verweist auf eine Theorie sozialer Praktiken, in deren Folge das Soziale nicht länger als Produkt individueller Handlungsakte verstanden wird.[6] Praxistheorien verorten das Soziale demgegenüber auf der Ebene sozialer Regeln, in deren Rahmen individuelles Handeln überhaupt möglich wird (vgl. Reckwitz 2000: 558). In diesem Verständnis handeln Subjekte, indem sie eine Ordnungsstruktur, zum Beispiel eine Sprache, gebrauchen. Soziale Praktiken lassen sich „als ein Zusammenhang von routinisierten körperlichen Verhaltensmustern, übersubjektiven Wissensschemata und routinisierten subjektiven Sinnzuschreibungen" (ebd.: 559) verstehen. In diesem Sinne wird auch das Lehren als professioneller didaktisch-methodischer Handlungsmodus im Folgenden nicht von den handelnden Akteuren und Akteurinnen aus gedacht, sondern ausgehend von Handlungsweisen, die gesellschaftlich geteilt und verteilt sind.[7]

Didaktisch-methodische Handlungsweisen stellen in diesem Sinne Praktiken dar, denen eine soziale Ordnungsstruktur vorausgeht, die professionelles Lehrhandeln begründet. Diese Ordnungsstruktur manifestiert sich in den von den Praxiskonzepten entwickelten didaktisch-methodischen Praktiken. Professionelle Akteure im Feld der Weiterbildung ‚gebrauchen' diese Struktur zur Gestaltung von Lehr- und Lernprozessen. Ein Kennzeichen dieser Ordnungsstruktur ist ihre grundsätzliche Veränderbarkeit. Durch den Gebrauch sozialer Praktiken kann diese Struktur verschoben und entwickelt werden,

6 Mit dieser Herangehensweise versuche ich, eine theoretische Verschiebung in den Sozialwissenschaften für die didaktische Forschung fruchtbar zu machen. In den vergangenen 20 Jahren haben sich in den Sozialwissenschaften unterschiedliche Analyseansätze herausgebildet, die als Theorien sozialer Praktiken, Praxistheorien oder Versionen einer Praxeologie umschrieben werden (vgl. Reckwitz 2000: 347). Allgemein wird auch ein *Practice Turn in Contemporary Theory* (Schatzki/Knorr-Cetina/Savigny 2001) diagnostiziert, und mit ihm die Entwicklung eines praxistheoretischen Vokabulars.

7 Zugunsten einer besseren Lesbarkeit habe ich mich für eine prinzipiell, aber gegen eine durchgängig geschlechtergerechte Sprache entschieden und wechsele zwischen der Nutzung der weiblichen, der männlichen und beider Formen. Wenn also im Folgenden von Akteurinnen die Rede ist, sind stets auch die Akteure gemeint – und umgekehrt.

wobei auch diese Verschiebungen nicht auf die Intention von Akteuren zurückgehen, sondern im Sinne Bourdieus durch die Logik der Praxis selbst begründet werden (vgl. Bourdieu 1993: 49 ff.).[8]

In den unterschiedlichen Praxiskonzepten für eine „Neue Lernkultur“ sind didaktisch-methodische Handlungsweisen entwickelt und konkretisiert, die in dieser Publikation mit Foucault als *Technologien des Selbst* verstanden werden. Im Hinblick auf den Diskurs um eine „Neue Lernkultur“ sind Technologien des Selbst als Anleitungen zu verstehen, die es den Lernenden ermöglichen, auf sich selbst einzuwirken (Foucault 1988a: 26). Sie verfolgen das Ziel, dass Lernende selbstständig oder mit Unterstützung anderer eine Reihe von Operationen an ihrem Denken, ihrem Verhalten und ihrer Existenzweise vornehmen und damit sich selbst und ihr eigenes Lernen (um)gestalten. Didaktisch-methodische Handlungsweisen erscheinen vor diesem Hintergrund als Machtpraktiken, mit denen nicht direkt und unmittelbar auf andere eingewirkt wird, sondern auf deren Handeln. Diese Form von Machtverhältnissen wirkt nicht negativ einschränkend oder verhindernd, sondern eröffnet ein weites Feld von Möglichkeiten, in dem mehrere Reaktionen und Handlungsweisen stattfinden können. Das Feld von Möglichkeiten ist dabei derart strukturiert, dass Selbstführung möglich wird. In diesem Sinne stellen didaktisch-methodische Handlungsweisen, die für eine „Neue Lernkultur“ entworfen werden, Regierungspraktiken dar.

Mit dem Begriff der Regierung etabliert Foucault in seinen Untersuchungen ein theoretisches Paradigma, das in dieser Publikation entlang der Vektoren Macht, Wissen und Subjektivität näher bestimmt werden soll. Im Wesentlichen versteht Foucault unter Regierung eine spezifische Weise, Menschen zu führen, die sich fundamental von der Vorstellung unterscheidet, dass Subjekte und deren individuelles Handeln manipuliert, unterdrückt oder direkt gesteuert werden. Vielmehr fasst Foucault Machtverhältnisse stets als Kräfteverhältnisse, die etwas herstellen, hervorbringen und produzieren. Der Begriff der Regierung bezieht sich auf eine Führungsweise, mit der Subjekte und ihre individuellen Handlungsweisen gelenkt, geleitet und kontrolliert werden. Diese spezifische Weise, Menschen zu führen, beinhaltet Fremdführung ebenso wie Technologien des Selbst als Selbstführung (vgl. Foucault 1988b: 18). Um das Problem der Führung von Führungen – oder das Zusammenwirken von Fremd- und Selbstführung – und die Verbindung von Makro- und Mikroebene bearbeiten zu können, führt Foucault den Begriff der Gouvernementalität ein.

8 Pierre Bourdieu verfolgt mit seiner praxeologischen Theorie der Praxis die Grundlegung eines alternativen Verständnisses von Praxis – dies unter anderem im Hinblick auf die Überwindung von Erkenntnisweisen, die im weitesten Sinne ihren Ausgangspunkt im (voraussetzungslosen) „subjektiven Sinn“ bzw. im „objektiven Sinn“ bestimmter Gesetzmäßigkeiten bei der Erklärung von menschlichem Handeln haben (vgl. Bourdieu 1980: 147 ff.).

An diesen Begriff und ein gleichsam fragmentarisch gebliebenes Forschungsprogramm anschließend, etablieren sich seit den 1990er Jahren die Gouvernementalitätsstudien als ein internationaler und interdisziplinärer Forschungsansatz in den Sozialwissenschaften. Ihr Gegenstand ist der Zusammenhang von Machtverhältnissen und Subjektivierungspraxen sowie die Relationen und Transformationen gesellschaftlicher Handlungsfelder wie Wirtschaft, Staat, Versicherungsbranche, Gesundheits- oder Bildungswesen. Anknüpfend an die gouvernementalitätstheoretischen Untersuchungen soll in dieser Publikation die didaktisch-methodische Gestaltung von Lehr-Lern-Prozessen in einer „Neuen Lernkultur" als eine Praxis betrachtet werden, die die individuelle Freiheit der Subjekte kalkulierend einsetzt, um diese zu verändern. Dabei gilt es einzubeziehen, dass durch die Reduktion didaktisch-methodischer Steuerung Veränderung nicht länger unmittelbar bewirkt werden soll. In einer „Neuen Lernkultur" werden Lehr-Lern-Prozesse so angelegt, dass die Subjekte geführt und geleitet werden, indem sie zur Selbstführung und Selbstleitung angehalten werden. Didaktisch-methodische Praktiken zur Gestaltung von Lehr-Lern-Prozessen werden auf eine Weise entworfen, die es Menschen ermöglicht, sich selbst auf eine spezifische Weise zu verändern. Auf *welche* spezifische Weise das erfolgt, ist die Frage, die an die verschiedenen didaktisch-methodischen Praktiken herangetragen wird. In den Fokus der Betrachtung gelangen damit auch Kräfteverhältnisse, in denen Subjekte sich eigeninitiativ und scheinbar freiwillig, bestimmten Imperativen folgend, in Selbstverhältnissen konstituieren.

Um die Untersuchung der didaktisch-methodischen Handlungsweisen als Regierungspraktiken vorzubereiten, wird im zweiten Kapitel die Diskussion um eine „Neue Lernkultur" für die Erwachsenen- und Weiterbildung in einem historischen Zusammenhang verortet. Dabei zeigt sich, dass in didaktischen Aussagen über didaktisch-methodisches Handeln unterschiedliche *Gegenstands- und Funktionsbestimmungen* vorgenommen werden. Die *Bestimmung von Gegenständen* als die theoretische Beschreibung eines Objekts der didaktisch-methodischen Bearbeitung wandelt sich historisch (vgl. Kap. 2.2). Es wird herausgearbeitet, dass sich in der Entwicklung des didaktischen Denkens die Gegenstandsbestimmung von einem ‚national geeinten Volk', über ein ‚bildungstheoretisch fundiertes Lernsubjekt' sowie ein ‚rational zu gestaltendes Individuum' bis hin zu einer ‚selbstbestimmten Teilnehmerin' verändert. Der Diskurs um eine „Neue Lernkultur" eröffnet schließlich eine Transformationsperspektive, in der eine grundlegend andere Gegenstandsbestimmung vorgenommen wird.[9] Diese Gegenstandsbestimmung, der eine spezifische Thematisierung von Subjekten zugrunde liegt, bezeichne ich in Anlehnung an Thomas Höhne als „thematisches Subjekt“ (Höhne 2003: 230). Den Begriff verwende ich, da sich mit ihm zwei zentrale Merkmale des Gegenstands der „Neuen Lernkultur“ artikulieren lassen: Einerseits die Zentrierung des lernenden Akteurs als Subjekt des Lernprozesses, andererseits die spezifische Thematisierungsweise des Subjekts, mit der es didaktisch-methodisch ‚bearbeitbar‘ wird.

Demgegenüber beschreibt die *Funktionsbestimmung* didaktisch-methodischer Praktiken, welche Veränderung oder Entwicklung das Objekt didaktisch-methodischer Bearbeitung durchlaufen soll. Indem die Didaktik diese Funktionsbestimmung vornimmt, konstituiert sie sich in ihren unterschiedlichen Varianten als ‚Volks‘-Bildung, Erwachsenbildung, Weiterbildung bis hin zur Konzeption einer „Neuen Lernkultur“. In dieser Darstellung wird deutlich, dass jeder didaktisch-methodisch angeleitete Lernprozess mit Subjektivierungsprozessen verbunden ist. Gefragt wird in dieser Publikation, welche spezifischen Formen die Subjektivierungsprozesse in einer „Neuen Lernkultur“ annehmen.

Diese Fragestellung wird im weiteren Verlauf der Untersuchung an vier Autoren herangetragen, die im Diskurs um „Neue Lernkultur“ eine prominente Position einnehmen. Alle vier Positionen vertreten unterschiedliche Ansätze innerhalb des Diskurses um eine „Neuen Lernkultur“ und verteilen sich paradigmatisch im aktuellen Diskursfeld der Erwachsenen- und Weiterbildung.

In diesem Feld positioniert sich Rolf Arnold mit einer systemisch-konstruktivistischen Betrachtungsweise didaktisch-methodischer Zusammenhänge. Hermann J. Forneck legt eine poststrukturalistisch fundierte Didaktikkonzeption vor. Darüber hinaus liegt eine didaktisch-methodische Konzeption aus subjektwissenschaftlicher Perspektive von Joachim Ludwig vor. Eine Variante, die sich im Besonderen um die Zielsetzung der Emanzipation bemüht, ist mit dem Namen Erhard Meueler verbunden. Diese auf sehr unterschiedliche Weise theoretisch fundierten Positionen werden im dritten Kapitel vorgestellt. Von besonderem Interesse ist dabei die jeweilige Gegenstands- und Funktionsbestimmung, die von den einzelnen Ansätzen unter den Vorzeichen einer jeweils anders konzipierten Abgrenzung von einer als klassisch bezeichneten Lernkultur vorgenommen wird.

9 Der Begriff der ‚Transformationsperspektive‘ verweist auf einen bestimmten Modus der Problematisierung. In diesem Modus werden machtförmige Verhältnisse einer je spezifischen Gegenwart problematisiert. Es werden Programme entwickelt, die für diese „Probleme“ eine Lösung anbieten. In diesen Programmen werden Machtverhältnisse Foucault zufolge allerdings nicht eliminiert, sondern lediglich transformiert (vgl. Foucault 1984c: 19).

Die von diesen Autoren in Form von Praxiskonzepten ausgearbeiteten Anleitungen für die didaktisch-methodische Ausgestaltung einer „Neuen Lernkultur“ sind der empirische Gegenstand der Untersuchung. Sie werden im fünften Kapitel einer interpretativen Analyse unterzogen. In Anlehnung an Rabinow und Dreyfus wird dieses Verfahren auch als „interpretative Analytik“ (Dreyfus/Rabinow 1994: 23) bezeichnet.[10]

Auf der Grundlage der gouvernementalitätstheoretischen Analytik Michel Foucaults, wie sie im vierten Kapitel dargestellt wird, werden die spezifischen Machtverhältnisse thematisch, die sich in den Praktiken der „Neuen Lernkultur“ entfalten. Es wird zu zeigen sein, auf welche Weise sich Machtverhältnisse auf der Folie der radikalen Subjektorientierung in einer „Neuen Lernkultur“ theoretisch legitimieren und praktisch durchsetzen. Die Analytik der Gouvernementalität eröffnet die Möglichkeit, ein machttheoretisches Vakuum in der Diskussion um eine „Neue Lernkultur“ in den Blick zu nehmen. Indem die in den Praxiskonzepten konkretisierten didaktisch-methodischen Handlungsweisen als Regierungspraktiken untersucht werden, verfolgt diese Dissertation das Ziel, den Diskurs um eine „Neue Lernkultur“ um eine machttheoretische Perspektive zu erweitern. Eine solche Perspektive scheint nicht nur in den Diskursen der Erwachsenen- und Weiterbildung, sondern generell in den Erziehungswissenschaften bislang ungenügend ausgearbeitet. Zwar wird spätestens seit dem Erscheinen von *Überwachen und Strafen* (Foucault 1975) auch in den Erziehungswissenschaften nicht selten auf Foucaults Analysen zur Disziplinarmacht Bezug genommen, aber seine Untersuchungen zur Gouvernementalität und darin insbesondere zu den Technologien des Selbst haben ihre produktive Bedeutung für pädagogisches Denken im Allgemeinen und didaktische Fragestellungen im Besonderen noch nicht in vollem Umfang entfalten können (vgl. Meyer-Drawe 1996: 656). Dies verwundert, da der Rezeption Foucaults in den Erziehungswissenschaften der unzweifelhafte Verdienst zugeschrieben werden kann, aufgedeckt zu haben, dass der Abbau körperlicher Gewalt und autokratischen Führungsverhaltens keinesfalls Manipulationsverzicht bedeuten muss, sondern dass darin allenfalls eine Transformation von Machtbeziehungen erkennbar wird (vgl. Pongratz 1990, Schirlbauer 1996, Holzkamp 1993).

Die zögerliche Rezeption der Machtanalytik durch und in Hinblick auf die „Neue Lernkultur“ steht vermutlich im Zusammenhang mit einer spezifischen Auffassung von Machtausübung, gegen die hierin teilweise explizit, teilweise implizit Position bezogen wird. Die Protagonistinnen und Protagonisten sehen sich Konzepten und Ideen wie Autonomie, Selbstbestimmung und Selbstverantwortung verpflichtet. Die theoretische Perspektive, die mit einer gouver-

10 Sie wählen diese Bezeichnung für die Untersuchungsmethode Foucaults (vgl. Dreyfus/Rabinow 1994: 22 ff.).

nementalitätstheoretischen Interpretationsfolie ausgebreitet und entwickelt werden soll, ist hingegen die, dass man Lehr-Lern-Prozesse „nicht jenseits von Macht denken kann und daß die Alternative von Freiheit und Macht irreführend ist" (Meyer-Drawe 1996: 655). Eine Betrachtungsweise, die der didaktisch-methodischen Handlungsmacht die Freiheit der lernenden Subjekte gegenüberstellt, vermag das machttheoretische Vakuum nicht zu füllen. In ihr wird lediglich eine Denkfigur reproduziert, die verhindert, dass die spezifischen Machtverhältnisse, die Lehr-Lern-Prozesse in der Erwachsenen- und Weiterbildung durchziehen, in den Blick geraten.

Im Anschluss an die Darstellung der von Michel Foucault konzipierten Machtanalytik werden im fünften Kapitel didaktisch-methodische Handlungsweisen in der Weiterbildung als Praktiken der *Führung von Führungen* untersucht. Vermittelt über die in den dargestellten Praxiskonzepten explizierten didaktisch-methodischen Praktiken gerät dabei eine grundlegend veränderte Steuerung der Lernenden in den Blick. Als Führung der Führungen stellt sie sich als eine andere Art der Einflussnahme dar: Diese Führung ist eine, die die Freiheit der Lernenden nicht aus- sondern einschließt. Mit dieser indirekten Führung werden lernende Subjekte dazu angehalten, sich in einer spezifischen Weise selbst zu führen und auf sich selbst Einfluss zu nehmen. Das Ziel der vorgeschlagenen didaktisch-methodischen Praktiken ist es, Selbstpraktiken auf Seiten der Lernenden anzuregen. Didaktisch-methodische Führungspraktiken zielen darauf, Selbstpraktiken einzuführen, existent zu machen und zu etablieren. Diese konkreten und je nach Ansatz unterschiedlichen Technologien des Selbst sind Gegenstand des fünften Kapitels.

Mit der in dieser Untersuchung zu entfaltenden machttheoretischen Perspektive auf didaktisch-methodische Praktiken im Diskurs der „Neuen Lernkultur" soll ein Beitrag zum allgemeinen Professionsverständnis in der Weiterbildung geleistet werden. Dabei gilt es, über die Kontextualisierung der Gegenstands- und Funktionsbestimmung in didaktischen Aussagen auf einen Widerspruch aufmerksam zu machen, der diesen Aussagen immanent zu sein scheint: Auch im Zeichen der radikalen Subjektorientierung und mit der Zielperspektive der Selbststeuerung lässt sich nicht umgehen, dass didaktische Aussagen darauf zielen, Subjekte zu verändern und Instrumente zur Verfügung zu stellen, mit denen diese Veränderung unterstützt werden kann. Damit stellt sich das disziplinär erzeugte Wissen aus Foucault'scher Perspektive als eines dar, das in ein strategisches Machtdispositiv integriert ist. Didaktisch-methodische Praktiken zur Gestaltung einer „Neuen Lernkultur" bleiben in Machtverhältnisse verstrickt, nicht ausschließlich, aber insbesondere weil sie ein Mehr an Freiheit und Autonomie für die lernenden Subjekte beanspruchen und intendieren.

2 Lernkulturen und didaktisch-methodische Transformationsprozesse

In diesem Kapitel wird die Diskussion um eine „Neue Lernkultur“ in der bundesrepublikanischen Erwachsenen- und Weiterbildung in einem historischen Zusammenhang betrachtet. Dabei werden zunächst allgemeine Bestimmungsmerkmale der Didaktik und ihrer Aufgabenbereiche in einer heuristischen Formel von Gegenstands- und Funktionsbestimmung zusammengefasst. Diese Formalisierung scheint zweckmäßig, um die historischen Transformationen der Gegenstands- und Funktionsbestimmung didaktischer Aufgabenstellungen in systematischer Absicht darstellen zu können. Gleichzeitig leitet die Formalisierung die Überlegungen, dic schließlich in die Beschreibung eines strukturellen Wandels didaktisch-methodischer Aufgabenstellung im Zeichen einer „Neuen Lernkultur“ führen.

Die historisch-systematische Untersuchung verschiedener Gegenstands- und Funktionsbestimmungen didaktischer Aussagen soll dabei verdeutlichen, dass diese Aussagen stets in gesamtgesellschaftliche Diskurse eingebettet sind, die sie begründen oder zumindest zu ihrer Legitimation herangezogen werden. In diesen Entwicklungs- und Veränderungsprozessen erfahren gesellschaftlich thematisierte Herausforderungen häufig eine didaktische Übersetzung, das heißt, sie leiten die Konstitution dessen, was didaktisch-methodisch bearbeitet werden soll.

Die Didaktik der Erwachsenen- und Weiterbildung im Allgemeinen und didaktisch-methodische Aussagen im Besonderen sind verwoben in Problembeschreibungen und Definitionsprozesse, mit denen Gesellschaften sich selbst für die Gegenwart und eine absehbare Zukunft positionieren. So ist die Forderung nach einer „Neuen Lernkultur“ im Zusammenhang mit einem Diskurs um die Wissensgesellschaft (vgl. Höhne 2003: 9 ff.) und der hierfür erforderlichen Steigerung subjektiver Ressourcen zu sehen (vgl. Stehr 2001: 22 sowie Becker 2001: 85 ff.). In Folge dieses Diskurses gewinnen Programme an

Überzeugungskraft, die auf eine erweiterte Kompetenzentwicklung, Aktivierung der Humanressourcen und lebenslange Lernprozesse setzen. Mit den nachfolgenden Ausführungen gilt es den Problemhorizont zu eröffnen, der die machttheoretische Untersuchung didaktisch-methodischer Praktiken für eine „Neue Lernkultur" flankieren soll.

2.1 Bestimmungsmerkmale der Didaktik

Die Didaktik der Erwachsenen- und Weiterbildung als Wissenschaft ist in ein weit gespanntes und differenziertes Netz von wissenschaftlichen und praktischen Aufgabenstellungen eingespannt. Kaum möglich und auch wenig praktikabel erscheint daher eine einzige gültige Bestimmung der Didaktik. Vor diesem Hintergrund schlägt Friedrich W. Kron vor, „Bestimmungen von Didaktik [...] pragmatisch vorzunehmen, den Kontext und dessen Elemente anzugeben und die Bestimmung im Sinne einer Arbeitshypothese aufzufassen" (Kron 2004: 32).

Im Folgenden soll dieser Auffassung gefolgt werden, um ‚dem Kontext', in dem didaktische Aufgabenstellungen definiert werden sowie ‚dessen Elementen' analytisch zu begegnen. Praktische didaktische Aufgabenstellungen beziehen sich im Wesentlichen auf das Problem der Vermittlung zwischen Lehren und Lernen (vgl. Zeuner/Faulstich 1999: 20). Konkret definiert Lehner die didaktische Aufgabe als Bemühung, „die objektiv-gegenständliche und die subjektiv-individuelle Seite des Lehr-Lern-Prozesses unter der Maßgabe pädagogischer Intentionalität kriterienorientiert in Beziehung zu setzen" (Lehner 1989: 17).

Die Didaktik als die wissenschaftliche ‚Lehre vom Lehren' entwickelt theoretische Aussagezusammenhänge, in denen bestimmte Auffassungen von einer guten und richtigen Bewältigung dieser praktischen Aufgabe, also einer qualitativ anspruchsvollen und damit professionellen Vermittlung, aufgehoben sind. Dabei variieren die Auffassungen, was genau eine solche professionelle Vermittlung ausmacht, je nach historischem Kontext, Ausrichtung und ‚Schule' erheblich. Dennoch wird in dieser Publikation davon ausgegangen, dass dem Erkenntnisbereich der Didaktik eine bestimmte Systematik zugrunde liegt. Kossack beschreibt diese als eine „spezifische Figur didaktischer Aussagen" (Kossack 2006: 145). Nach seiner Auffassung verfolgt diese Figur das Ziel, durch Anwendung einer bestimmten Funktion (f_x), ein Objekt (o) in einem bestimmten Zustand (z_y) und zu einer bestimmten Zeit (t) in einen anderen Zustand (z_z) zu überführen. Durch diesen Vorgang wird aus dem Objekt (o) ein Objekt (o') (vgl. Kossack 2006: 145 f.).

Diese Gleichung lässt sich evidenterweise praktisch nicht einfach realisieren. Dies liegt darin begründet, dass dem didaktischen Objekt (einer Teilnehmerin, einem Lernenden usw.) eine Unbestimmtheit und Unkontrollierbarkeit zugeschrieben wird. Diese Ungewissheit begründet auch das „Technologiedefizit" (Luhmann/Schorr 1988: 121) des didaktisch-methodischen Handelns insgesamt. Dieser ‚Komplikation' wird didaktisch-methodisch begegnet, indem die genannte Gleichung theoretisch ‚unterfüttert' wird: Die Objekte (o) und deren Zustände (z) werden definiert und die auf das Objekt anzuwendende Funktion skizziert. Darüber hinaus werden didaktisch-methodische Praktiken vorgeschlagen, mit denen der funktionale Prozess der Zustandsveränderung befördert werden kann.

Abb. 1: Grundfigur didaktischer Aussagen (eigene Darstellung)

Das Objekt (o), das durch Anwendung einer Funktion (f_x) theoretisch in einen anderen Zustand überführt werden soll, wird im Folgenden als der Gegenstand der didaktischen Aufgabenstellung bezeichnet. Durch Anwendung einer bestimmten Funktion (f_x) soll auf seinen Zustand (z_y) eingewirkt, dieser entwickelt und in einen anderen Zustand (z_z) transformiert werden. Der Gegenstand und seine Gestalt (in seinem Ist- und Soll-Zustand) werden in didaktischen Aussagen konturiert. Das heißt, in didaktischen Aussagen erhält dieser Gegenstand erst seine Form. Es wird zu einem späteren Zeitpunkt zu zeigen sein, dass der Gegenstand didaktischer Aufgabenstellungen auch als das ‚Thematische Subjekt' didaktischer Aussagen bezeichnet werden kann. Grundsätzlich aber wird der Gegenstand in didaktischen Aussagen als eine in gewisser Weise fluide Form konzipiert. Konzeptionell kann diese Form ihren Zustand verändern und sich entwickeln; sie kann bearbeitet und in einen anderen Zustand transformiert werden.

Ein einfaches Beispiel: Der Gegenstand einer didaktischen Aufgabe ist ein Kind (o) im Zustand der Unmündigkeit (z_y). Die Funktion ‚Erziehung', die auf dieses Kind angewendet wird, soll aus dem unmündigen Kind eine mündige Person werden lassen. Die anzuwendende Funktion (f_x) bezeichnet „die Prozesse, denen das Objekt (o) im Zustand (z_y) ‚unterzogen' werden soll, um den Zustand (z_z) herzustellen und das Objekt (o) in ein Objekt (o') übergehen zu lassen" (Kossack 2006: 146). Dies sind Prozesse, die in didaktischen Aussagen implizit oder explizit formuliert werden, weil sie notwendig scheinen, einen intendierten Zustand zu erreichen. Der Funktion (hier Erziehung) korrespondieren entsprechende didaktisch-methodische Praktiken, mit deren Hilfe der Prozess der Erziehung befördert werden soll.

Mit den tief gestellten Variablen (x, y, z) soll angedeutet – und in der folgenden historisch-systematischen Betrachtung didaktischer Kontexte verdeutlicht – werden, dass sowohl die Bestimmung des Gegenstandes didaktischer Aufgabenstellungen, als auch die Bestimmung der Funktion in unterschiedlichen historischen Kontexten je spezifisch konturiert werden.

Didaktische Aussagen und mithin deren je spezifische Gegenstands- und Funktionsbestimmung gehen in dem hier zu entfaltenden Verständnis immer einher mit diskursiven Prozessen, in denen bestimmte Gegenstände entstehen oder hervorgebracht werden. Sobald derartige Gegenstände als gesellschaftlich relevant identifiziert und beschrieben werden, werden sie problematisierbar. Damit eröffnen sie ein Feld der Bearbeitung und des Eingreifens, woraus sich didaktische Aufgabenstellungen ergeben. Didaktische Praxiskonzepte, als System zusammenhängender Aussagen, konkretisieren diese Aufgabenstellung über eine Funktionsbestimmung und entwickeln die Bearbeitungsprozesse unterstützende didaktisch-methodische Praktiken.

Gegenwärtig – so eine zentrale These dieser Publikation – ist im Zuge gesellschaftlicher Transformationsprozesse ein struktureller Wandel des didaktisch-methodischen Diskurses zu beobachten.[1] Diese konzeptionellen Veränderungen innerhalb des didaktisch-methodisch Diskurses bilden den Gegenstand der vorliegenden Untersuchung. Um die interpretative Analyse vorzubereiten, gilt es zunächst, die Verschiebung grundsätzlicher Koordinaten des Diskurses in einer historisch-systematischen Darstellung nachzuvollziehen.

2.1.1 Historische Transformationen der Gegenstands- und Funktionsbestimmung

Der Begriff der „Neuen Lernkultur" in der Erwachsenen- und Weiterbildung suggeriert eine Form von Neuartigkeit, die „alle möglichen (neuen) Formen des eigensinnigen individuellen Lernens gegen (die alte) institutionalisierte und organisierte Weiterbildung in Stellung" (Wittpoth 2003: 156) bringt. Wittpoth bezeichnet diese Tendenz der Gegenüberstellung von ‚alter' und ‚neuer' Lernkultur als „Einst-und-Jetzt-Figur" (ebd.). Er vermerkt, dass die mit der Gegenüberstellung einhergehenden Abgrenzungsbemühungen dazu

1 Der Diskursbegriff wird hier in Anlehnung an Michel Foucault verwendet. Er bezeichnet ein Ensemble zusammenhängender Aussagen (den didaktisch-methodischen Diskurs), in dem sich Diskursgegenstände, Äußerungsmodalitäten und Begriffe auf eine spezifische Art formieren. Der Diskurs als regelgeleitete Formation von Aussagen konstituiert über sprachliche Wissensproduktion und praktische Handlungsweisen eine jeweils historisch kontingente *Ordnung der Dinge* (Foucault 1966). Der didaktisch-methodische Diskurs konkretisiert die didaktische Aufgabenstellung über eine Gegenstands- und Funktionsbestimmung und entwickelt die Bearbeitungsprozesse unterstützende didaktisch-methodische Praktiken.

dienen, in einem ersten Schritt alte didaktisch-methodische Praktiken und Programme als mindestens fragwürdig erscheinen zu lassen. Im zweiten Schritt werden vor diesem Hintergrund und an aktuelle Zeitdiagnosen anschließend, neue Praktiken und Formen vorgeschlagen. Kritisch an dieser Einst-und-Jetzt-Figur ist, dass die unterschiedlichen Traditionslinien, die den Hintergrund bilden für die sowohl als neu wie auch als alt apostrophierten didaktisch-methodischen Praktiken, häufig keine Berücksichtigung finden. Im Widerspruch zu einer solchen Beschreibung konstatiert Wittpoth, haben „wir es seit jeher mit einem bunten Nebeneinander vielfältiger Formen der Aneignung und Vermittlung von Wissen, des Lernens und der Bildung in mehr oder weniger institutionalisierten Zusammenhängen [...] zu tun" (Wittpoth 2003: 156). Ihm zufolge besteht Grund zu der Annahme, dass der gegenwärtige bildungspolitische und erwachsenendidaktische Diskurs entgegen seinem Anspruch keine grundlegend neuen, sondern lediglich besondere Formen der Erwachsenen- und Weiterbildung thematisiert (vgl. ebd.).

Betrachtet man die historische Entwicklung der wissenschaftlichen Verständigung über didaktisch-methodische Fragestellungen, in deren Rahmen sich auch der gegenwärtige Diskurs um eine „Neue Lernkultur" entfaltet, sind hinsichtlich der Begründungsfiguren bemerkenswerte ‚Wiederholungseffekte' zu erkennen. Im Folgenden soll der zeitgenössische Lerndiskurs vor dem Hintergrund seiner historischen Bezüge verortet werden, nicht zuletzt, um die Spezifik seiner Begründungsfiguren erkennbar zu machen. Dabei findet zunächst eine historisch-systematische Darstellung didaktischer Aussagen statt. Sie beginnt bei der Volks- und Arbeiterbildungsbewegung und führt über die bildungstheoretischen Überlegungen nach dem 2. Weltkrieg hin zur so genannten Alltagswende in den 1980er Jahren des 20. Jahrhunderts. Im Anschluss an die historisch-systematische Darstellung wird die spezifische Transformationsperspektive, die mit der Forderung um eine „Neuen Lernkultur" in der Erwachsenen- und Weiterbildung einhergeht, veranschaulicht.

2.1.2 Von alten und neuen Richtungen

Fortgesetzte Bildungsprozesse und Aneignung neuen Wissens durch Erwachsene sind für bestimmte gesellschaftliche Gruppen schon seit der Antike belegt. Allerdings erhielt die Vorstellung, dass sich Erwachsene fortbilden und diese Prozesse unterstützt und gefördert werden können, im europäischen Raum die entscheidenden Entwicklungsschübe zunächst im Kontext der Aufklärung. Später erfolgte im Rahmen der beginnenden Industrialisierung und durch die demokratischen und nationalstaatlichen Bewegungen eine starke Belebung dieser Ideen (vgl. Reichenbach 2007: 113 ff.).

Die Aktivitäten zugunsten der ‚Volksbildung' der ersten Hälfte des 19. Jahrhunderts wurden einerseits von den liberal-bürgerlichen Kräften getragen, andererseits konstituierten sich Volks- und Arbeiterbildungsvereine. Deren Ziel war es, städtischen Handwerkern und Arbeitern aller Berufszweige Lesen, Schreiben, Rechnen und technisches Zeichen zu vermitteln. Meist formten sie sich als lose Zirkel, in denen auch das gesellige Beisammensein gepflegt wurde. Als Leitbild vieler dieser Vereine galt der Ausgleich von Klassenunterschieden und die Harmonisierung sozialer Konflikte (vgl. Olbrich 2001: 40 ff.).

Noch vor der Jahrhundertwende konstituierte die Deutsche Gesellschaft für Volksbildung (1871) erste erwachsenendidaktische Praktiken zur Gestaltung einer extensiven Bildungsarbeit. Die Bemühungen waren verbunden mit einem Glauben an sozialen Fortschritt und an die Bildungsmächtigkeit der bürgerlichen Kultur. Weiterhin sahen sich die liberalen und bürgerlichen Kräfte, die sich für Volksbildung engagierten und sich bemühten, die Arbeiterschaft als ‚Zielgruppe' zu gewinnen, den Idealen der Aufklärung verpflichtet. Das Bildungsprogramm richtete sich an alle Kunst-, Kultur- und Literaturinteressierten. In großen Veranstaltungen mit Lichtbildvorträgen oder auf Wanderbühnen sollte eine auf Breitenwirkung angelegte Darstellung und Vermittlung wissenschaftlicher und kultureller Erkenntnisse stattfinden (vgl. Lehner 1989: 40 ff.).

Mit diesem Programm verbanden sich im ausgehenden 19. Jahrhundert weitreichende Ansprüche: Nicht nur das gesamte ‚Volk' sollte mit dem Bildungsprogramm ‚veredelt', sondern auch die staatliche Reichsgründung um eine kulturelle ergänzt und die Nationenbildung durch Kultivierung der Massen vollendet werden (vgl. Langewiesche 1989: 108). „Die Gebildeten", so wurde verkündet, bringen den „Geist, die Besitzenden das Kapital und das Volk den Bildungsdrang in die Vereinigung ein" (Dräger 1975: 79). Dieses Zitat veranschaulicht den unerschöpflichen Glauben an die Kraft der Bildung als kulturellem Leitwert der Moderne, als deren Repräsentant sich das Bürgertum verstand. Dementsprechend erhoffte man sich, über die genannten Erwartungen hinaus, die Sicherung der internationalen Wettbewerbsfähigkeit der Wirtschaft oder weitergehend sogar die Entschärfung oder langfristige Lösung der sozialen Frage (vgl. Langewiesche 1989: 107 ff.).

Betrachtet man die zeithistorischen Entwicklungen der Epoche, in der sich die Volksbildung konstituiert, werden die ideellen Leitziele der Bildung und deren Transformationen verständlich. Die staatliche Reichsgründung samt den flankierenden kulturellen Entwicklungen bringt Bildung als gemeinsames Anliegen dort hervor, wo bislang Grabenkämpfe gesellschaftlicher Einzelgruppierungen herrschten. Im Rahmen der neu entstandenen gesamtgesellschaftlichen Entwicklungsperspektive erlebte die bildsame Arbeit mit Erwachsenen ihre Entstehung als ‚Gegenstand' und zugleich einen ersten Modernisierungsschub. Damit geriet ‚das Volk' – als Einheit und gemeinsame Kraft, mit der die kulturelle Reichsgründung vollendet werden soll – in das Blickfeld und damit zum Gegenstand der didaktisch-methodischen Bemühungen.

Die diskursiven Auseinandersetzungen und die gesellschaftlichen Praktiken des ausgehenden 19. Jahrhunderts identifizieren ‚das Volk' als den Gegenstand von Bildungs- und Entwicklungsprozessen, auf den die didaktisch-methodischen Handlungsweisen zielen. Es wird beschrieben als „kulturell-geistige Einheit" (ebd.) einer gesellschaftlichen Ordnung, die sich als eine „geistige Volksgemeinschaft" (ebd.) entwirft. Die Tatsache, dass die Bildungsprogramme und -konzepte des ausgehenden 19. Jahrhunderts diesen Gegenstand thematisieren, kann man naturalisierend als Entdeckung bezeichnen, man „kann denselben Prozess polemisch auch Erfindung nennen, oder präziser von der Konstitution eines Gegenstands in gesellschaftlichen Praktiken" (Forneck/Wrana 2003: 53) sprechen.

Dergestalt werden der Volksbegriff und das Schlagwort der ‚Volksbildung durch Volksbildung' zum zentralen Einsatz und gleichermaßen zum Ziel der Volksbildungsbewegung. Dieser Einsatz war politisch intendiert und gesellschaftlich von einem breiten Konsens getragen; damit wurde er auf die bildungsprogrammatische Agenda gesetzt. Langewiesche kommt nach einer eindrucksvollen Analyse zu dem Schluss, es sei die Besonderheit der deutschen Volksbildung, dass sie „mit dem Anspruch auftrat, ein kulturell homogenes Volk zu schaffen und damit den Prozess der Nationsbildung vollenden zu wollen" (Langewiesche 1989: 22). Die Zentralität des Volksbegriffs in der gesamten Volksbildungsbewegung verhinderte nicht, dass es alsbald zu einem grundsätzlichen und lang andauernden Richtungsstreit über die Art und Weise der bildungspraktischen Bearbeitung des ‚Volkes' kam. Bereits seit der Jahrhundertwende formierten sich Ansätze einer „Neuen Richtung der Volksbildung" (Lehner 1989: 39), die allmählich Bedeutsamkeit erlangten. Zugleich wurde das System der Erwachsenenbildung ausgebaut, insbesondere durch eine enorme Expansion der Volkshochschulen. Der bisher vorherrschende Bildungsanspruch der Deutschen Gesellschaft für Volksbildung wurde spätestens nach dem ersten Weltkrieg und mit dem Neuanfang der Weimarer Republik fragwürdig (vgl. Forneck/Wrana 2005: 49 ff.).

In diesem ersten Richtungsstreit sind die Ambitionen und Positionen der Autoren noch relativ leicht zu identifizieren, weil sich die Protagonisten des Diskurses eindeutig einer gesellschaftlichen Gruppe zuordnen lassen und auch selbst darin verorten: Auf der einen Seite befindet sich die bürgerlich-liberale Volksbildung, die immer noch für sich beansprucht, die Bildung einer ‚geistigen Volksgemeinschaft' über eine weltanschaulich neutrale Bildungsarbeit und über alle gesellschaftlichen Milieus hinweg gestalten zu wollen. Auf der anderen Seite formiert sich die mit der Arbeiterbewegung verbundene Arbeiterbildung neu. Sie verfolgt zu einem Teil dasselbe Ziel, zu einem anderen Teil will sie jedoch mithilfe einer anders angelegten Gestaltung von Bildungsprozessen die (geistige) Emanzipation der Arbeiter realisieren. Geteilt wird in der Arbeiterbildung über alle Differenzen hinweg die Auffassung, dass die Bildung eines Volkes zu „geistiger Einheit“ (Langewiesche 1989: 114) beziehungsweise zu einer „geistigen Volksgemeinschaft“ (ebd.) nur gelinge, wenn „sich in jedem Menschen eine geistige Selbstständigkeit bildet, denn diese eröffnet ihm die Einsicht und das Vertrauen, dass aus der gesellschaftlichen Verschiedenartigkeit der Menschen und dem Neben- und Gegeneinander sozialer Positionen eine geistige Einheit erwachsen kann“ (ebd.).

Auf Grundlage dieses Anspruchs setzte die Neue Richtung der Volksbildung einen Diskussionsprozess in Gang, der sich gegen sämtliche Prämissen der didaktisch-methodischen Gestaltung der Bildungsarbeit der ‚Alten Richtung‘ wandte. Um die geistige Selbstständigkeit aller Gesellschaftsmitglieder zu fördern und zu entwickeln, lautete die Forderung, müsse sich das Bildungsverständnis grundlegend verändern.

Innerhalb der Diskussion nutzt die Neue Richtung der Volksbildung die von Wittpoth als „Einst-und-Jetzt-Figur“ (Wittpoth 2003: 156) bezeichnete Gegenübertellung von ‚alter‘ und ‚neuer‘ Lernkultur, die in der Geschichte der Didaktik mehrfach erscheint, so auch in der aktuellen Diskussion um eine „Neue Lernkultur“. Ein besonderes Kennzeichen dieser Begründungsfigur wird bereits zu diesem Zeitpunkt deutlich: Die Artikulation eines neuen didaktisch-methodischen Bildungsverständnisses nimmt ihren Ausgangspunkt primär in der Abgrenzung von traditionellen didaktisch-methodischen Praktiken. Für Forneck und Wrana „gewinnt sie das, was sie ist, zu einem guten Teil durch das, was sie nicht ist. Ihre Praxis ist nicht einfach eine gute Praxis, sondern eine bessere Praxis“ (Forneck/Wrana 2003: 51).

Die Neue Richtung der Volksbildung grenzt sich ab von einem bürgerlichen Bildungskanon, der die Vermittlung von wissenschaftlichen Erkenntnissen und traditionsreichen kulturellen Artefakten zum Inhalt hat. Kritisiert wird die Vorstellung einer allgemeinen, wertneutralen und offenen Bildungsarbeit; hiermit ließe sich die geistige Selbstständigkeit eines jeden einzelnen Gesellschaftsmitglieds nicht erreichen. Programmatisch wird eine Bildungsarbeit gefordert, die die innere „Zersplittung eines Volkes“ (Langewiesche 1989: 114) nach dem Ersten Weltkrieg zu überwinden hilft. Diese müsse nicht extensiv, sondern intensiv gestaltet werden, das heißt jede und jeder Einzelne muss die Möglichkeit erhalten, an Bildungsmaßnahmen partizipieren zu können. Dabei solle die Bildungsarbeit dem Einzelnen nicht nur ermöglicht, sondern sie solle auch stärker gesteuert werden. *Gestaltende* und *intensive Bildungsarbeit* lautet das Motto. Das bedeutet konkret auch, den ausgeübten Einfluss in der Bildungsarbeit zu erhöhen – selbstredend im Dienste ‚besserer‘ und ‚höherwertiger‘ Ergebnisse. Die intendierte didaktisch-methodische Steuerung betraf sowohl die inhaltliche, als auch die methodische Ausgestaltung der Bildungsarbeit.

„Einst", so lässt sich in Anlehnung an Wittpoth (2003: 156) die These der Vertreter der Neuen Richtung der Volksbildung beschreiben, waren lediglich ‚totes' Buchwissen oder angeblich neutrale wissenschaftliche Erkenntnisse und kulturelle Errungenschaften Gegenstand von Bildungsprozessen. „Jetzt" jedoch sollten die Lebenszusammenhänge der Teilnehmer und Teilnehmerinnen ins Zentrum des Bildungsgeschehens gerückt werden. Gegen das ‚tote' Buchwissen der Geisteswissenschaften setzten die Vertreter der ‚Neuen Richtung' auf ein Wissen, das aus dem Leben der Gesellschaftsmitglieder entspringt. Diese ‚Laien-Bildung' sollte aus dem begrenzten Horizont der Welt der Gelehrten und der Wissenschaften befreit und stärker mit den Lebenszusammenhängen und -bedürfnissen der Menschen verbunden werden. Gegenstand der Lehre sind weniger Wissenschaften und ‚Hochkultur', sondern vermehrt die volkstümliche Kunst und handwerklichen Traditionen (vgl. Lehner 1989: 33). Diese Verschiebung folgt der Annahme, dass sich nur in den Lebenszusammenhängen der Teilnehmer/innen eine geistige Selbstständigkeit entwickeln lässt.

Methodisch sollte der expansive Bildungsanspruch der ‚Alten Richtung' der Volksbildung aufgegeben und stattdessen eine intensive Bildungsarbeit geleistet werden, die den Einzelnen in tiefergreifende Bildungsprozesse einbindet (zum Beispiel Flitner 1930a: 1). Hierzu wurde, statt in relativ großen, unverbindlichen und offenen Bildungsveranstaltungen, die auf die Vermittlung bestehender Lerninhalte zielten, nun in so genannten Arbeitsgemeinschaften gelernt. Als zentrales Merkmal der Arbeitsgemeinschaften galt, dass die Lehrenden als ‚Gleiche unter Gleichen' eingebunden sind und die Gruppe von Lernenden lediglich bei der gemeinsamen Suche und Entwicklung von Lösungen für alltägliche Problemstellungen unterstützt (vgl. beispielsweise Mann 1948: 29).

Mit der Weimarer Republik begann eine radikale theoretische, institutionelle und organisatorische Umorientierung, die als umfassender Neubeginn der Volksbildungsbewegung gekennzeichnet werden kann (vgl. Olbrich 1997: 260). Die Ablösung der ‚Alten' durch die ‚Neue Richtung' ist sowohl philosophisch-anthropologisch als auch ideologisch und didaktisch-methodisch fundiert. Die Weimarer Erwachsenenbildung ist verbunden mit den allgemeinen Bemühungen um Demokratisierung in Staat und Gesellschaft. Die pluralistisch organisierte Volksbildungsarbeit entspricht darüber hinaus dem parlamentarisch-demokratischen Weimarer System. In Begriff und Konzept der Arbeitsgemeinschaft wird auch auf der Ebene der konkreten Unterrichtsgestaltung das Prinzip der gleichberechtigten Teilhabe aller an der Gestaltung des Bildungsprozesses sichtbar gemacht. Die Hinwendung zu den Lebenszusammenhängen der Menschen stellt den zentralen Einsatz der Neuen Richtung der Volksbildung dar. Mit dem allgemeinen Ziel, die geistige Selbsttätigkeit zu fördern und zu entwickeln, gerät allerdings keineswegs der Erwachsene als lernendes Individuum in den Blick. Im Fokus steht das Gemeinsame, das Kollektive, das Verbindende der verschiedenen gesellschaftlichen Gruppen und Positionen (vgl. Erdberg 1960: 48 ff. und Flitner 1930b: 106).[2] Die Teilnehmerorientierung der Neuen Richtung der Volksbildung „erfolgt eher in integrativer, denn in individuell-differenzierender Form" (Lehner 1989: 35). Die Zielsetzung einer ‚geistigen Volksgemeinschaft' und die damit verbundene Bildungspolitik, an der trotz unterschiedlicher Zielsetzung linke wie rechte Kräfte beteiligt waren, kann auch als Wegbereiter jener Volksgemeinschaft gesehen werden, die sich mit der Machtübernahme Hitlers zu formieren begann.[3]

In der Zusammenschau kann festgehalten werden, dass das ‚Volk' als Ganzes zum Gegenstand des didaktischen Diskurses wird. Die Funktion wird als ‚Bildung des Volkes' beziehungsweise ‚Volksbildung' konkretisiert, bei der sich die didaktisch-methodischen Konzepte einer extensiv oder einer intensiv gestalteten Bildungsarbeit differenzieren lassen. Visualisiert lässt sich der Prozess folgendermaßen darstellen:

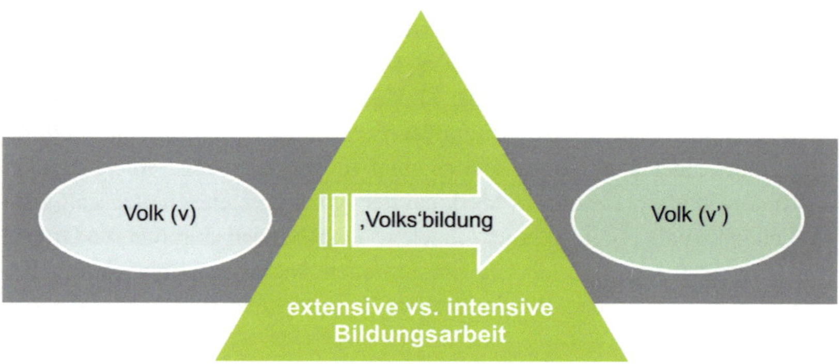

Abb. 2: Grundfigur Volksbildung (eigene Darstellung)

2 Trotz der identifizierten Gemeinsamkeiten kam es auch in der Neuen Richtung der Volksbildung zu einem Richtungsstreit. Dieser bezog sich insbesondere auf die Aufgaben und Funktionen der Volkshochschule (vgl. Ganglbauer 1999: 60 ff. und Glaser 1994: 19 ff.)

3 Die Auseinandersetzung darüber, inwiefern sich die „pädagogische Bewegung in Deutschland mit dem NS-Faschismus verstrickte" (Nohl 1961) ist bisher fragmentarisch geblieben. Wrana et al. weisen nach, dass in der Geschichtsschreibung der Erwachsenenbildung häufig eine Diskontinuitätsthese entfaltet wird, der zufolge es während des NS-Faschismus keine Erwachsenenbildung in Deutschland gab. Demgegenüber verweisen sie auf eine Kontinuität erwachsenenpädagogischer Theorie und Praxis. Aus einer genealogischen Perspektive betrachtet, erscheint der Nationalsozialismus als ein Bindeglied im historischen Prozess ihrer Entfaltung hin zum heutigen Erwachsenenbildungssystem (vgl. Wrana et al. 2001).

An der dargestellten Entwicklung von ‚Alter' zu ‚Neuer Richtung' der Volksbildung sollte auch verdeutlicht werden, wie gesellschaftliche und politische Konzepte und Entwicklungen didaktisch-methodische Praktiken beeinflussen und bestimmte Gegenstände (das ‚Volk') überhaupt erst hervorbringen. Zugleich sollte mit der Gegenüberstellung von ‚Alter' und ‚Neuer Richtung' ein historischer Vorläufer der auch heute verwendeten Einst-und-Jetzt-Figur skizziert werden.

Im Folgenden wird ausgeführt, in welcher Form sich die Praktiken des Lehrens und Lernens und die (Bildungs-)Ansprüche, die darin formuliert werden, weiter veränderten. Das Interesse gilt vor allem den Transformationsprozessen, in denen andere ‚Gegenstände' der Didaktik hervorgebracht und damit verbunden neue Bearbeitungsstrategien entwickelt werden. Wie oben dargestellt, werden Neuerungen häufig mithilfe der skizzierten Einst-und-Jetzt-Figur begründet; die Abgrenzung vorangegangener didaktischer Konzepte dient der Profilierung des neuen Eigenen. Eine historische Kontinuität und die Entwicklung eines breiten professionstheoretischen Wissensbestands sind auf diese Weise nur schwer zu etablieren.[4] Im erwachsenendidaktischen Diskurs ist deshalb auch häufig von so genannten didaktischen Wenden die Rede, in denen sich die Konstellationen, Programme und didaktisch-methodischen Praktiken jeweils grundlegend verändern.[5] Im Folgenden soll eine systematische Zusammenstellung dieser unterschiedlichen didaktischen Wenden im Kontext gesamtgesellschaftlicher Veränderungen vorgenommen werden. Damit bleibt weiterhin im Blick, in welchen diskursiven Kontexten bestimmte ‚Objekte' zu Gegenständen einer didaktischen Bearbeitung werden, welche ‚Funktionen' auf diese Gegenstände angewendet und mithilfe welcher didaktisch-methodischer Praktiken diese Prozesse befördert werden sollen. Nicht zuletzt soll damit der historische Kontext deutlich werden, in dem sich der Diskurs um eine „Neue Lernkultur" entwickelt und entfaltet.

4 Für die Erwachsenen- und Weiterbildung entwickelte didaktische Konzepte haben im Vergleich mit ihren schulpädagogischen Pendants bislang weder einen derart prominenten Stellenwert noch die Funktion eines verbindlichen Maßstabs für die Planung von Kursen und Seminaren erfahren (vgl. Meueler 2005: 677 f.).

5 Der Begriff der didaktischen Wende wird von zahlreichen Autoren verwendet (vgl. beispielsweise Adam 1988; Buchen 1997; Lehner 1989; Arnold 1999).

2.2 Systematisierung didaktischer Transformationsprozesse

2.2.1 Bildungstheoretische Überlegungen

Die Situation nach dem zweiten Weltkrieg war in der Bundesrepublik gekennzeichnet von radikalen Veränderungen im Zeichen einer international initiierten Demokratisierungsoffensive. Traditionelle Prämissen und Praxen der Bildungsarbeit mit Erwachsenen in Deutschland wurden vor dem Hintergrund von Krieg und Massenmord daraufhin neu bewertet, ob sie im ‚völkischen Denken' verankert seien und die Etablierung des faschistischen Systems begünstigten. Kritisch Bezug genommen wurde auf vormals zentrale Elemente: Gehorsam und Militarismus als Bildungsziele und die ‚völkische' Ausrichtung der Bildungsarbeit wurden weitgehend verworfen. Ein gesellschaftlicher Prozess wurde in Gang gesetzt, der durch eine allgemeine Aufbruchsstimmung breite Teile der Bevölkerung für neue kulturelle Werte mobilisierte: Das gesamte Verständnis der Welt und der Kultur wurde einem demokratischen Wandel unterzogen. Dieses Einwirken der Alliierten auf die deutsche Bevölkerung ist unter der amerikanischen Bezeichnung Re-Education auch heute noch ein Begriff. Sie umfasste kurzfristige Maßnahmen, die sich primär an Erwachsene richteten, sowie langfristige Maßnahmen der Bildungspolitik vor allem für die Jüngeren. Der kriegerischen Niederlage samt des damit verbundenen Verlusts einer gesamten ‚Weltanschauung', die ein Großteil der Bevölkerung mit Hitler teilte, führte zu tiefen Erschütterungen. Auch der zuvor im didaktischen Diskurs bestehende Glaube an Kraft und Wert ‚objektiver' und ‚völkisch überlegener' Kultur- und Bildungsgüter geriet ins Wanken. Zugleich nahm jedoch auch die Sorge um den zunehmenden Verfall kultureller Werte zu. Das Aufkommen des Fernsehens war beispielsweise begleitet von der Befürchtung, dass dieses Medium jede kulturelle Eigenheit und -aktivität beschränken und schließlich zum Ende kultureller Entwicklungen führen würde. Die Veränderlichkeit der Kultur wird als ihr hervorstechendes Merkmal angesehen; während die einen das als positive Erneuerung rezipieren, deuten die anderen es als Verfall (vgl. Knoll/Siebert 1967: 67 ff.).

In dieser Situation stellte sich die kulturelle Wirklichkeit nicht mehr als historisch und durch objektiv gegebene Güter und Werte gesetzt dar, sondern als eine Realität, in der sich der Mensch in demokratischen Verhältnissen bewähren und entwickeln soll. Das hat Implikationen für die Bildungsarbeit, die einerseits dem sich entwickelnden Individuum und andererseits der sich wandelnden kulturellen Realität gerecht werden muss. Die Didaktik erkennt in dieser gesellschaftlichen Situation einen neuen Gegenstand, zu dessen Bearbeitung veränderte didaktisch-methodische Praktiken konzipiert werden. In diesem Kontext kommt einer bildungstheoretischen Position Relevanz zu, die primär mit dem Namen Wolfgang Klafki verbunden ist. Dieser arbeitete in den 1950er Jahren an einer didaktischen Konzeption in der Tradition der geisteswissenschaftlichen Pädagogik (vgl. Klafki 1957). Unter Bildung versteht Klafki dabei

> „jenes Phänomen, an dem wir – im eigenen Erleben oder Verstehen anderer Menschen – unmittelbar eines objektiven (materialen) und eines subjektiven (formalen) Moments innewerden [...]. Bildung ist Erschlossensein einer dinglichen und einer geistigen Wirklichkeit für einen Menschen – das ist der objektive oder materiale Aspekt; aber das heißt zugleich: Erschlossensein dieses Menschen für diese Wirklichkeit, das ist der subjektive oder formale Aspekt“ (Klafki 1964: 44).

Der Bildungsvorgang wird nun nicht länger verstanden als eine Anpassung des Menschen an vorgegebene und objektiv wertvolle Kultur- und Bildungsgüter, sondern als ein Prozess der aktiven „Erfassung und Einordnung von Lerngegenständen durch die am Lehr- und Lernprozess beteiligten Lerner“ (Lehner 1989: 77). Dementsprechend wird Bildung von dem durch Klafki geprägten bildungstheoretischen Ansatz als Prozess der Veränderung verstanden, in dem sich Menschen eine Wirklichkeit ‚kategorial‘ erschließen, so dass der „Mensch selbst – dank dieser selbstvollzogenen, kategorialen Einsichten, Erfahrungen, Ergebnisse – für diese Wirklichkeit erschlossen worden ist“ (Klafki 1964: 44).[6]

Die gesellschaftliche Wirklichkeit wird nicht mehr als eine Welt der vorgegebenen Werte und Güter verstanden, wie dies in den geisteswissenschaftlichen Konzeptionen von Nohl und Spranger der Fall war (vgl. Nohl 1939 und Spranger 1935). Die gesellschaftliche Wirklichkeit wird vielmehr als eine verstanden, die ständig neue Herausforderungen produziert, sich wandelt und verändert. Damit einher geht die Vorstellung, dass kulturelle Inhalte erst im Transformationsprozess der Bildung zu Bildungsinhalten werden und dabei überhaupt erst ihre persönlichkeitsbildende Wirkung gewinnen (vgl. Kron 2004: 45).

Für Martin Lehner wird in dieser Phase didaktischen Denkens der Weg vom „Bildungsgut zum Bildungsgegenstand“ zurückgelegt (vgl. Lehner 1989: 75 f.). Der Bildungsvorgang ist demnach von dem Vermögen beeinflusst, „das durch die sich bildende Person in dieser allererst hervorgebracht bzw. immer wieder neu aufrechterhalten und zugleich weiterentwickelt“ (Forneck 2005c: 126) wird. Wenn die Bildungsgüter nicht länger als im Zeichen der

6 Kron macht darauf aufmerksam, dass diese bildungstheoretische Perspektive das Verständnis eröffnet, wonach sich Lernende im Transformationsprozess der Bildung die Fähigkeit erwerben, Kategorien herauszubilden, aufgrund derer in der sozialen und kulturellen Welt prinzipienorientiert geurteilt und gehandelt werden kann (Kron 2004: 45).

Geschichtlichkeit und Universalität zu einem Sachganzen geronnene Kulturgüter verstanden werden, stellt sich die Frage nach der Auswahl der Gegenstände, die eine kategoriale Bildung befördern können, neu. Klafki beantwortet sie, indem er von den Lehrenden verlangt, alle Lerninhalte einer didaktischen Analyse zu unterziehen. Diese Analyse soll nach fünf Kriterien vorgenommen werden.[7]

Nur wenn ein Inhalt dieser Analyse standhält, ist eine entsprechende Unterrichtsgestaltung bildungstheoretisch gerechtfertigt. Das aktive Erfassen, Bestimmen und Einordnen von Lerngegenständen geschieht durch die Lernenden selbst. „Erst wenn der Lerner sein persönliches Ja zu sagen vermag, wird aus dem bloßen Gegenstand ein Gut" (Pöggler 1972: 10). Damit eröffnet sich überhaupt erst die Möglichkeit der kategorialen Welterschließung, die wiederum zu einem Autonomiegewinn durch die sich bildende Person führen kann.[8]

Neben der Analyse geeigneter Lerninhalte ist für Wolfgang Klafki das *pädagogische Verstehen* eine zweite wesentliche Voraussetzung didaktisch-methodischer Handlungsweisen im Sinne der kategorialen Bildung. Mit dem Begriff beschreibt Klafki

> „das nie abschließbare und selbstverständlich immer nur begrenzt einlösbare Bemühen von Lehrerinnen und Lehrern, die unterrichtliche und außerunterrichtliche Lebens- und Lernsituation der Lernenden von deren Seite aus zu erfassen, sozusagen einen Perspektivenwechsel zur Seite des individuellen [...] Menschen hin zu vollziehen und zugleich die objektiven Bedingungen und Anforderungen im Bewußtsein zu behalten. Gerade dadurch [...] kann Selbstbestimmungs-, Mitbestimmungs- und Solidaritätsfähigkeit angebahnt werden." (Klafki 1992: 135)

Zentrales Ziel didaktischen Handelns ist also auch eine demokratische Gesinnung und Demokratiefähigkeit. Dies ist für Klafki nur in einer dialektischen Auseinandersetzung mit den gesellschaftlichen Strukturen zu entwickeln. Evidenterweise wird mit dem Konzept des pädagogischen Verstehens keinem pädagogischen Subjektivismus das Wort geredet. Anstelle dessen richtet sich der Fokus auf das dialektische Verhältnis zwischen individuellen Bedeutungs-

7 Die fünf Kriterien der didaktischen Analyse bei der Inhaltsauswahl: Exemplarische Bedeutung, Gegenwartsbedeutung, Zukunftsbedeutung, Struktur des Inhalts, Zugänglichkeit (vgl. Klafki 1958: 450 ff.).

8 Bildung ist aus geisteswissenschaftlicher Perspektive ein Prozess der Selbst- und Welterschließung, der durch die sich bildende Person in Auseinandersetzung mit bildungstheoretisch relevanten Inhalten stattfindet. Die Auswahl der Inhalte obliegt einer professionellen Verantwortung, die kategoriale Erschließung der Inhalte kann von Außen nicht beeinflusst werden.

setzungen und den objektiven Strukturen der jeweiligen Lebenssituation.[9] Für Klafki ist es vor allem die Auswahl der Lerninhalte, über die kategoriale Bildungsprozesse evoziert werden können.

Das veränderte Verständnis von Welt und Kultur wird auch im Gutachten des „Deutschen Ausschusses für das Erziehungs- und Bildungswesen" zur *Situation und Aufgabe der deutschen Erwachsenenbildung* erkennbar. Dieser Ausschuss tagte seit den späten 1950er Jahren und sollte Vorschläge für eine Reform des Bildungswesens in der Bundesrepublik erarbeiten. Nach verschiedenen anderen Berichten zur Lehrerbildung und zu den Konfessionsschulen sowie einem Rahmenplan für das gesamte Bildungswesen veröffentlichte der Ausschuss 1960 das Gutachten zur deutschen Erwachsenenbildung. Hier geht es auch um eine grundsätzliche Standortbestimmung. Man konstatiert, dass

> „je mehr eine Gesellschaft in Bewegung gerät und je mehr in einem Umbruch der Zeiten die überkommenen Daseinsformen erschüttert werden, desto mehr wird jeder einzelne und jede soziale Gruppe genötigt, aus eigener Kraft und nach eigener Einsicht die neue Gestalt des Lebens zu suchen, die es dem Menschen möglich macht, sich in einer gewandelten Welt als Mensch zu behaupten" (Deutscher Ausschuss für das Erziehungs- und Bildungswesen 1960: 14).

Dieses Gutachten trägt einerseits zur gesellschaftlichen Anerkennung der Erwachsenenbildung (die den bisher geläufigen Titel der Volksbildung ablöst) bei. Zum anderen aktualisiert der von dem Ausschuss präferierte Bildungsbegriff die gesellschaftlichen Demokratisierungsbestrebungen. Gebildet in diesem Sinne ist „jeder, der in dem ständigen Bemühen lebet, sich selbst, die Gesellschaft und die Welt zu verstehen und diesem Verständnis gemäß zu handeln" (Deutscher Ausschuss für das Erziehungs- und Bildungswesen 1960: 20).

Die kulturpädagogischen Zielsetzungen der Reformbemühungen sowie die Funktionsbestimmung der Didaktik können vor diesem Hintergrund als Versuch gedeutet werden, der Pluralisierung der Lebenswelten und -formen mit einer Differenzierung der Bildungsinstitutionen und einer Individualisierung des Lernens zu begegnen. Die Erwachsenenbildung erfährt dabei eine gewisse öffentliche Anerkennung. Der Pluralismus verschiedener Träger, der auch weiterhin den quartären Sektor auszeichnen sollte, begann sich herauszubilden. Gleichzeitig orientierte sich die Arbeit an der Basis (zum Beispiel Volkshochschule) insbesondere an zivilisationskritischen und kulturpessimistischen Positionen. In der Praxis der Erwachsenenbildung ging die Beschäfti-

9 Das Motiv des pädagogischen Verstehens findet sich auch in der im Anschluss an Klaus Holzkamp konzipierten „Subjektiven Didaktik" von Joachim Ludwig wieder (siehe Kap. 3.3).

gung mit klassischer Kunst und Wissenschaft zurück, während praktische Angebote wie die des „manuellen und musischen Arbeitens an Zulauf gewannen" (Kolfhaus 1986).

Wenige Jahre später wurden die dominanten bildungstheoretischen Bemühungen allerdings erneut von sich verändernden gesellschaftlichen Realitäten eingeholt. Ende der 1950er Jahre zeigt sich eine neuerliche Wende des methodisch-didaktischen Diskurses.

2.2.2 Realistische Wende

Ende der 1950er Jahre wurde die relative technologische Rückständigkeit der jungen Bundesrepublik zum Problem. Die Sowjetunion hatte 1957 den ersten künstlichen Erdsatellit Sputnik in den Weltraum geschickt. Diese Glanzleistung ging als der Beginn der sowjetischen Raumfahrt in die Geschichte ein. Der technologische Überlegenheitsanspruch des Westens und vor allem der USA wurde damit massiv in Zweifel gezogen. Jedoch nicht nur durch die Systemkonkurrenz war das bundesrepublikanische Defizit in der technologischen Entwicklung problematisch, auch wirtschaftlich war es dysfunktional.

Im Anschluss daran wurde eine ‚Bildungskatastrophe' konstatiert.[10] Diese Kritik wurde in den frühen 1960er Jahren fortgeführt und mündete in einer massiven Verwerfung des bis dahin vorherrschenden bildungstheoretischen Verständnisses. Die Rückständigkeit des deutschen Bildungssystems wurde beklagt. Im Zuge dessen war auch die Erwachsenenbildung angehalten, sich produktiv an den gesellschaftlichen Entwicklungen zu beteiligen. Der Erfolg eines ökonomischen Systems – so die einschlägige These – sei ganz massiv vom Ausbau und der Modernisierung des Bildungssystems abhängig (vgl. Picht 1964: 17).

Damit verloren auf Bewahrung des Kulturbestandes (welcher „einst" auch gegen die Verflachung der industriellen Zivilisation arbeitete) gerichtete Bildungsvorstellungen an Bedeutung. Das Bildungssystem müsse „jetzt" auf die Herausforderungen angemessen reagieren, die sich mit den gesamtgesellschaftlichen Transformationen, vor allem hinsichtlich der nachhaltigen wissenschaftlich-technischen Entwicklung stellten.

Retrospektiv kann von dieser Phase als Zeitpunkt der *realistischen Wende in der pädagogischen Forschung* (Roth 1962) gesprochen werden. Die technologischen Entwicklungen und ein expandierender Arbeitsmarkt, der auch die Integration ausländischer Arbeitskräfte erforderte, führten zu einer allgemeinen Qualifizierungsoffensive. Gleichzeitig war die Reproduktion bestehender kultureller Wertigkeiten der zunehmenden Heterogenisierung der Le-

10 Ein einschlägiges Zeitdokument liegt mit „Die deutsche Bildungskatastrophe. Analyse und Dokumentation" (Picht 1964) vor.

benswelten nicht länger angemessen. Auch die als ‚idealistisch' abgewerteten Bildungskonzeptionen geisteswissenschaftlicher Provenienz wurden von einem rasanten Wertewandel, aber auch von der Kritik an ihrer konservativen Moral überrollt (Forneck/Wrana 2005: 54 ff.). Gefordert wurden Bildungskonzeptionen, die sich produktiv auf die Realität der Gesellschaft, deren Fortschritt und Pluralisierung beziehen sollten.

Mit der realistischen Wende setzte sich im Richtungsstreit um die wissenschaftstheoretische Ausrichtung eine empirische Theorietradition durch. Diese Wende der pädagogischen Forschung, die nach dem 2. Weltkrieg auch unter dem Eindruck amerikanischer Untersuchungen in Deutschland gefordert wurde, stellte sich eindeutig gegen eine phänomenologische und philosophische Betrachtungsweise erzieherischer und bildungstheoretischer Themen. Nicht nur die ‚idealistischen' Bildungsvorstellungen wurden zur Bewältigung der immer umfangreicher und schwieriger werdenden pädagogischen Probleme als nicht mehr genügend erkannt:

> „Ein Erzieher bliebe weit unter dem Niveau heute möglicher Erziehungskunst, wenn er sich auf seine eigenen Erfahrungen und Erfindungen verlassen wollte. Er bedarf nicht nur einer Tradierung der summierten Erziehungsweisheiten, wie sie die Menschheitsgeschichte bietet, sondern auch der Einsichten, wie sie ihm die Wissenschaften, die es mit jener, Sachgesetzlichkeit' und ‚Subjektgesetzlichkeit' zu tun haben, anbieten." (Roth 1969: 28)

Die Pädagogik müsse sich als Erziehungswissenschaft verstehen (was sie in der Folge auch tat). Vor allem wissenschaftliche Einsichten empirischer Natur müssten in die Bearbeitung spezifischer Fragestellungen aufgenommen werden und diese Einsichten unter einem integrierenden Aspekt bereitstellen. Integrierend meint hierbei die Verbindung mit anderen Wissenschaften wie Soziologie und Psychologie. Rein philosophische Betrachtung galt nun als ebenso unzeitgemäß, wie nur praktische Lösungen für Alltagsprobleme anzubieten: Die „philosophisch betriebene Pädagogik hat den Boden für empirische Forschung bereitet. Was sie leisten konnte hat sie geleistet. Jetzt ist die Pädagogik, ‚reif' für Forschung" (ebd.).

In den folgenden Jahren kam es zu einem quantitativen Ausbau und zu qualitativen Veränderungen des Bildungssystems und der Bildungsforschung in bisher nicht gekannten Ausmaßen (vgl. Siebert: 2005: 57 f.). Die Bildungsausgaben von Bund und Ländern stiegen exorbitant, die Zahl der Studierenden an den deutschen Hochschulen verdoppelte sich (vgl. Arbeitsgruppe Bildungsbericht 1994: 204 ff.). Die einsetzende grundlegende Modernisierung des deutschen Bildungssystems hatte vor allem seine rationellere Gestaltung zum Ziel. Im Zuge dessen richtete sie sich auch auf langfristigere Planung und Kontrolle, nicht zuletzt, um künftige Entwicklungsbedarfe besser abschätzen und angemessener reagieren zu können.

Inhaltlich wurde der geisteswissenschaftliche Bildungsbegriff durch einen Begriff des *Lernens* ersetzt. Statt von Bildungszielen sprach man nun von Lernzielen (vgl. Brödel 2002: 42). Mit dem Begriff Lernen war ein zentraler und einheitlicher Begriff gefunden, mit dem sich die Bereiche, für die es zuvor verschiedene Begriffe wie Erziehung, Bildung, Unterricht etc. gab, auf gleiche Weise als Lernprozesse beschreiben ließen. Die Gestaltung von Lernprozessen sollte dabei auf eine wissenschaftliche Grundlage gestellt werden und mit statistischen Instrumentarien untersucht werden. Durch Einbeziehung soziologischer und lernpsychologischer Erkenntnisse sollte Unterricht effektiver und rationeller gestaltet und die Ziele klarer definiert werden. In Anlehnung an das lerntheoretische Didaktikmodell der Berliner Schule um Heimann, Otto und Schulz (Heimann/Otto/Schulz 1965) entstanden in diesem Zeitraum Ansätze, in deren Zentrum die deskriptive Analyse des didaktisch-methodischen Gesamtgeschehens steht. Zur Analyse didaktischer Prozesse werden hier Strukturraster angeboten. Diese sollen ermöglichen, eine klare und rationale Planung des Unterrichts gemäß der Bestimmung seiner Ziele vorzunehmen (vgl. Heimann 1976: 9 f.). Sie dienen gleichzeitig als Entscheidungsgrundlage für das professionelle Handeln in der Erwachsenenbildung.

Die bereits in den 1950er Jahren von Skinner in den Vereinigten Staaten entwickelten lerntheoretischen Aussagen sowie Methoden des programmierten Lernens erfuhren eine bemerkenswerte Aufwertung. Diese Methoden beruhen darauf, die Lehr- und Lerngegenstände in kleine Untereinheiten zu zerlegen, deren korrekte Wiedergabe ‚belohnt' wird durch die Erlaubnis, den nächsten Lernschritt zu unternehmen. Dergestalt kann man sich im Selbststudium schrittweise Wissen selbst aneignen und den Lernerfolg ebenso selbst kontrollieren. Dieses Modell wurde nun auch in Deutschland populär.[11]

11 Behavioristische Lerntheorien gehen davon aus, dass durch einen bestimmten Reiz spezifische Reaktionen freigesetzt werden. Auch wenn Skinner diese klassische Konditionierung bereits um eine so genannte „operante Variante" erweiterte, der zufolge eine positive Verstärkung den Lernerfolg erhöht, wird weiterhin davon ausgegangenen, dass ein unmittelbaren Zusammenhang zwischen einem Anreiz und einer bestimmten (lernenden) Reaktion besteht. Behavioristische Lerntheorien hatten nur für kurze Zeit eine erwachsenendidaktische Attraktivität, gerieten alsbald aber weitgehend in Vergessenheit. Erst durch die „modernen" PC-gestützten Sprachlernprogramme erfahren sie eine gewisse Renaissance (vgl. Klimsa 1993).

Ein gänzlich anders ausgerichteter Anknüpfungspunkt war die in gestalttheoretischer Tradition stehende Feldtheorie Kurt Lewins.[12] Im Bemühen um eine rationale Durchdringung des didaktisch-methodischen Gesamtgeschehens rekurrieren Tietgens und Weinberg auf die Feldtheorie Lewins (Tietgens/Weinberg 1971). Der Feldbegriff wird von den Autoren eingesetzt, um die die Lehr- und Lernprozesse konstituierenden Faktoren und deren Wechselwirkung erfassen und einer systematischen Analyse zuführen zu können. Die zentrale Erkenntnis ist, dass beim Lernen stets der soziale Kontext relevant ist. Dementsprechend müssen bei der Gestaltung von Lehr- und Lernprozessen die Erfahrungen der Lernenden und der Lehrenden sowie die Struktur der Inhalte, das psychologische und soziale Gefüge sowie die gesellschaftlichen und institutionellen Bedingungen des Lehr-Lern-Geschehens berücksichtigt werden.

In dieser Diskussion erscheint die Figur des Didaktischen Dreiecks erstmals in dieser spezifischen Konfiguration, gemäß welcher die objektiv-gegenständliche Seite *und* die subjektiv-individuelle Seite des Lehr-Lern-Prozesses mit Blick auf das Subjekt und den (Lern-)Gegenstand sozial organisiert und vermittelt werden soll. Mit der Analyse der Lehr- und Lernprozesse und der Explikation des Aufeinanderwirkens einzelner Faktoren im Lernfeld erfährt die methodische Forschung eine Aufwertung. Auf konzeptionell-organisatorischer Ebene wird zwischen Veranstaltungsformen mit vermittelnd-vortragendem Charakter (zum Beispiel zur Darstellung wissenschaftlich-abstrakter Inhalte) und instruierenden Veranstaltungsformen unterschieden, die das Erlernen bestimmter Fähigkeiten mit fester Zielvorgabe ermöglichen sollen. Darüber hinaus differenziert man Veranstaltungsformen mit kreativ-produktivem Charakter, die bei relativer Beliebigkeit der Zielvorgabe die Interessen der Teilnehmer und Teilnehmerinnen zum Gegenstand haben. Die genannten didaktisch-methodischen Prinzipien der konkreten Unterrichtsgestaltung sind häufig lediglich praktische Handreichungen, die der Praxis der Autoren entnommen sind. Sie haben selten eine Transformation aus der selbstverständlich anmutenden Unreflektiertheit der Praxis in einen theoretisch-systematischen Zusammenhang erfahren. Die didaktische Reduktion erscheint auf einer inhaltlichen Ebene als die didaktisch-methodische Praktik, mit der die Stofffülle sequenziert und in – dem Aufnahme- und Leistungsvermögen der Teilnehmer angemessene – ‚Häppchen' zerlegt wird.

In dieser didaktischen Diskussion gerät ein spezifischer Begriff von *Erfahrung* in das Blickfeld. Wenn Lernen als ein aktives Verhalten in gesell-

---

12 Lewin beschäftigte sich primär mit entwicklungs- und erziehungspsychologischen Fragen. Sein Werk *Resolving Social Conflicts – Field Theory in Social Science* (deutsch: *Die Lösung sozialer Konflikte*; 1953) befasst sich mit der Frage der *Re-Education*, also der Demokratisierung der Deutschen durch bildungspolitische Maßnahmen.

schaftlichem Kontext verstanden werden kann, dann ergeben sich – je nach individueller Erfahrung der Teilnehmer und Teilnehmerinnen – unterschiedliche Verhaltensspielräume. Diese Prämisse führt zu der Aufforderung, Lernhilfen zur produktiven Nutzung dieser Verhaltensspielräume bereit zu stellen.

Parallel zu der angesprochenen Qualifizierungsoffensive und den damit verbundenen Effektivitätsforderungen an das Bildungswesen sollte hier verstärkt die Chancengleichheit realisiert werden. Für einige Jahre ging die Forderung nach Reform und Ausbau des Bildungssystems einher mit der Forderung nach einer gerechten Verteilung von Bildungs- und damit von Lebenschancen für alle sozialen Gruppen (vgl. König 1982: 107).

Dabei ist die (partielle) Umsetzung des Anspruchs auf Chancengleichheit und Gleichberechtigung nur vordergründig humanistisch motiviert. In erster Linie sollten zur Bewältigung der Anforderungen eines expandierenden Beschäftigungssystems sämtliche gesellschaftlichen ‚Begabungsreserven' mobilisiert werden. Anhand empirischer Forschungen widerlegt war inzwischen die Vorstellung von einer Begabung, die die Fähigkeiten und den Lebenslauf eines Menschen vorherbestimmt: „Begabung ist nicht nur Voraussetzung für Lernen, sondern auch dessen Ergebnis" (Deutscher Bildungsrat 1972: 22). Dabei ist es zu diesem Zeitpunkt politisch intendiert, die Benachteiligungen durch unterschiedliche Herkunft und Schichtzugehörigkeit durch strukturelle und curriculare Anstrengungen aufzuheben; in die Beseitigung von ‚Lernbarrieren' fließen staatliche Gelder. Das Schlagwort *Chancengleichheit* verweist hier zwar auch auf einen egalitären Anspruch und die Gleichheit aller Individuen, aber insbesondere auf die Beeinflussung der Ausgangsbedingungen, so dass alle Individuen die Chance zu Lernen und sich zu qualifizieren auf gleiche Weise wahrnehmen können.

Im Strukturplan des „Deutschen Bildungsrats" von 1972 werden die theoretischen und bildungspolitischen Forderungen gebündelt und strukturell verankert. Weiterbildung wird hier als Fortsetzung oder Wiederaufnahme organisierten Lernens nach Abschluss einer unterschiedlich ausgedehnten ersten Bildungsphase bestimmt. Sie wird damit als quartärer Sektor des Gesamtbildungssystems etabliert (vgl. Deutscher Bildungsrat 1972). Mit der Einbeziehung der Weiterbildung als Bestandteil des Bildungssystems soll der wachsenden Notwendigkeit eines über die Schulbildung hinaus fortdauernden Lernens entsprochen werden. Postuliert wird auch, dass Lernen in allen Bereichen des Lebens und durch das ganze Leben hindurch stattfindet: in Schule, Ausbildung, Beruf, Familie, dem Alltag und dem Betrieb. Es ergibt sich ein Strukturzusammenhang von Lernvorgängen, der eine Reihe von einfachen Unterscheidungen erlaubt: Das organisierte wird von einem nicht-organisierten (informellen) Lernen unterschieden, die Allgemeinbildung wird von der berufsbezogenen Weiterbildung unterschieden. Dabei umfasst die Weiterbildung sowohl eine primär beruflich orientierte Fortbildung und Umschulung als auch die nicht in erster Linie unter beruflichen Vorzeichen stehende Erweiterung der Grundbildung sowie die politische Bildung. Weiterbildung kann weder als beliebige Privatsache noch als eine nur Gruppeninteressen dienende Maßnahme betrachtet und behandelt werden. Es wird vielmehr ein gesamtgesellschaftliches Interesse betont und die Weiterbildung ebenso der öffentlichen Verantwortung unterstellt wie die anderen Teile des Bildungssystems (vgl. ebd.).

Für den hier zu erörternden Zusammenhang entscheidend ist, dass in diesem Strukturplan die Lebensphase ‚Erwachsensein', die bislang in bildungspolitischer Hinsicht von den gesellschaftlichen Akteuren jenseits staatlicher Einflussnahme organisiert wurde, in das Bildungssystem integriert wird. Durch die Verteilung des organisierten Lernens über den gesamten Lebenszeitraum und die damit verbundenen Lernaufgaben und Lernerfordernisse wird die Notwendigkeit, ein Leben lang zu lernen, erstmals strukturell verankert. Die ständige Weiterbildung im Dienste der eigenen Effektivität und Produktivität zugunsten der Erwerbstätigkeit soll dabei zu einer Selbstverständlichkeit werden. Weiterbildung wird nahezu als Bestandteil der Berufsausübung verstanden. Das Ziel dieser Bildungsoffensive und der geforderten Ausdehnung der Lernerfordernisse bleiben im Strukturplan ebenfalls nicht unerwähnt:

> „Die Weiterbildung ist darauf angewiesen, ihr Angebot rasch und elastisch auf die sich wandelnden Anforderungen an die Teilnehmer und deren zugleich sich ändernde Ansprüche einzustellen, um so mit der Dynamik der gesellschaftlichen Entwicklung Schritt zu halten." (Deutscher Bildungsrat 1972: 4)

Der Strukturplan kann in diesem Sinne gelesen werden als die Zusammenführung jener vielfältigen und zum Teil konkurrierenden Reformbemühungen, die in den 1960er Jahren unterschiedlichen Phänomenen wie dem wirtschaftlichen Aufschwung, der zunehmenden Technologisierung und einer kulturellen Dynamik der gesellschaftlichen Veränderungen zu entsprechen bemüht waren.

In der zweiten Hälfte der 1970er Jahre verlangsamten sich die Reformbemühungen ebenso wie der quantitative Ausbau des Bildungssystems. 1973 folgte auf die erste Ölkrise eine dadurch bedingte weltweite wirtschaftliche Rezension. Insgesamt waren weniger öffentliche Mittel vorhanden, um die begonnenen Entwicklungen weiter zu forcieren. Die veränderte gesellschaftliche Situation wie auch eine veränderte politische Landschaft führten zur Beschränkung vieler Pläne. So geriet beispielsweise der Bildungsgesamtplan der Bund-Länder-Kommission, der für einen Reformzeitraum bis 1985 ausgelegt war, nun ins Stocken. Auch neue Erkenntnisse der Sozialwissenschaften bremsten den bildungspolitischen Aufbruch der späten 1960er und frühen

1970er Jahre. Dazu zählte die Einsicht, dass sich gesamtgesellschaftliche Entwicklungen ebenso wenig planen und steuern lassen wie Lernprozesse. Die Chancengleichheit als Illusion und die gesellschaftliche Funktion des Bildungssystems beschäftigten die soziologische Bildungsforschung: Festgestellt wurde, dass das Bildungssystem soziale Ungleichheiten nicht auflöst, sondern sie reproduziert und immer wieder neu zementiert (vgl. Bourdieu/Passeron 1971: 20 ff.).[13]

2.2.3 Zwischen Reform und Kritik

Mit den beschriebenen Bildungsreformen differenziert sich das Feld der Erziehungswissenschaften mehr und mehr aus. Der Ausbau universitärer Lehrstühle für Erwachsenen- und Weiterbildung steht im Zusammenhang mit dem Plan der Bildungsreformen, die gewachsenen und eher unübersichtlichen Strukturen der Erwachsenenbildung/Weiterbildung zu einem quartären Sektor des Bildungssystems auszuarbeiten. In dem in den 1960er Jahren neu begründeten Diplomstudiengang Erziehungswissenschaft wird die Erwachsenenbildung als Studiengang verankert (vgl. Kade/Nittel/Seitter 1999: 179). Mit dieser Verwissenschaftlichung der Disziplin verbunden ist auch eine neu begründete Professionalisierungsstrategie: Sie zielt auf die Verberuflichung und Akademisierung erwachsenenpädagogischen Handelns. In den frühen 1970er Jahren herrscht bei den bildungspolitischen Entscheidungsträgern der Konsens, „dass die Hauptberuflichkeit der Erwachsenenbildung zwingend zum Profil einer aufgeklärten und demokratischen Gesellschaft gehöre“ (Nittel 2000: 110). Das Ziel der wissenschaftlichen Ausbildung an den Hochschulen ist eine Rationalisierung des Lehrens und Lernens und die Vermittlung beruflich verwertbaren wissenschaftlichen Wissens an zukünftige Praktiker/innen und zugleich eine auf Reform und nicht auf Bewahrung gerichtete Berufspraxis (vgl. Lüders 1989: 82).

Über diese Ausrichtung der wissenschaftlichen Ausbildung kam es erneut zu einem erziehungswissenschaftlichen Richtungsstreit. Als Grundthematik der Auseinandersetzung lassen sich im Anschluss an Klafki folgende Fragen identifizieren: Ist es die Aufgabe der Erziehungswissenschaft, nur zu beschreiben und zu analysieren? Oder kann und darf sie zu ihren Gegenständen auch beurteilend Stellung nehmen, gegebenenfalls kritisieren? Ist es beispielsweise wissenschaftlich begründbar, dass bestimmte Themen, Problematiken oder Ziele der politischen Erziehung, der Sexualerziehung oder der religiösen Erziehung problematisch oder historisch überholt sind (vgl. Klafki

13 In Frankreich ist es vor allem Pierre Bourdieu, der sich mit diesen Fragen beschäftigt (vgl. Bourdieu/Passeron 1971). Er wird auch in Deutschland rezipiert, hinsichtlich der Diskussion hierzulande vergleiche Köhler 1992: 126 f.

1992: 54 f.)? Bis in die späten 1970er Jahre hinein stehen sich dabei unterschiedliche Auffassungen des pädagogischen Handelns und Wissen gegenüber.[14]

Die empirische Erziehungswissenschaft ist nicht erst in den 1960er Jahren entstanden, blieb aber solange randständig, bis sie unter den oben skizzierten Vorzeichen in den Mittelpunkt der Diskussion rückte.[15] Der wissenschaftstheoretische Ansatz des Kritischen Rationalismus wurde dabei zur Grundlage der neuen Erziehungswissenschaft. Für die Vertreter dieser Richtung ist die empirische Forschung die Ausrichtung, die das humanitäre Erziehungsziel von Freiheit und Selbstbestimmung durch Aufklärung über die Erziehungsverhältnisse möglich machen kann (vgl. Roth 1962: 490). Mit dem Stichwort des Kritischen Rationalismus wurde dabei insbesondere auf die von Karl Raimund Popper begründeten wissenschaftstheoretischen Positionen verwiesen. Popper wendete sich dagegen, dass eine Wissenschaft Aussagen mit normativem Inhalt oder Werturteile ausspricht (vgl. Popper 1932: 80 ff.).

Als Ziel einer empirischen Wissenschaft galt, anknüpfend an die kritisch-rationalistische Tradition, die Erforschung des Erziehungs- und Unterrichtsgeschehens und des lernenden Individuums. Dabei wurde als Aufgabe der didaktischen Forschung angesehen, die Lernleistungen der lernenden Akteure zu steigern und zu steuern, während die Zielbestimmung als Aufgabe der Politik deklariert wird. Unter Rückgriff auf Erkenntnisse der Verhaltenspsychologie sollten die vielfältigen und komplexen, alltagssprachlich als ‚Lernen' bezeichneten Prozesse auf wenige Gesetzmäßigkeiten reduziert werde. Hypothesengeleitete und teilweise elaborierte Modellvorstellungen wurden zur Erklärung und gezielten Unterstützung komplexer Lernprozesse herangezogen. Diese sollten empirisch prüfbare Analysen notwendiger Lernvoraussetzungen für die Bewältigung spezifischer Aufgaben ermöglichen und die Planung von Lehr-Lern-Prozessen einleiten. Darüber hinaus richtete sich die Aufmerksamkeit darauf, die Zusammenhänge zwischen Lernprozessen und didaktisch-methodischen Praktiken zu operationalisieren und begrifflich konkret zu fassen (vgl. Nicklis 1967: 216).

Demgegenüber stand eine andere Richtung der Erziehungswissenschaft, die an Positionen der Kritischen Theorie anknüpfte, die wiederum in der Tradition der marxistischen Gesellschafts- und Erkenntnistheorie stand. Die Kritische Theorie wirft dem Kritischen Rationalismus hinsichtlich der Frage nach

14 Einen detaillierten Überblick über die unterschiedlichen Positionen geben Heidenreich/Heymann 1976 sowie Roeder 1982 und Terhart 1986.

15 Als Vertreter einer empirischen Wissenschaft gelten Ernst Meumann (1862-1912), Wilhelm August Lay (1862-1926), Peter Petersen (1884-1952) oder Alois Fischer (1882-1973); im Überblick siehe Krüger 1998: 101. Es sind vor allem zwei Namen, die mit der Programmatik der realistischen Wende verbunden werden: Heinrich Roth (1906-1983) und Wolfgang Brezinka (*1928).

dem Verhältnis von Wissenschaft und Werturteilen vor, er mache einige unhaltbare Voraussetzungen und verkürze Probleme. Kritischer Rationalismus sei in Wirklichkeit ein „halbierter Rationalismus“ (Klafki 1992: 58), denn er breche gerade bei der Erörterung der Werturteilsfrage die konsequente rationale Reflexion vorzeitig ab. Die von Protagonisten der Kritischen Theorie entwickelte Gesellschaftstheorie wurde von einer Reihe ihrer Schüler und Schülerinnen für die Erziehungswissenschaft fruchtbar gemacht.[16] Individuelle und kollektive Emanzipationsprozesse wurden ausgemacht als Voraussetzung dafür, dass „immer mehr Menschen sich an diesem unabschließbaren Prozess der vernunftgemäßen Verständigung über begründbare Orientierungsmaßstäbe unseres Handelns beteiligen können“ (Klafki 1992: 59). Die ‚kritische Erziehungswissenschaft‘ reflektierte die Bildungsreformen gesellschaftskritisch und entwickelte alternative pädagogische Praxiskonzepte. Den Vertretern und Vertreterinnen der kritisch-emanzipatorischen Richtung ging es auch darum, die gesellschaftliche Funktion der Erziehungswissenschaften und die ihr zugrunde liegenden Ideologien zu überprüfen. Freiheit, Selbstbestimmung und Emanzipation für das Individuum kann – so lautete die Annahme – erst verwirklicht werden, wenn die Pädagogik ihr eigenes Denken und Handeln einer kritischen Revision unterzogen hat. Überprüft werden sollten die spezifischen Interessenslagen und Instrumentalisierungen sowohl der Teilnehmer/innen als auch der Organisatorinnen und Organisatoren (vgl. Mader/Weymann 1975: 14 ff.). Hierbei ist es insbesondere das didaktisch-methodische Handeln, das einer kritischen Prüfung unterzogen werden soll:

> „Pädagogische Zielsetzungen, Theorien, Einrichtungen, Lehrpläne, Methoden, Medien sind erstens daraufhin zu untersuchen, ob sich in ihnen unreflektierte gesellschaftliche Interessen ausdrücken, zweitens daraufhin, ob bestimmte gesellschaftliche Gruppen ihre Interessen bewusst hinter bestimmten Zielsetzungen, Theorien usw. verbergen, um bei anderen Menschen bzw. Kindern und Jugendlichen Ideologien, falsches Bewusstsein zu erzeigen.“ (Klafki 1976: 53)

Die Auseinandersetzung der beiden Richtungen differenzierte sich aus und mündete in weitere Kontroversen, so um die bildungspolitische Variante der ‚Tendenzwende‘ (vgl. Podewils 1975) und die ‚Mut-zur-Erziehung‘-Debatte (vgl. dazu kritisch Benner/Brueggen/Butterhof 1978). Konkrete Einwände des Kritischen Rationalismus gegen die Position der ‚Kritischen Erziehungswissenschaft‘ zielten darauf, dass deren Bestrebungen zur Folge hätten, dass er-

16 Vor allem Wolfgang Klafki entwickelt vor diesem Hintergrund seine bildungstheoretische Konzeption weiter (Klafki 1974, 1985). Unter der Bezeichnung kritisch-konstruktive Didaktik ist diese wegweisend auch für andere kritisch-emanzipatorische Ansätze (vgl. Mader/Weymann 1975, Mollenhauer 1972, Schäfer/Schaller 1976).

wachsene Menschen unmündig blieben beziehungsweise würden. Diese Entmündigung erwachsener Lerner/innen sei letztlich eine „Zwangsbeglückung“ (vgl. Brezinka 1971) und resultiere aus einer Pädagogik, mithilfe derer Menschen beherrscht und manipuliert würden.

Im Fokus dieses Streits stand der Begriff der Emanzipation. Aus Perspektive der kritischen Rationalisten wird Emanzipation als einmaliger Akt verstanden, in dem jemand im Erwachsenwerden aus einer unmündigen in eine mündige Position wechselt. Mündigkeit ist dann ein Zustand der Verantwortung und Freiheit. Sie ist nicht das Ziel, sondern der Anfangspunkt des erwachsenen Lebens. Für die kritische Theorie hingegen ist Emanzipation als ein dauerhafter Prozess des Individuums beschreibbar, der nie „zu einem Ende“ (vgl. Heydorn 1970: 7 ff.) kommt. Mündigkeit bleibt dann das Ziel eines permanenten Prozesses. Dieses Grundmotiv der Auseinandersetzung um die Normativität pädagogischer Erkenntnisse und Fragestellungen wird auch den nachfolgenden Entwicklungen inhärent bleiben.[17]

2.2.4 Entdeckung des Teilnehmers

Eine der zentralen Gegenstände der Erwachsenenbildungsforschung waren bislang die Teilnehmerinnen und Adressaten von Bildungsveranstaltungen. Dabei interessierte sich die kritisch-rationalistische Forschung vor allem für die genetische Ausstattung, die psychischen Entwicklungspotentiale, für Intelligenz und Begabung. In den kritisch-emanzipatorisch orientierten Ansätzen geriet die Lebenswelt der Teilnehmer/innen, deren sozioökonomischer Hintergrund und alltäglichen Denk- und Handlungsweisen in den Blick. Nach dem Scheitern der „großen bildungspolitischen Pläne“ allerdings verlor die empirische Forschung über gesamtgesellschaftliche Zusammenhänge und die Analysen von Bildungsbedarfen an Bedeutung. „Hinter den zerbrechenden großflächigen Tableaus, mit denen man die gesellschaftliche Wirklichkeit auf den Punkt zu bringen versuchte, trat ein offenbar Erfolg versprechendes neues Thema hervor“ (Forneck/Wrana 2003: 124). Aus heutiger Perspektive steht die ‚Entdeckung des Teilnehmers‘ im Zentrum der Veränderungen ab Mitte der 1970er Jahre. Die Aufmerksamkeit und Aktivitäten richten sich nun in anderer Weise auf den und die Einzelne/n. Thema wurden die eigene Befindlichkeit, die ‚Selbstverwirklichung‘ und die Gestaltung des ‚inneren Kerns‘ und auch die Befreiung des eigenen Körpers. Kritisch gesehen wurden ‚menschlich unzulängliche‘ Pädagogen sowie institutionelle Zwänge, die im Inte-

17 Die Diskussion dreht sich um die Frage nach der Möglichkeit und Angemessenheit einer ideologischen Beeinflussung von Subjekten in Bildungs- und Lernprozessen. Die Funktion von Bildung in gesellschaftlichen Zusammenhängen wird thematisiert und dabei auch Frage nach der „richtigen“ Legitimation der Erwachsenen- und Weiterbildung.

resse der lernenden Subjekte aufgehoben werden sollten (vgl. Blankertz 1975: 2002 ff.). Nicht der *gebildete* Mensch, sondern der sich *selbst verwirklichende* Mensch wurde erziehungswissenschaftliches Leitbild.

Parallel zu diesem erziehungswissenschaftlichen Wandel entwickelten sich die so genannten Neuen sozialen Bewegungen. Vor allem die Frauenbewegung, die Ökologiebewegung und die Friedensbewegung brachten ihre spezifischen Anliegen in pädagogische Konzeptionen ein, in Umwelt- oder Ökopädagogik, Friedenspädagogik und feministische Pädagogik[18]. Dabei waren es hier überwiegend gering institutionalisierte Handlungsfelder, in denen sich Lehren und Lernen entwickelte, zumeist ohne staatliche Initiative. Allerdings fehlte die professionelle Begleitung nicht, denn die Absolvierenden der Hochschule stellten einen großen Teil der Akteure und Akteurinnen. Diese Bereiche gehörten zu den Schnittstellen, an denen pädagogische Handlungselemente, die sich aus sozialwissenschaftlichen Erkenntnissen speisten, in das Alltagshandeln übergingen. Sie führten dazu, dass weite Bereiche der Gesellschaft heute ‚pädagogisiert' scheinen (vgl. Kade 1993: 389 f. sowie Nittel 1996: 731 ff.).

Die negativen Folgen der gesellschaftlichen Modernisierung wurden neuerlich debattiert: Das Problem einer zunehmenden Entfremdung und das der sich verstärkenden Individualisierung werden dabei Thema.[19] Die gesellschaftlichen Individualisierungstendenzen werden nicht ausschließlich als Befreiung des Einzelnen, sondern zunehmend auch als Herausforderung, das eigene Leben gestalten zu müssen, erkannt. Diese veränderte Problemlage führte dazu, dass die Individuen, ihre Biografien und ihre Sozialisationsprozesse in radikaler Weise zum Gegenstand pädagogischer Bemühungen wurden. In den wissenschaftlichen Ansätzen der späten 1970er und 1980er Jahre lässt sich eine erstaunliche Gemeinsamkeit ausmachen: Der Blick richtet sich, nahezu gebannt, auf die Subjektivität der gesellschaftlichen Akteure, ihre Lebenswelten, ihre alltäglichen Denk- und Handlungsweisen (vgl. Kron 2004: 114 ff.).

Diese Wende zu kulturalistischen und interpretativen Ansätzen in den Sozialwissenschaften wird auch als „realanthropologische Wende" (Lehner 1989: 265 f.) bezeichnet. Der Mensch wird als ‚ens agens' (Reckwitz 2003: 284) verstanden. Damit wird das Handeln als die spezifische Art und Weise gelesen, in der sich Frauen und Männer mit der Natur, den Mitmenschen und sich selbst auseinandersetzten. Erwachsenendidaktisch bedeutsam ist dieser Sachverhalt insofern, als dass die Handlungsfähigkeit dem Menschen zunächst nur als Möglichkeit gegeben ist. Die Funktion von Lernprozessen ist

18 Im Überblick dazu vergleiche Krüger 1997: 153 ff.

19 Viele Tendenzen, die Ulrich Beck in dem 1986 veröffentlichen Buch *Risikogesellschaft* als Risiken der Individualisierung und als Individualisierung der Risiken beschreibt, werden hier bereits thematisiert.

es, die Transformation des Erlernten in ein erweitertes Handlungsrepertoire zu ermöglichen. Zusammenfassend wird davon ausgegangen, dass dem menschlichen Handeln kulturell bedingte, normative Handlungsstrukturen vorgegeben sind. Gleichzeitig entwickelt eine Akteurin ‚selbstbestimmte' Interpretationsweisen ihrer Wirklichkeit, die wiederum ihr Handeln mitkonstituieren. Im Laufe einer Sozialisation verfestigen sich diese Interpretationsweisen aufgrund von Erfahrungen zu einem bestimmten, dem Individuum verfügbaren Muster. Dieses Muster bildet seinen oder ihren individuellen Bestand an möglichen Interpretationsweisen der Wirklichkeit, durch den sie oder er befähigt wird, sich in der objektiv vorgegebenen Realität zu orientieren (vgl. Kejcz 1980: 190).

Diese beiden Komponenten des Handelns – normative Handlungsstruktur und das qua einmaliger Erfahrung in der jeweiligen Lebensgeschichte aufgebaute Handlungsrepertoire des Individuums – werden in dem Begriff des Deutungsmusters zusammengeführt. Der Deutungsmusteransatz sieht es grundsätzlich als einen Antrieb für Suchbewegungen und damit Beginn möglicher Lernprozesse, wenn die bestehenden Deutungsmuster zur Bewältigung einer sich wandelnden gesellschaftlichen Organisation nicht mehr genügen (vgl. Barz/Tippelt 2001: 57 ff.). Didaktisch-methodisches Handeln wird so zu einer gesellschaftlichen Institution, die die Suchbewegung lernender Akteure begleitend zu unterstützen sich bemühen sollte. Dieses Verständnis findet seine didaktisch-methodische Konkretisierung in der Forderung nach einer stärkeren Subjektorientierung und einer Rücknahme der Sach- oder Inhaltsorientierung. Die Selbstorganisation von Lernprozessen wird erstmals betont und dabei vor allem eine Metakommunikation über die Lernsituationen gefordert. Erstmals erscheinen in den Jahren nach 1970 mehrere Aufsätze zum Thema Lernberatung (vgl. Kossack 2006: 52). Mit ‚Erwartungsgesprächen' und ‚Bedarfsabfragen' sollen gemeinsam distanzierte und kritische Reflexionen auf die Lernsituationen vorgenommen werden. Das Ziel ist ein möglichst ‚herrschaftsfreies Lernen' aller Beteiligten. Die Orientierung an den Akteuren und Akteurinnen, die „das Recht auf Selbstverwirklichung durch Lernen besitzen und denen durch das Angebot Möglichkeiten zur Selbstbestimmung und Mitwirkung geboten werden" (Tietgens 1971: 46) sollen, unterstützt das Gebot der Selbstorganisation.

Jeder Mensch hat, so lautet die neue Überzeugung, in seinen Handlungsweisen, sei es bezüglich seines beruflichen Handelns oder seiner lebenspraktischen Probleme und Gewohnheiten, bereits ein Wissen entwickelt. Dessen Dignität gelte es zu bewahren; es dürfe von wissenschaftlich oder professionell generiertem Wissen nicht ‚einfach' überschrieben werden. Das professionelle Selbstverständnis wandelt sich auch hinsichtlich eines anderen Gegenstandes: Pädagogische Institutionen sind aus dieser Perspektive keineswegs nur öffentliche Einrichtungen wie Erwachsenenbildungsträger oder Betriebe, die

Volkshochschulen oder Einrichtungen der Industrie- und Handelskammern. Unter Institutionen sind vielmehr sozial geteilte und weitergegebene und so verfestigte Handlungsmuster zu verstehen, wie in der Familie, dem Freundeskreis oder anderen alltäglichen Zusammenhängen. Ein in solchen Zusammenhängen stattfindendes Lernen wird nun zum Gegenstand erwachsenendidaktischer Reflexionen.

2.2.5 Alltagswende

Der Kongress der „Deutschen Gesellschaft für Erziehungswissenschaft" beschäftigte sich 1978 mit dem Thema der Handlungsrelevanz erziehungswissenschaftlicher Erkenntnisse. Retrospektiv verortet man diesen Kongress als Ausgangspunkt der Alltagswende in den Erziehungswissenschaften (vgl. Lenzen 1989: 334). In dieser Phase gewinnen neue Begriffe an Gewicht: Dazu zählen ‚Alltagswissen', ‚Lebenswelt', ‚Subjekte' und ‚Prozesse'. Vor allen werden alltagsweltliche Ansätze von nun an ausgearbeitet, Lebensweltheorien rezipiert und unterschiedliche Varianten des Deutungsmusteransatzes weiterentwickelt.[20] Eine alltags-, erfahrungs- und handlungs- und damit teilnehmerorientierte Erwachsenen- und Weiterbildung ist an der Aufarbeitung alltäglicher Erfahrungen orientiert. Gleichzeitig diversifizieren sich die Zielbestimmungen und Legitimationen der erwachsenendidaktischen Bildungsarbeit. Dabei zeigen sich in der Auseinandersetzung um normative Fragestellungen Diskrepanzen, die teilweise zu Grabenkämpfen führen. So wird die Frage, was ‚Aufarbeitung alltäglicher Erfahrungen' genau bedeutet, kontrovers diskutiert. In manchen Zusammenhängen heißt Aufarbeitung schlicht Vergewisserung oder Bestätigung des Bestehenden, in anderen geht es explizit um die Transformation des Bestehenden. Aber auch die Frage, in welche Richtung und wohin der Alltag transformiert werden soll, wird uneinheitlich beantwortet. In diesem Zusammenhang steht die Frage im Raum, ob es überhaupt eine Möglichkeit gibt, Bildungsziele zu legitimieren (vgl. Kade 1993: 340).

Mit der auch als „reflexive Wende" (Tietgens 2001: 304) der Erziehungswissenschaft bezeichneten Entwicklung sind nun Wissen, Intentionen, Sinn und Interpretationen der handelnden und lernenden Subjekte in den Blick geraten. Damit verschwimmen auch die ehemals eindeutigen Unterschiede zwischen beruflicher und allgemeiner Bildungsarbeit. Zunehmend sind reflexive Zugänge zu Wissen, Intentionen und Handlungsstrategien in

20 Für die alltagsweltlichen Ansätze vergleiche von Werder 1980; Knoll et al. 1983 sowie Kubli 1988 und Duncker 1989, für die Rezeption der Lebensweltheorien Hörning/Tietgens 1989 und Schlutz 1989 und hinsichtlich Varianten des Deutungsmusteransatzes Arnold 1983 sowie Dewe 1983.

beruflichen Bildungskontexten ebenso relevant wie auf die persönliche Weiterentwicklung zielende Veranstaltungen.

Die wissenschaftliche Diskussion in der Erwachsenen- und Weiterbildung der 1980er Jahre versucht Fragen wie diese zu klären: Inwiefern bestimmen Deutungen den Alltag und das Handeln von Menschen? Inwiefern sind solche Deutungen den Subjekten reflexiv zugänglich? Inwiefern kann Erwachsenenbildung an solchen alltäglichen Problemen und Handlungen ansetzen? Inwiefern soll sich Realität an die Subjekte anpassen und inwiefern Subjekte an die Realität? (vgl. Dewe 1982: 240 ff.)

Sofern es um die Vermittlung von Fachwissen ging, fragte man sich was passiert, wenn wissenschaftliches Fachwissen und Alltagswissen aufeinander treffen. Wie bauen Erwachsene Fachwissen in ihr Alltagswissen ein, und wie verändert sich dieses? Diese und andere Fragen wurden unter dem Stichwort ‚Theorie-Praxis-Problem' erörtert. Die Hinwendung zum Alltag und der daraus resultierende neue Fokus ließ bestehende normative Orientierungen der Erziehungswissenschaft fragwürdiger werden.

Zu Beginn der 1990er beginnt eine, vor allem in Frankreich initialisierte und über den Umweg der USA nach Deutschland gelangende, Theorieströmung Fuß zu fassen, die unter dem Namen ‚Postmoderne' oder ‚Poststrukturalismus' firmiert. Sie führt auch in der Erziehungswissenschaft zu einer grundsätzlichen Neuorientierung. Bisherige Legitimationsfiguren der Bildungsarbeit mit Erwachsenen werden als ‚große Erzählungen' erkannt und fragwürdig. Es setzt sich die Einsicht durch, dass alle Versuche, die Welt rational erklären zu wollen, auf zugrunde liegende Grundannahmen und Prinzipien verweisen, die verallgemeinert und absolut gesetzt werden und zu dem Resultat führen, gesellschaftliche Institutionen, politische Praktiken, Ethik und Denkweisen zu legitimieren. Im Zuge der so genannten Postmoderne-Diskussion wird erkennbar, dass diese „Metaerzählungen" (vgl. Lyotard 1999) sich bei näherer Betrachtung in nicht miteinander zu vereinbarende Wahrheits- und Gerechtigkeitsbegriffe zergliedern lassen.

Das Ende dieser ‚großen Erzählungen' leistet einer lerntheoretischen Position Vorschub, die mit der Forderung nach einer „Neuen Lernkultur" auf das Engste verknüpft ist. Gearbeitet wird hier erstmals mit dem Begriff der Handlungskompetenz. Seit Mitte der 1990er Jahre konsolidiert sich diese als „Ganzheitswende" (Arnold 2002: 30) oder als kompetenzorientierte Wende bezeichnete Richtung zunehmend (vgl. Bergmann 1996). Die „Eigenpotentiale und Eigenleistungen der (Lern-)Akteure bei der Lösung von (Handlungs-) Problemen" (Arnold 2002: 30) erhalten verstärkt Eingang in den didaktischen Diskurs. Das zweckbezogene Lernen wird nicht mehr automatisch in einen Gegensatz mit dem persönlichkeitsorientierten Lernen gestellt. In Folge dieses „lerntheoretischen Paradigmenwechsels" (ebd.) entwickelt sich der Diskurs um die „Neue Lernkultur".

2.3 „Neue Lernkultur" als Transformationsperspektive

Vor dem Hintergrund der bisherigen Ausführungen wird zugrunde gelegt, dass die gegenwärtig geforderten wie unternommenen Veränderungen in der Erwachsenen- und Weiterbildung im Zusammenhang mit den in den letzten drei Jahrzehnten massiv umstrukturierten gesellschaftlichen Verhältnissen gelesen werden können: Im Kontext dieses Umbaus gewinnt Lernen eine neue Bedeutung und Wichtigkeit.[21] In einem Gutachten mit dem programmatischen Titel *Das lebenslange Lernen. Leitlinien einer modernen Bildungspolitik* diagnostiziert Günter Dohmen das „lebenslange Lernen aller" (Dohmen 1996: 3) als Ziel und zentrale soziale Frage der Gegenwart in der Entwicklung einer modernen Wissensgesellschaft.

Das Dohmen-Gutachten steht im Zusammenhang mit einer ausgeprägten Konjunktur bildungspolitischer Konzepte eines „lebenslangen" oder auch „lebensumspannenden" oder „lebensbegleitenden" Lernens (vgl. Knoll 1974; Albach 1978; Kade/Seitter 1998; Brödel 1998). *Lebenslanges Lernen* wird als bildungspolitischer Schwerpunkt auch auf internationaler Ebene, zum Beispiel in dem UNESCO-Bericht von 1997, den Beschlüssen des EU-Gipfels in Lissabon und der OECD-Ministerkonferenz von April 2001 sowie dem *Memorandum der EU-Kommission über lebenslanges Lernen* aus dem Jahr 2001 hervorgehoben. Auf nationaler Ebene sind spätestens seit den 1990er Jahren vermehrt Anstrengungen zu erkennen, die sich um die politische Umsetzung der Zielperspektive lebenslanges Lernen bemühen. In diesem Zusammenhang exemplarisch zu nennen sind das „Aktionsprogramm des Ministeriums für Bildung und Wissenschaft zum lebensbegleitenden Lernen", das „Modellversuchsprogramm der Bund-Länder-Kommission zum lebenslangen Lernen" sowie die „Empfehlungen des Forums Bildung". Auf europäischer Ebene wird in diesem Kontext und zum Beispiel im Rahmen der *Beiträge der Kommission der Europäischen Gemeinschaft* gefordert, dass jeder EU-Bürger sich auf einen Prozess des lebenslangen Lernens einzustellen habe, der als ein „nahtloses ‚von der Wiege bis zum Grab' reichendes Kontinuum gesehen" (Kommission der Europäischen Gemeinschaften 2000: 9) werden müsse.

In Kapitel 2.2.3 wurde gezeigt, dass das Postulat des lebensumspannenden Lernens bereits seit der realistischen Wende auf der bildungspolitischen Agenda steht. Ebenso wenig neu ist die Erkenntnis, dass die Voraussetzung für

21 Seit Mitte der 70er Jahre findet ein gesellschaftlicher Umbau statt, der unter verschiedenen Bezeichnungen firmiert und mit unterschiedlichen politischen und ökonomischen Entwicklungen in Zusammenhang gestellt wird: Krise des Wohlfahrtstaates, Übergang vom Fordismus zum Postfordismus, Entwicklung des Neoliberalismus. In Kapitel 4.3.2 wird auf diese Entwicklungen eingegangen.

das lebenslange Lernen die Eigeninitiative und Selbstorganisationsfähigkeit der lernenden Individuen ist. Dennoch ist im Diskurs um eine „Neue Lernkultur" eine spezifische Neukonzeption der bekannten Aspekte zu erkennen. Die in diesem Diskurs sich artikulierenden unterschiedlichen lerntheoretischen Positionen greifen auf ganz verschiedene Vorstellungen von Subjekt und Gegenstand sowie auf divergierende theoretische Referenzen zurück. Sie differenzieren sich darüber hinaus in ihrer Beschreibung des Verhältnisses zwischen Individuum und Gesellschaft.[22] Mit dem Begriff der, also *einer*, Lernkultur wird in dieser Publikation jedoch ein Gemeinsames und Verbindendes der unterschiedlichen Ansätze postuliert. Damit werden die unterschiedlichen Diskursstränge und theoretischen Zielrichtungen kombiniert und gebündelt, um die machttheoretischen Zusammenhänge dieser spezifischen Neukonzeption zu verdeutlichen.

Der Lernkultur-Begriff ist in der Forschungsliteratur nicht klar umrissen. So wird konstatiert, dass er bislang weitgehend ungeklärt ist und keine „eingeführte und etablierte pädagogische Kategorie" (Arnold/Schüßler 1998: 3) darstellt. Arnold und Schüßler versuchen deshalb zunächst eine begriffliche Klärung vorzunehmen. Für sie bezeichnet *Lernkultur* „in und durch Lehr-Lern- sowie Kooperations- und Kommunikationsprozesse(n) immer wieder aufs neue hergestellte *Rahmungen*, die ihren Gruppenmitgliedern spezifische Entwicklungsmöglichkeiten bieten, andere aber vorenthalten" (ebd.: 4 f., Hervorhebung im Original). Auf Basis dieser Definition werden überlieferte Formen des Lehrens und Lernens einer „toten Lernkultur" (ebd.: VII) zugeordnet, die den Lernenden Entwicklungsmöglichkeiten vorenthalten. Eine „Neue Lernkultur" beinhalte demgegenüber „Konzepte eines lebendigen Lernens, welches nicht vornehmlich inhaltliche Ziele verfolgt, sondern auch professioneller der Entwicklung von methodischen und sozialen Kompetenzen sowie der Entfaltung der Persönlichkeit der Lernenden dient" (ebd.). Der Lernkulturbegriff kennzeichnet in diesem Verständnis notwendige Veränderungen in institutionalisierten Lehr-Lern-Kontexten. Diese Veränderung bezieht sich auf Fragen der Inhalte von Lehr-Lern-Prozessen und der Evaluation dieser Ergebnisse. Darüber hinaus gilt es, Fragen des „heimlichen Lehrplans", also der intendierten, aber nicht kommunizierten Lernziele des Lehrenden oder der Institution, zu klären. Auch soll der Illusion der Planbarkeit und des Lernens offensiv begegnet werden. Im folgenden Kapitel werden vier Praxiskonzepte vorgestellt, die die Diskussion um eine „Neue Lernkultur" maßgeblich beeinflusst haben. Für eine genaue Rekonstruktion des Lerndiskurses werden Unterschiede und Gemeinsamkeiten der Praxiskonzepte herausgear-

22 Im Unterschied zu dem in dieser Publikation verwendeten Ausdruck ‚Neue Lernkultur', der die verschiedenenartigen Ansätze als *einen* Diskurs beschreibt und untersucht, wird in der Literatur zum Thema häufig auch von *Lernkulturen* gesprochen (vgl. Nell 1998: 15).

beitet. Hierbei finden die relevanten theoretischen Referenzen ebenso Erwähnung wie die spezifischen Subjektvorstellungen, welche den einzelnen Ansätzen explizit oder implizit zugrunde liegen. Es wird zu prüfen sein, welches Verhältnis von Individuum und Gesellschaft die Praxiskonzepte konstruieren und wie Subjekt und Objekt des Lernens in ein Verhältnis gesetzt werden.

Das nachstehende Kapitel verfolgt primär das Ziel, die unterschiedlichen Praxiskonzepte der Ansätze in Hinblick auf die genannten Aspekte darzustellen. Dabei werden zunächst die je unterschiedlichen Kritikpunkte an einer vorhandenen Lernkultur veranschaulicht. In einem zweiten Schritt werden die lerntheoretischen Grundannahmen der einzelnen Konzeptionen dargestellt, um schließlich deren Konsequenzen für die Ausgestaltung didaktisch-methodischer Praktiken zu skizzieren.

3 Begründungsfiguren für eine „Neue Lernkultur“

Es ist das Ziel dieser Publikation, die Gegenstands- und Funktionsbestimmung einer „Neuen Lernkultur“ sowie die in ihrem Rahmen entwickelten didaktisch-methodischen Praktiken im Hinblick auf ihre machttheoretischen Implikationen zu interpretieren. Hierzu werden die konzeptionellen Aussagen von Autoren untersucht, die sich im Diskurs um eine „Neue Lernkultur“ verankern. Dabei handelt es sich um vier Konzeptionen, die spezifische Praxiskonzepte zur konkreten didaktisch-methodischen Gestaltung von Vermittlungsprozessen in der Erwachsenen- und Weiterbildung hervorgebracht haben. Diese didaktisch-methodischen Konzeptionen werden als paradigmatisch bezeichnet. Sie rekurrieren auf unterschiedliche Theoriereferenzen, die die zeitgenössischen Begründungsfiguren des wissenschaftlichen Diskurses über didaktisch-methodische Praktiken prägen.

Die Darstellung wird in systematischer Weise zunächst die Argumentation entfalten, die als Kritik an einer als „klassisch“ bezeichneten Lernkultur hervorgebracht wird, um anschließend die Gegenstands- und Funktionsbestimmung des Didaktischen herauszuarbeiten. Schließlich wird die jeweilige didaktisch-methodische Praxiskonzeption selbst skizziert. Erst im Rahmen der interpretativen Analyse werden die didaktisch-methodischen Praktiken zur Ausgestaltung der konkreten Vermittlungspraxis auf ihren Gehalt einer ‚Führung von Führungen‘ untersucht.

Zunächst wird eine Variante betrachtet, die sich als systemisch-konstruktivistische Didaktikkonzeption versteht und die das bereits angesprochene lerntheoretische Paradigma des autopoietischen und selbstreferentiellen Lernens hervorgebracht hat.

Auf diesen Ansatz Arnolds folgend werden drei Praxiskonzepte betrachtet, die im Kontext der Diskussion um eine „Neue Lernkultur“ entwickelt wurden und die sich in je spezifischer und durchweg kritischer Weise auf eben jenes lerntheoretische Paradigma beziehen. Bei diesen Praxiskonzepten handelt es sich um Fornecks didaktische Konzeption von „Selbstlernarchitekturen", um Ludwigs subjektwissenschaftlich fundierte „Fallarbeit" und um Meuelers emanzipatorischen Ansatz des „Lehr-Lern-Vertrags".

Untersucht wird, in welcher Weise die Praxiskonzepte jeweils und unterschiedlich das Verhältnis von „Autonomie" und „Unterwerfung" akzentuieren. Bei aller Unterschiedlichkeit zielt die Kritik an einer als klassisch bezeichneten Lernkultur bei allen Konzepten primär darauf, dass didaktisch-methodische Handlungsweisen bislang in repressiver, die Subjektivität der Lernenden einschränkender Form entworfen werden. Alle Autoren beschäftigen sich grundsätzlich mit der Frage, wie ein Mehr an „Selbststeuerung" (Arnold), Selbstsorge (Forneck), gesellschaftlicher Teilhabe (Ludwig) oder Selbstverfügung (Meueler) in Vermittlungsprozessen zu erreichen sei.

Dabei ist zu berücksichtigen, dass sich die Autoren einer „Neuen Lernkultur" hinsichtlich der Begründung ihrer Abgrenzung von didaktischen Traditionen maßgeblich unterscheiden. Dementsprechend wird der Blick auf die je unterschiedlichen Begründungsfiguren gerichtet, um in der Folge die je spezifische Gegenstands- und Funktionsbestimmung des Didaktischen genauer betrachten zu können. Vor diesem Hintergrund werden die jeweilig vorgeschlagenen didaktisch-methodischen Praktiken beleuchtet, die weniger „interventionistisch" (Arnold), weniger „enteignend" (Forneck), weniger „begrenzt durch den Außenanspruch" (Ludwig) und weniger „fremdbestimmt" (Meueler) gefasst werden. In ihnen werden, so wird in der abschließenden Untersuchung zu zeigen sein, ganz unterschiedliche, aber stets produktive Praktiken zur Subjektivierung entwickelt.

3.1 Lernen aus systemisch-konstruktivistischer Perspektive (Rolf Arnold)

Die Forderung nach einer „Neuen Lernkultur" erscheint lerntheoretisch insbesondere in Form systemisch-konstruktivistischer Ansätze. Diese Ansätze geben dabei Anregungen zu einem neuen Verständnis des menschlichen Lernens, indem sie kognitionstheoretische Erkenntnisse ebenso integrieren wie Einsichten aus der Hirnphysiologie und der Neurobiologie. Sie konzentrieren sich insbesondere auf Wissens-, Wahrnehmungs- und Erkenntnisprozesse von lebenden Systemen. Theoretischer Anknüpfungspunkt ist dabei der radikale

Konstruktivismus, wie er von Francisco Varela und Humberto Maturana konzipiert wurde sowie die Systemtheorie Niklas Luhmanns.[1]

Systemisch-konstruktivistische Ansätze richten ihre Bestrebungen darauf, die Abkehr von einer traditionellen und die Neukonzeption einer selbstorganisierten Lernkultur „selbsterschließungsorientiert“ (Arnold 2003: 14) zu fundieren. Die traditionelle Lernkultur – so lautet die Kritik – enthalte „die erkenntnistheoretische Prämisse, dass der Mensch in der Lage sei, die Welt so zu erkennen, wie sie ‚wirklich‘ ist“ (Siebert 1996: 16). Sie basiere auf einem „kognitivistischen Repräsentationsmodell“ (Varela 1990: 121), demzufolge menschliche Wahrnehmung und Kognition objektive Realitäten repräsentiere. Der kognitivistische Ansatz lenke den Fokus auf interne Prozesse der Informationsverarbeitung. Er gehe dabei von einer Wechselwirkung zwischen externen Präsentationen und internen Verarbeitungsprozessen aus. Den individuellen Konstruktionen werde wiederum der Status objektiven Wissens zugeschrieben. Hinter diesem so genannten Repräsentationsmodell wird eine didaktische Figur ausgemacht, die Subjekt-Objekt-Vermittlungsszenarien begründet. Dabei richtet sich die Kritik, die von den systemisch-konstruktivistischen Ansätzen geübt wird, insbesondere auf objektivistische Lernkonzeptionen, worunter Reiz-Reaktionsmodelle sowie die Theorien eines Verstärkungs- und Imitationslernen, aber auch so genannte materialistisch-aktivierende Konzepte beziehungsweise historisch-materialistische Input-Output-Schemata in der Erwachsenenbildung verstanden werden (vgl. Siebert 1995: 44). Diesen lerntheoretischen Konzeptionen und ihrem erkenntnistheoretischen Paradigma wird ein ‚Objektivierungsfehler‘ unterstellt. Dieser manifestiere sich in der Vorstellung, dass „Wissensstrukturen sich identifizieren, reduzieren und elementarisieren“ (Arnold 1996: 720) ließen. Als klassisch bezeichnete Lerntheorien hielten im Kontext einer objektivistischen Illusion eine mehr oder weniger ungetrübte Sicht auf die objektive Wirklichkeit für möglich (vgl. Arnold 1996: 721). Ein weiterer Kritikpunkt von systemisch-konstruktivistischer Seite richtet sich auf den normativen Charakter der klassischen Lernkultur. Alle Versuche, Bildungsansprüche mit einer zum Beispiel emanzipatorischen Zielsetzung zu legitimieren werden kritisiert, da jeder Bildungsbegriff per se „normativ-substantialistisch“ sei und damit normative Setzungen transportiere (vgl. Arnold 2003: 40).

1 Das Konzept des autopoietischen, selbstreferentiellen Subjekts geht auf diese Theorien zurück. Autopoiesis ist ein Merkmal von Systemen – als solche werden auch Lebewesen verstanden (vgl. Maturana/Varela 1980). Mit dem Begriff wird der Prozess der Selbsterschaffung und Selbsterhaltung eines Systems bezeichnet. Selbstreferentialität zielt auf den Selbstbezug eines Systems: Selbstreferentielle Systeme beziehen sich nur auf sich selbst und sind damit ihrer Umwelt gegenüber geschlossen (vgl. Luhmann/Schorr 1982).

Schließlich richtet sich die Kritik auf eine lernkulturtypische ‚Interventionsfigur' in didaktischen Konzepten. Sie wendet sich gegen die in diesen Konzepten gängige Suggestion, dass eine lineare und ergebnissichernde Intervention mittels didaktischer Planung und Sicherung möglich wäre. Auf den drei Ebenen Objektivismus, Normativität und Intervention markieren systemisch-konstruktivistische Ansätze deutliche Gegenpositionen gegenüber den als ‚technokratisch-mechanistisch' bezeichneten Denkansätzen in der Erwachsenenbildung (vgl. Arnold 2007: 36).

Die Kernthese systemisch-konstruktivistischer Lerntheorien lautet demgegenüber in Anlehnung an die kognitiv-konstruktivistische Erkenntnistheorie: Alles, was das lernende Subjekt wahrnimmt, ist eine Konstruktion seines oder ihres Gehirns. Das menschliche Gehirn ist aus dieser Perspektive ein Erkenntnissystem, das zu einem sehr großen Teil seiner Aktivität ausschließlich mit sich selbst beschäftigt ist (vgl. Spitzer 2000: 135). Außeneinflüsse leisten nur einen verschwindend geringen Beitrag zu menschlichen Hirnaktivität. In Prozessen der Wahrnehmung wird die Komplexität der Umwelt durch Zerlegung der Erregungszustände von Sinnesrezeptoren stark reduziert. Das Gehirn strukturiert alles Wahrgenommene und erzeugt permanent eigene Kontexte und Bedeutungen. Anders als gemäß sozialkonstruktivistischer Auffassungen benötigt das Gehirn für diese Prozesse von Bedeutungsaufbau keine menschliche Interaktion.

Wissensaufbau, Kognition und Emotionen seien die Ergebnisse autopoietischer (hier im Sinne von: sich selbst herstellender) und operational geschlossener Aktivitäten unseres Gehirns. Die Konstruktion von Wissen erfolge im individuellen Bewusstsein (respektive im Gehirn) als kognitiv geschlossener Einheit, in dem eine je eigene Wirklichkeit konstruiert werde. Das ‚Erkenntnissystem Gehirn' funktioniere selbstreferentiell und strukturdeterminiert (vgl. Siebert 1996: 15 ff.).

Im Anschluss an Maturana und Varela werden Lebewesen als Systeme verstanden, die sich vollständig selbst herstellen. Ein solches autopoietisches System ist aus Relationen zusammengesetzt, die ein systemübergreifendes Netzwerk von sich selbst organisierenden zirkulären Prozessen bilden. Diese Selbstherstellungsprozesse umfassen die Bereitstellung der Elemente des Systems genauso wie die Aufrechterhaltung der Grenze zur Umwelt. Die autopoietische Organisation eines Lebewesens ist darauf abgestellt, den Zusammenhalt der Systemelemente aufrechtzuerhalten beziehungsweise ständig zu erneuern.

3.1.1 System-Umwelt-Grenze

Vor diesem theoretischen Hintergrund wird in systemisch-konstruktivistischen Lerntheorien die relative Autonomie der Individuen als autopoietische Systeme betont sowie daraus folgend deren Selbstorganisation als lernende Subjekte. Dabei ist jedes Erkenntnissystem „mit der Außenwelt, dem (sozialen) Milieu lediglich strukturell gekoppelt, das heißt es findet gleichsam ein Austausch, eine Wechselwirkung zwischen dem Ich und der Welt statt, aber das Ich ist autonom und selbstverantwortlich für sein Denken und Handeln.“ (Siebert 1994: 44). Die strukturelle Koppelung zwischen System und Umwelt hat für die autopoietischen Prozesse des Systems den Status von Unterbrechungen, sie stören den reibungslosen Ablauf der Autopoiesis. Sie veranlassen den Organismus zu einem Verhalten, das diese Störungen abstellt und den Normalzustand wieder herstellt. Gerstenmaier und Mandl charakterisieren diese interaktiv-kognitive Struktur als ein „Modell der Informationskonstruktion“, das verarbeitet, was „viabel (das heißt passend) ist und dem Strukturerhalt dient“ (Gerstenmaier/Mandl 1995: 869). Die Bezugnahme eines autopoietischen Systems auf seine Umwelt ermöglicht es ihm, aufgrund seiner Wahrnehmungen selbsterhaltende Operationen zu generieren. Wäre es anders und würden die Operationen die Systemgrenze überschreiten, so würde dies zum Abbruch der Autopoiesis führen.

Eigenschaften der Umwelt werden also nur insofern berücksichtigt, als sie von den für den Organismus notwendigen Lebensbedingungen abweichen, und dann so beeinflusst, dass sie möglichst optimale Werte annehmen. Zweck und Resultat dieses Prozesses ist demgemäß nicht, die vorgegebenen Eigenheiten der Welt in den Organismus aufzunehmen, sondern umgekehrt dafür zu sorgen, dass draußen nichts anderes wahrgenommen wird als das, was durch interne Bedürfnisse festgelegt ist.

Damit zeigt sich, dass *Autopoiesis* der Schlüsselbegriff systemisch-konstruktivistischer Lerntheorien ist. In ihm manifestiert sich die immer schon vorhandene Selbsttätigkeit, operationale Geschlossenheit und strukturbedingte Selbstorganisation des Menschen als ‚lernendem System‘.

Für das Lernen Erwachsener implizieren diese erkenntnistheoretischen Grundannahmen Folgendes: Lernen wird als ein autopoietischer Prozess der Konstruktion von Wissen und damit als selbstreferentieller Wahrnehmungsprozess verstanden, der individuelle Interpretationen in Form von Bedeutungszuweisungen auf der Grundlage bereits vorhandener Wissensstrukturen hervorbringt.

Im Zentrum des systemisch-konstruktivistischen Lernbegriffs steht die Konstruktion von Deutungen der Wirklichkeit als selbstreferentieller Prozess. Diese Konstrukte, die sich auf der Basis vorhandener Konstruktionen entwickeln – und sich auf sich selbst beziehen – haben nicht den Status von ‚wahr‘

oder ‚falsch'. Vielmehr erweisen sie sich für das lernende System als mehr oder weniger viabel, das heißt, sie „funktionieren" und haben sich „bewährt" (Siebert 1996: 17); sie ermöglichen zu überleben und erfolgreiches Handeln. Strukturelle Koppelungen mit der Umwelt, also auch dem Lernarrangement, sind aus Gründen des Fortbestands oder Überlebens eines Systems möglich, aber prinzipiell kontingent.

Die Viabilität der konstruierten Deutungen kann sich nach diesem Verständnis nur aus Sicht des Lernenden selbst erweisen, weil nur sie oder er selbst die Systemreferentialität herstellen kann. Die Systemumwelt steht diesem Verhältnis grundsätzlich ‚fremd' gegenüber, das heißt die Viabilität des Lernarrangements ist von außen nicht zu beurteilen und auch nicht planvoll herstellbar. Erfolgskriterien des Lernens sind damit nicht Objektivität und Wahrheit, sondern Viabilität. Die Passung von Deutungen der Lernenden wird zum Maßstab des Lernprozesses (vgl. Arnold 1996: 722).

Der systemisch-konstruktivistischen Perspektive kommt unter den Ansätzen, die sich mit der Entwicklung einer „Neuen Lernkultur" beschäftigen, eine zentrale Rolle zu. In ihrer Argumentation für eine uneingeschränkte Subjektorientierung in Bildungsprozessen bestätigen, ergänzen und ‚radikalisieren' systemisch-konstruktivistische Didaktikentwürfe vorliegende Konzepte aus der Reformpädagogik (vgl. Arnold/Tutor 2007: 123 ff.). Erwachsene „lassen sich nicht belehren oder aufklären, Wahrheiten lassen sich nicht linear vermitteln" (Siebert 1996: 19). Aus dieser Perspektive könne das ‚Lehren' nicht länger wie in der klassischen Lehrkultur „objektivistisch im Sinne einer ‚von außen' an das Subjekt herangetragenen Intervention" (Arnold 1997: 130) konzipiert werden.

3.1.2 Von der Vermittlung zur Ermöglichung

Aus systemisch-konstruktivistischer Perspektive geht es in einer „Neuen Lernkultur" um eine Neubestimmung des Verhältnisses von Autonomie und Erwachsenenbildung.[2] Bezogen auf die Ausgestaltung der Lernkultur wird insbesondere gefordert, eine als unterkomplex bezeichnete Erkenntnistheorie aufzugeben. Diese zeige sich in normativer und interventionistischer Gestalt. Dem wird eine Lernkultur positiv gegenübergestellt, die sich auf die geschilderten erkenntnistheoretischen Prämissen der Systemtheorie und des Konstruktivismus bezieht.

2 Die Frage der Bestimmung des Verhältnisses von Autonomie des Individuums und (Erwachsenen-)Bildungsprozess ist innerhalb der Disziplin Gegenstand einer langen und kontroversen Auseinandersetzung (vgl. für eine Übersicht HVV Institut 2005).

In der Folge könne sich eine „Neue Lernkultur“ von einer lehrerzentrierten Perspektive lösen, in der es kein „qualitatives Restgefälle“ (Arnold 1996: 724) zwischen der Wirklichkeit der Teilnehmenden und der Lehrenden mehr gäbe. Gleichzeitig wird mit der neuen Verhältnisbestimmung angestrebt, die Synchroniziät des Lernens einer Gruppe von Teilnehmenden aufzulösen. Lernen wird als individueller Prozess betrachtet, denn jeder und jede „gehe beim Lernen ihre eigenen Wege“ (Siebert 1996: 19).[3] In dieser Verhältnisbestimmung kann kein einseitiger ‚Methodenbesitz‘ auf Seiten der Lehrenden mehr beansprucht werden. Es ist nicht länger der Lehrende, der über den Einsatz einer spezifischen Lernmethode bestimmt, sondern jedes lernende System „driftet“ in seinem Lernprozess entsprechend seiner individuellen Möglichkeiten selbst:

„Jedes Individuum driftet gemäß seiner eigenen autopoietischen Struktur durch die Interaktion mit dem umgebenden Milieu in bestimmten Entwicklungslinien, den Chreoden. Entscheidend ist, dass diese Entwicklung sich nur in dem individuellen Verhalten, Denken und Handeln zeigt, das dem einzelnen System zu diesem Zeitpunkt möglich ist – gemäß der Strukturdeterminiertheit von lebenden Systemen“ (Kösel 1993, S. 240).

Mit dieser Konzeption von Lernprozessen wird auch die Fixierung auf spezifische Lerninhalte aufgegeben. Angesichts der Verfallsrate des Wissens ist unter „Nachhaltigkeitsgesichtspunkten oftmals relevanter, […] welche methodischen und sozialen Aktivitäten seitens des Lernens [sich entwickeln, UK], als das, was darin inhaltlich eine Rolle spielte“ (Arnold 1999: 34).

Eine so gestaltete „Neue Lernkultur“ ist durch ein „konstruiertes Idealbild“ (Kraft 1999: 836) des selbstgesteuerten Lernens gekennzeichnet. Das in einer solchen Lernkultur selbstorganisierte Subjekt ist vor allem ein *aktives* Subjekt:

„Es ergreift die Initiative, um Lernbedürfnisse zu befriedigen, setzt sich Lernziele und setzt diese in Pläne um, greift situativ auf unterschiedliche Formen der Unterstützung zurück, wählt geeignete Hilfsmittel beim Lernen, verfolgt und überprüft den Lernprozess, verfügt über realistische Einschätzungen der eigenen Unzulänglichkeiten und Grenzen sowie über ein positives Selbstbild, das auf vergangenen Erfahrungen beruht, und kennt außerdem seine Stärken, Fähigkeiten und Motivationslagen.“ (Schiersmann 2003: 12 f.)

Systemisch-konstruktivistische Ansätze verbinden mit dem Konzept der Selbstreferenz und Autopoiesis die Vorstellung eines offenen und kontingen-

3 Insofern, so Siebert, reflektiert und untermauert der Konstruktivismus den gesellschaftlichen Individualisierungsschub (vgl. Siebert 1996: 19).

ten Lernprozesses. Professionelles Handeln ist mit einer „grundsätzlichen Wirkungsunsicherheit ihrer Intervention“ (Arnold/Tutor 2007: 102) konfrontiert. Dieser Offenheit und Nichtlinearität müssen sich professionell Handelnde in der Erwachsenenbildung stellen. Dabei gelte es, eine „konstruktivistische Haltung“ einzunehmen und die „eigene Steuerungsleistung zu relativieren und ‚Unsicherheit‘ ertragen zu können“ (Arnold/Tutor/Kammerer 2003: 118). Gefordert wird eine Professionalität, die sich zum Beispiel durch die Fähigkeit auszeichnet, Perspektivwechsel zu schaffen und vielfältige Perspektiven und Verhaltensmöglichkeiten zu ermöglichen oder anzubieten. „Dabei muss die Betonung auf dem ‚Anbieten‘ liegen, denn ob ein fremdes System mit einem Angebot etwas anzufangen vermag, ist grundsätzlich unsicher“ (Arnold/Tutor 2007: 118). Professionell Handelnde können folglich lediglich ‚Pertubationsangebote‘ unterbreiten und hoffen, dass eine ‚didaktische Koppelung‘ entsteht, die eine Aneignung oder Verhaltensänderung wahrscheinlich werden lässt. Da systemisch-konstruktivistische Ansätze von einer „Unbelehrbarkeit bei gleichzeitiger Lernfähigkeit der Erwachsenen“ (Arnold/Siebert 2003: 146) ausgehen, plädieren sie für eine Lehre als Lernhilfe. Diese wird auch als „stellvertretende Führung“ (Arnold/Tutor 2007: 131) konzipiert, die nur dort eingreift, wo die Selbstlernkompetenzen der Lernenden noch nicht ausreichend ausgebildet sind.

Hinsichtlich einer Förderung von Selbstlernkompetenzen sind aus systemisch-konstruktivistischer Perspektive Fach-, Methoden- und personale Kompetenzen vonnöten, damit

- den Lernenden ein anschlussfähiges Wissen angeboten werden kann, „wobei durch aktivierende Methoden wie Brainstorming oder Mind Mapping der vorhandene Wissenstand aktiviert werden kann“ (Arnold/Tutor 2007: 131),
- die Lernenden „von den an der Oberfläche arbeitenden Strategien wie Markieren oder Wiederholen zu Strategien geführt werden können, die den Lernstoff tiefgreifender bearbeiten“ (ebd.),
- Aufmerksamkeit, Motivation und Anregung beim lernenden Individuum initiiert werden kann. Hier können „Methoden der kontinuierlichen Selbstevaluation helfen, die Motivation zu erhöhen“ (ebd.: 132).

Die Beschreibung der Akteure als autopoietische Systeme in systemisch-konstruktivistischen Ansätzen führt schließlich auch Arnold zu der Annahme, dass „Bildung grundsätzlich nur als Selbstbildung, das heißt als Ergebnis und Ausdruck der ‚inneren Kräfte‘ (Humboldt), konzipierbar“ (Arnold/Tutor 2007: 118) ist. Allerdings gehen auch die systemisch-konstruktivistischen Ansätze davon aus, dass dieses Selbstlernen angeleitet werden muss. Um den damit konstruierten Widerspruch aufzulösen, konzipiert der Ansatz die ‚didaktische Kopplung‘ als Beziehung, die eine Strukturveränderung des lernenden Systems lediglich ermöglicht.

„Wichtig ist daran dieses, dass Kognition nicht als Einfluss der Umwelt auf das System verstanden wird und nicht als Suche des Systems nach Informationen in der Umwelt. Der Umweltkontakt ist vielmehr eine ‚strukturelle Koppelung‘ mit hoch selegierenden Elementen der Umwelt. [...] Dementsprechend kann Lernen, darauf hat Luhmann hingewiesen, nicht als Übernahme einer Instruktion aus der Umwelt begriffen werden. Konzepte von Nachahmung und Erziehung verbieten sich.“ (Lenzen 1997: 961 f.)

Auch wenn sich die direkte Einflussnahme auf lernende Subjekte in systemisch-konstruktivistischen Ansätzen verbietet, sind den didaktisch-methodischen Praktiken im Zeichen der Ermöglichung gouvernementale Machtverhältnisse inhärent. Die Frage danach, welche machttheoretischen Implikationen die Konstruktion eines autopoietischen und selbstreferentiellen Systems in didaktisch-methodischen Zusammenhängen beinhaltet, wird im fünften Kapitel weiterverfolgt.

3.2 Steuerungspotentiale vor einem poststrukturalistischen Hintergrund (Hermann J. Forneck)

In deutlicher Abgrenzung von systemisch-konstruktivistischen Lerntheorien entwickelt Forneck im Anschluss an die Diskussion um die „Neue Lernkultur“ eine didaktische Konzeption, die das Ziel verfolgt, anspruchsvolle Selbstlernprozesse zu ermöglichen. In diesem Praxiskonzept ergeben die Konstruktion von Selbstlernarchitekturen mit entsprechenden Prozesssteuerungselementen und der Lernberatung ein System von Relationen (vgl. Forneck 2005a; Forneck/Springer 2005).

An systemisch-konstruktivistischen Lerntheorien kritisiert Forneck insbesondere deren normativen Charakter. Der systemisch-konstruktivistische Subjekt- und Freiheitsbegriff erscheine ihm „emphatisch“ (vgl. Forneck 2005d: 320 ff.), da er gesellschaftslos konzipiert sei. Der Freiheitsbegriff in den systemisch-konstruktivistischen Ansätzen werde lediglich als Wahlmöglichkeit zwischen verschiedenen Inhalten, Kurstypen, Dozierenden, Lernwegen und Lernformen konfiguriert. Freiheit werde nicht länger gefasst „als ein Vermögen, das durch die sich bildende Person in dieser allererst hervorgebracht beziehungsweise immer wieder neu aufrechterhalten und zugleich weiterentwickelt“ (Forneck 2005c: 126) werden müsse.

Indem das Subjekt als autopoietisches System begriffen werde, erfahre auch der Subjektbegriff eine gravierende Verschiebung. Das Subjekt sei dann „nicht mehr widerständig, sondern strukturdeterminiert" (ebd.), was zu einer Verabschiedung des Kant'schen Postulats von der Dichotomie zwischen Determination und Freiheit führe. Für Forneck stellte dieser Subjektbegriff bislang die „Grenze erwachsenenbildnerischer Einflussnahme" (ebd.) dar, die einen Bereich des nicht Disziplinierbaren markierte. Diese Grenze werde im Rahmen neoliberaler Regierungsführung bis in die informellen Bereiche des Lebens und Lernens hinein verschoben.

Forneck konstatiert, dass alle Versuche, die Grenze der Einflussnahme auf lernende Subjekte zu verschieben und damit didaktisch-methodische Steuerungsbemühungen grundsätzlich in Frage zu stellen, den vorrangigen Problemzusammenhang didaktischer Theoriebildung verkennen. Ihm zufolge geht es nicht darum „keine Macht auszuüben, sondern darum, dass wir uns trotz einer emphatischen Intentionalität aus dem Zusammenhang mit der Macht nicht verabschieden" (Forneck 2005d: 324) können. Dieser Problematik innerhalb des Diskurses um „Neue Lernkultur" begegnet Forneck mit spezifischen Prämissen über die lernende Gesellschaft und die damit einhergehenden didaktischen-methodischen Praktiken der Beeinflussung von Menschen (ebd.: 322).

Lernprozesse können für Forneck aus poststrukturalistischer Perspektive keinen machtfreien Raum darstellen. Lernprozessen liegen gesellschaftliche Strukturen zugrunde, gehen ihnen voraus, sind ihnen inhärent. Jedes Lernen muss ausgehend von diesen Strukturen, die in spezifischer Weise mit den Praktiken des Regierens verbunden sind, gedacht werden. Damit wendet Forneck sich gegen die zahlreichen programmatischen Forderungen nach „selbstgesteuertem" Lernen, weil darin verkannt würde, dass das Selbst in diesen Lernprozessen immer gleichzeitig die steuernde wie auch die gesteuerte Instanz darstellt.

Ebenso wendet sich Forneck gegen bildungstheoretische Positionen, denen er unterstellt, sie würden „den empirischen Menschen auf die Spur des Gattungswesen" (Forneck 2005d: 322) führen wollen. Für Forneck können Lernprozesse nicht als Prozesse eines universalen Individuums, also *des* Menschen, gedacht werden, dessen Freiheit von den gesellschaftlichen Bedingungen lediglich begrenzt würde. Das Subjekt ist in gesellschaftliche Strukturen verwoben, die ihm darin eine Position zuweisen. Das Subjekt kann nur innerhalb dieser Strukturen als eben solches bezeichnet werden.

Es sind zwei zentrale Einwände, die Forneck gegen andere Konstrukteure der „Neuen Lernkultur" vorbringt. Zum einen weist er darauf hin, dass diese die Bedeutung „entwicklungsfördernder Inhalte und ihrer adäquate Aneignung" (Forneck 2006: 14) verkennen. Wenn die Auswahl der Inhalte von Lehr- und Lernprozessen aber nicht mehr professionell und damit inhaltlichmaterial bestimmt würden, dann bestünde die Gefahr, dass das, was gelernt wird, von den lernenden Akteuren nur noch nach ökonomischen Gesichtspunkten auswählt würde. Die Frage der Verwertbarkeit von Lernergebnissen gewinne in einer neoliberalen Gesellschaft eine hohe Bedeutung. Gibt die Didaktik die Inhaltsbestimmung von Lehr-Lern-Prozessen aber aus der Hand, dann fokussiert sie sich Forneck zufolge damit lediglich noch auf den ‚lernenden Entrepreneur‘. Ihre gesellschaftliche Funktion, nämlich über die Auswahl von Inhalten die Auseinandersetzung mit gesellschaftlich relevanten Strukturen zu ermöglichen, verliere sie (ebd.).[4]

Weiterhin argumentiert Forneck gegen das Individualisierungstheorem, wie es in der deutschen Soziologie durch Ulrich Beck initiiert und geprägt wurde (vgl. Beck 1986) und von der Erwachsenenbildung häufig affirmativ aufgenommen wird. Individualisierung ist bei Forneck nämlich kein „notwendig ablaufender und intendierter Prozess, in dem die Lernprozesse durch die individuellen Möglichkeiten und Begrenzungen der Lernenden bestimmt werden“ (Forneck 2002b: 247). Vielmehr steht Individualisierung bei ihm für einen Qualitätsanspruch an geplante Lehr-Lern-Prozesse, die „so gestaltet sein müssen, dass sie auf die Spezifik der Individuen in einer Weise zugeschnitten sind, dass sie das Lernen dieser Individuen optimal fördern“ (ebd.).[5]

Vor diesem Hintergrund entwickelt Forneck die Konzeption einer „Didaktik der Selbstsorge“, die gesellschaftliche Modernisierungsanforderungen aufnimmt, aber zugleich über diese hinaus weisen soll. Dabei spricht er nicht von einer *neuen*, sondern von einer *erweiterten Lernkultur*, in der es „nicht um eine Abwesenheit von professioneller Steuerung [geht], wie die begriffliche Emphase ‚Selbststeuerung‘ suggeriert, sondern um andere Formen der Strukturierung und damit der Steuerung von Lernprozessen“ (Forneck 2005a: 8).

Dabei geht Forneck grundlegend davon aus, dass sich die eigentliche Qualität professionell gestalteten Lerngeschehens in ‚selbstgesteuerten‘ Lernumgebungen nicht von alleine herstellt. Sein zentrales Argument ist, dass die „Reduktion der externen Steuerung […] nicht automatisch zu mehr oder gar vollständiger Selbststeuerung“ (Forneck 2005a: 18) führe. Die spezifische Qualität professioneller didaktisch-methodischer Steuerung bestünde zu aller-

4 Für Forneck ist unabhängig von konkreten Inhalten und „jenseits der Relationierung von Inhalten, Lernen und professionellem Handeln“ (Forneck 2004a: 11) eine wissenschaftlich fundierte Bestimmung der Didaktik der Erwachsenenbildung nahezu unmöglich.

5 Hierbei bezieht Forneck sich auf die Parameter von organisierten Bildungsprozessen (Lerninhalte, Lernziele, Lernstrategien, Lernzeiten etc), die er über die Steuerung von Lernwegen rational gestaltet. Im Diskurs um eine „Neue Lernkultur“ werden diese Parameter Forneck zufolge deprofessionalisiert, in dem sie in die lebensweltliche Verfügung der einzelnen Lernenden zurückgegeben werden.

erst darin, die Selbstlernfähigkeiten auf Seiten des Klientels von Weiterbildungen zu fördern.

„Gelingt dies nicht, dann dürfte die Leistungsfähigkeit des ‚selbstgesteuerten' Lernens immer hinter der eines traditionellen Lernens zurückfallen. Gelingt dies jedoch, dann lassen sich die professionellen Ressourcen während der Lernprozesse für die gezielte Unterstützung der Entwicklung von Selbstlernkompetenzen einsetzen." (Ebd.)

Für die Entwicklung einer erweiterten Lernkultur macht Forneck einen Qualitätsanspruch professionellen didaktisch-methodischen Handelns geltend. Dieser Anspruch zielt darauf, über die Bereitstellung eines didaktisch-methodischen Steuerungssystems den Aufbau inhaltlicher Wissensstrukturen und die Entwicklung von Selbstlernkompetenzen gleichermaßen zu fördern.

Mit der „Didaktik der Selbstsorge" legt Forneck eine integrierte Konzeption selbstgesteuerten Lernens vor (vgl. Forneck/Klingovsky/Kossack 2005; Forneck/Springer 2005; Forneck 2006).[6] Dabei geht es ihm um eine Darstellung jener Steuerungs- und Strukturierungspotentiale, die im oben skizzierten Sinne qualitativ anspruchsvolle Selbstlernprozesse eröffnen sollen.

In der Entwicklung dieses neuen ‚Steuerungsregimes' gilt es, traditionell verankerte didaktische Prinzipien sowie Prämissen über strukturelle Zusammenhänge von Lehr-Lern-Prozessen zu problematisieren. Beides würde in einer um das ‚selbstgesteuerte' Lernen erweiterten Lernkultur fragwürdig, nicht weil sich darin eine unzulässige Macht, sondern vielmehr ein „machtförmiges System von Relationen" (Forneck 2005a: 20) entfalte, das es in „selbstsorgenden Lernprozessen" (ebd.: 42) einzuholen gelte.

3.2.1 Individualisierung von Lernwegen und Reduktion von Komplexität

In den Ausführungen zu einer Didaktik des ‚selbstsorgenden Lernens' skizziert Forneck eine didaktische Konzeption, die sehr ausführlich und bis in das mikrodidaktische Detail darlegt, wie Lernprozesse in Selbstlernumgebungen beziehungsweise -architekturen angelegt werden können, indem man Lernwege vorbereitet, die bestimmten didaktischen Prinzipien folgen.

Um die Entwicklung dieser didaktischen Prinzipien nachvollziehen zu können, gilt es zunächst zu skizzieren, wie und mittels welcher Elemente sich das ‚machtförmige System von Relationen' in einer als klassisch bezeichneten Lernkultur entfaltet. Ein zentrales Problem klassisch kursorischer Unter-

6 Forneck schließt damit sowohl an Pierre Bourdieus Feldtheorie (vgl. u.a. Bourdieu 1980; 1987) als auch an Michel Foucaults Konzept der Selbstsorge an (vgl. u. a. Foucault 1984b).

richtsgestaltung besteht für Forneck darin, dass sie die Individualität des Lernens Erwachsener nicht angemessen berücksichtigt und fördert. Allein die Veranstaltungsform des Kurses konstituiere eine sowohl inhaltliche als auch teilnehmerorientierte Einheit. Den eigentlichen Fluchtpunkt der Kursgestaltung bildet ein von allen Teilnehmenden gleichermaßen abzuarbeitender ‚Kanon‘. Die Orientierung an einem fiktiven Durchschnittslerner[7] soll didaktisch dabei helfen, die Abweichung von dieser unterstellten Norm zu bearbeiten. Das Prinzip der „inneren Differenzierung“ (Forneck 2005a: 19) legt nahe, eine Reihe vorbereiteter Sequenzen zu gestalten, die alle Teilnehmer und Teilnehmerinnen des Kurses zu dem gleichen Lernziel führen soll. Die und der Lernende durchläuft durch die Lehrperson gestaltete Sequenzen, in denen sie oder er Aktivitäten entfalten soll, von denen man annimmt, dass sie im Inneren der Person Prozesse auslösen, die zu dem angestrebten Ziel führen. Dabei wird gemäß dem Prinzip der „inneren Differenzierung“ ein spezifischer Inhalt (zum Beispiel „MS Word“) in Relation zu einem Teilnehmerkreis gesetzt, der wiederum relational (zum Beispiel „Word“ für Anfänger) zu diesem Inhalt definiert wird.

Diese Form der Strukturierung von Lernwegen markiert Forneck als das traditionelle System der Relationen, das die Individualisierung und damit den Erfolg von Lernprozessen bislang verhindert hat. Dieses System gilt es in einer erweiterten Lernkultur aufzulösen, indem individuelle Lernwege bereits im Planungsprozess antizipiert und in einer Selbstlernarchitektur, als einem erweiterten System von Relationen, individualisiert werden (Forneck 2006: 54 ff.).

Ein weiteres Problem, mit dem Forneck sich auseinandersetzt, besteht in der Entwicklungslogik didaktischer Konzeptionen. Hierin wird die Umkehrung des wenigstens seit Comenius geltenden Prinzips vollzogen, vom Einfachen zum Schwierigen vorzugehen. Daraus wurde in der Allgemeinen Didaktik in der Regel im Umkehrschluss abgeleitet, dass Inhalte so aufbereitet werden müssen, dass die lernende Bearbeitung eines Sachgebiets möglichst wenig komplex und denkbar übersichtlich sein sollte. Eine Lehrperson hat dabei die Aufgabe, das Sachgebiet dergestalt aufzubereiten, dass dies der Fall ist. Der klassisch-didaktischen Entwicklungslogik folgend, werden hierzu mithilfe der didaktischen Transformation als bildungsrelevant angesehene Inhalte in Lehr- und Lerngegenstände verwandelt. Die didaktische Transformation ist jener Prozess, in dem Sachverhalte sequenziert und in Ober- und Unterthemen, mehr oder weniger Relevantes, leichter und schwerer zu Verstehendes eingeteilt werden. Diese hierarchische Zergliederung und anschließende Aneinanderreihung, in der die Sachverhalte zunehmend komplexer werden, soll das sukzessive Nachvollziehen ermöglichen und eine Überforderung der Ler-

7 Weinert spricht von einem „mittleren Menschen“ (Weinert 1982: 110).

nenden verhindern. Entsprechend dieser didaktischen Logik werden Lerngegenstände aus der komplexen Alltagswelt entnommen und dann in einzelnen, aufeinander aufbauenden Lerneinheiten dargeboten. Dabei wird strukturell das Prinzip etabliert, dass es die Lehrenden seien, die die Komplexität von Lerngegenständen im Prozess der didaktischen Transformation reduzieren, damit sich die Lernenden – in einem umgekehrten Prozess, also vom Einfachen zum Schwierigen – diesen Gegenstand wieder aneignen können (Forneck/Springer 2005: 111 ff.).[8]

Diesen Problemzusammenhang der didaktischen Transformation erkannt zu haben, führt Forneck nun keineswegs dazu, die Verfügung über die Methoden des Unterrichts schlicht in die Hände der Lernenden zu übergeben, denn damit ließe sich das strukturelle Problem nicht lösen. Stattdessen schlägt er vor, das Artikulationsschema von Unterricht, und damit die Logik der Unterrichtsgestaltung, zu verändern.[9] Nicht die Tatsache der didaktisch-methodischen Gestaltung durch professionelle Weiterbildner/innen sei das grundlegende Problem, sondern das traditionelle Artikulationsschema, das eine spezifische Systematik in der Anlage von Lernwegen beinhaltet. Problematisch ist diese Anlage, weil darin Lernwege angelegt werden, die die Erarbeitung von Inhalten auf eine unterkomplexe Weise strukturieren. Darüber hinaus werden die individuellen Prozesse der Erarbeitung systematisch nicht thematisiert.

Forneck verweist auf empirische Studien[10], die darauf hinweisen, dass sich erfolgreich Lernende neben dem eigentlichen Inhalt auf einer zweiten Ebene mit dem individuellen Lernprozess beschäftigen. Das heißt, sie finden Wege und Möglichkeiten, sich diese Inhalte auf die für sie am besten geeignete Weise anzueignen. In Lernarrangements, in denen die Profession durch hoch entwickelte, didaktisch-methodisch gestaltete Sequenzen den Lernenden einen einheitlichen Weg durch die Komplexität bahnt, werden die Lernenden damit „auf eine spezifische Weise enteignet" (Forneck 2004b: 248). Die wesentlichen und für den Lernerfolg zentralen Parameter für die Gestaltung eines Lernwegs bleiben in professioneller Verfügung und werden damit dem Lernenden vorenthalten.

Für Forneck ist nicht der einseitige Methodenbesitz auf Seiten der Profession fragwürdig, sondern die systematische Verfügung über die Komplexität von Lernprozessen. Diese Verfügung manifestiere sich auch in dem klassi-

8 Forneck konzipiert die Entwicklungslogik „selbstsorgender Lernprozesse" auch im Anschluss an Wagenschein, der einen sokratisch-genetisch-exemplarischen didaktischen Ansätze entwickelt hat (vgl. u.a. Wagenschein 1968).

9 Eine dekonstruktivistische Auseinandersetzung mit klassischen Artikulationsschemata leistet Forneck in seinem Aufsatz *Methodisches Handeln in der Erwachsenenbildung* (Forneck 2002a).

10 Dazu zählen zum Beispiel Dehnbostel/Molzberger/Overwien (2003).

schen Artikulationsschema, das einen reflexiven Bezug der lernenden Subjekte zu ihren individuellen Lernprozessen verhindert beziehungsweise mindestens nicht darauf abzielt, dass lernende Subjekte sich mit ihren Zugängen, Verständnisformen und Aneignungsweisen beschäftigen.

Für Forneck lautet die Kritik an der traditionellen Lernkultur folglich nicht, dass die Parameter der Steuerung von den Lernenden nicht selbst bestimmt werden können. Sie zielt vielmehr darauf, dass die lernende Bewältigung von Komplexität durch fehlende Thematisierung der individuellen Lernprozesse unverfügbar bleibt. Damit wird die Entwicklung von (Selbst-)Lernfähigkeiten, wenn nicht verhindert, so mindestens nicht professionell gefördert (vgl. Klingovsky/Kossack 2007: 67).

Der zentrale Einsatz der ‚Didaktik der Selbstsorge' besteht demgegenüber in einer spezifischen anderen Entwicklungslogik. Ihren Ausgang nehmen ‚selbstsorgende Lernprozesse' in komplexen Lernarrangements, in denen Lernende sich einzeln und kooperativ mit Lerngegenständen und mit ihren individuellen Lernpraktiken auseinandersetzen. In diesen Lernprozessen nehmen Lernende die Reduktion der Komplexität selbst vor, das heißt sie zergliedern die inhaltlichen Dimensionen des Lerngegenstandes so, dass sie befähigt werden, sukzessive inhaltliche Wissensstrukturen aufzubauen. Parallel dazu wird die Entwicklung effektiver Strategien zur lernenden Auseinandersetzung mit der Komplexität (im Sinne einer individuellen Prozesssteuerung) gefördert (vgl. Forneck/Springer 2005: 111).

Das professionelle Handlungsrepertoire besteht Forneck zufolge nun darin, mit Hilfe des situativ veränderbaren methodischen Steuerungsarsenals Lernprozesse so zu strukturieren, dass sie für die Lernenden zugleich jederzeit verfügbar bleiben. Damit zielt Forneck auf einen Gewinn, der sich der Diskussion um die „Neue Lernkultur" verdankt und zugleich darüber hinausweist: der Rücküberführung der Lernprozesssteuerung in die Verfügung der Lernenden. Von einer Rücküberführung ist dabei die Rede, weil die moderne Didaktik beziehungsweise die moderne Lernkultur, wie sie sich im 19. Jahrhundert professionalisierte, als Lehrkultur angelegt ist, die die Lernprozesssteuerung als Aufgabe der Profession versteht und den Lernweg – dessen Aufbau und innere Logik – unter Verschluss hält.[11] Die didaktisch-methodische Steuerung legt die Möglichkeit nahe, durch sie zu Einsichten zu gelangen, die selbst, das heißt ohne sie, nicht erarbeitet und erlebt werden können. In diesen Steuerungsformen liegt für Foneck seit jeher „die eigentliche Qualitätsdimension professionell gestalteten Lerngeschehens" (Forneck 2005a: 18), das er um die Konzeption des ‚selbstsorgenden Lernens' erweitert.

11 Die Lernerinnen und Lerner, die ‚zufällig' mit diesem Arrangement zurechtkommen – so zufällig ist dies nicht – sind uns als die ‚guten' Schülerinnen und Schüler bekannt (vgl. Kossack 2006: 80).

„Resümierend können wir also festhalten, dass der hohe architektonische Aufwand bei der Konstruktion von Selbstlernarchitekturen dazu dient, Qualitätsstandards zu realisieren, die über die kursorischer Veranstaltungen hinausgehen. Das bisher angedeutete System von Relationen, das bis in mikrodidaktische Feinheiten hinein reicht, bezieht mit Hilfe von Lernwegempfehlungen materiale und formale Inhalte aufeinander, reiht sie zu einer Entwicklungsperspektive aneinander, stellt Selbsttests zur Verfügung, die eine reflexive Prüfung der eigenen Lernergebnisse ermöglichen und initiiert und orientiert ein Lernen, das von komplexen Problemen ausgehend, sowohl effektive materiale Lernfortschritte als auch einen bedeutsamen Autonomiezuwachs ermöglicht." (Ebd.: 33)

Was sich in selbstsorgenden Lernprozessen verändert, ist nicht das Steuerungspotential, sondern sind die Steuerungsziele. Forneck ist bestrebt, in seiner Argumentation die für ihn unproduktive Gegenüberstellung von selbst- und fremdbestimmtem Lernen hinter sich zu lassen, der zufolge Ersteres selbstbestimmter und damit freier sei – was nicht heißt, dass machttheoretische Aspekte ignoriert werden. Die Konzeption von Selbstlernarchitekturen intendiert Lernprozesse, die einen Aufbau inhaltlicher Wissensstrukturen und zugleich einen Autonomiezuwachs der Lernenden hinsichtlich der Gestaltung des je individuellen Lernprozesses ermöglichen. Zugleich begreift Forneck auch diese Formen der „Ausarbeitung seiner Selbst und der Unterwerfungsweisen seiner Selbst unter einen Code als Selbstpraktiken, die weit davon entfernt sind, Freiheit zu verheißen" (Forneck 2005a: 16).

3.2.2 Dezentrierung des Subjekts

Die Steuerungs- und Entwicklungslogik des didaktisch-methodischen Regimes, wie es Forneck entwirft, verfolgt wie gesehen ein doppeltes Ziel: Einerseits soll der Aufbau inhaltlicher Wissensstrukturen ermöglicht und zugleich ein Autonomiezuwachs eröffnet werden. Autonomie bezieht sich hier auf die „Verfügung über den je eigenen Lernprozess" (Forneck 2005a: 42) und damit auf seine formale Seite. Auf diese Weise wird die Ebene von Lernpraktiken thematisch, also die Fragen, wie eine bestimmte Aufgabe gelöst und wie ein bestimmter Inhalt bearbeitet werden kann. Die Entwicklung dieser Selbstlernfähigkeiten kann Forneck zufolge jedoch nicht inhaltsunabhängig gedacht werden, da inhaltsspezifisches und metakognitiv-prozedurales Wissen eng zusammenhängen. Die Verfügung über den eigenen Lernprozess erweitern Lernende demnach nur, wenn sie ein Verständnis für diesen Zusammenhang realisieren. Selbstsorgende Lernprozesse beinhalten dabei immer ein kritisches Potential (vgl. Forneck 2006: 116 f.).

Die Konzeption von Lernprozessen, wie sie Forneck vornimmt, ist vor einem poststrukturalistischen Theoriehintergrund zu sehen. Die professionelle

Gestaltung von Selbstlernarchitekturen steht aus dieser Perspektive vor einer widersprüchlichen Aufgabe, die in der Widersprüchlichkeit der subjektiven Verfasstheit begründet liegt: Der Lernprozess findet in einem Gefüge zwischen gesellschaftlich normiertem Wissen und diesbezüglichen Ansprüchen und den individuellen Ansprüchen des Subjekts statt. Dabei soll das ‚selbstsorgende Lernen' dem Subjekt die Chance eröffnen, „sich selbst treu zu bleiben und dennoch auf gesellschaftlich normierte Situationen und Wissensbestände reagieren zu können" (Forneck/Springer 2005: 112). Der Modus, in dem diese Spannung verarbeitet werden kann und soll, ist eine spezifische Form der Selbst-Reflexion.

In poststrukturalistischer Lesart, wie sie von dem hier dargestellten Ansatz vorgenommen wird, ist das Subjekt ein ‚nachträgliches', das heißt die Möglichkeit, sich selbst gegenwärtig zu sein, wird bezweifelt (vgl. Kossack 2006: 118 ff.). Es ist die Struktur der Sprache, die als dem Subjekt vorgängig ausgemacht wird. Obwohl das Subjekt sich selbst nicht gegenwärtig ist, ist es sein Charakteristikum, dass es sich auf sich beziehen kann. „Damit wird aber deutlich, dass das Subjekt dann zum Subjekt wird, wenn es zwei ist, nämlich das Subjekt des Beziehens und das Objekt auf das sich bezogen wird" (Kossack 2006: 122). Die dadurch erwirkte Spaltung oder Zweiheit des Subjekts eröffnet die Möglichkeit der Dezentrierung.

Dies hat auch Implikationen für die Lernwege einer Selbstlernarchitektur. In ihrem Durchgang soll das gesellschaftlich etablierte und damit normierte Wissen zu einem bestimmten Themenbereich so angelegt sein, dass die Subjekte dessen Struktur erkennen und gegebenenfalls „sich ihr entziehen können" (Forneck/Springer 2005: 112). Der Vorgang der Dezentrierung setzt einen Akt der Reflexion voraus. ‚Selbst'-Reflexion „beschreibt eine Bewusstseinslage, in der das Subjekt die Chance hat, sich kognitiv aus dem Kontext zu reißen, um der Situation gewahr zu werden und den Prozess des Abgleichens zwischen Subjekt und Objekt bewusst wahrzunehmen" (ebd.). Für Forneck hat diese Praxis etwas Gestalterisches. „Sie ist die Refiguration der diskursiven Strukturen, manchmal nur Reproduktion, manchmal einer Ereignis der Transformation" (ebd.). Innerhalb der diskursiven Praxis sind individuelle Reflexionsakte grundsätzlich möglich. Forneck bezeichnet diese als „Fluchtlinien" (ebd.). Gleichzeitig hält er an der Ausgangsthese fest, wonach Subjekte diesen Diskursen nicht entkommen können.

Lernprozesse in einer erweiterten Lernkultur werden als ein Vorgang entworfen, in dem Lernende derartige Prozesse der ‚Selbstsorge' realisieren können. Obwohl in dieser Strukturierungs- und Steuerungslogik viel Verantwortlichkeit auf die Lernenden übergeht, umfassen Selbstlernarchitekturen hochstrukturierte Lehrmittel und -materialien. Dabei wird von Forneck mit Bezug auf die Machtanalytik Foucaults eingeräumt, dass sie einem System des Lernens angehören, das ein Dispositiv der Macht darstellt (Forneck 2005a: 15).

In jeglichen gestalteten Lehr-Lern-Prozessen entsteht dadurch ein Widerspruch:

„Die wirkliche Praxis gehorcht nicht nur dem Gesetz der Zeit, wie es Bourdieu mehrfach hervorgehoben hat, sondern verfügt auch über einen unüberwindbaren Bruch zwischen den Linien der Macht und der Praxis der Unterworfenen, die durch das System ihrer Umgangsweisen konstituiert wird." (Ebd.)

Forneck macht an dieser Stelle darauf aufmerksam, dass es nicht erst der Vorstellung des Lernenden als autopoietischem System bedarf, um den grundlegenden Sachverhalt zu beleuchten, dass der Prozess des Lernens immer einer ist, den das Subjekt durch ‚Konsumption' des Lehr-Lern-Prozesses ausschließlich selbst vornimmt. Gleichzeitig entspringen diese Vorgänge nicht dem selbstbestimmten Handeln eines im Kern mit sich identischen und freien Subjekts. Im fünften Kapitel wird der Gedanke weiter verfolgt, inwiefern die Prozesssteuerung innerhalb von Selbstlernarchitekturen als didaktisch-methodische Führungspraktiken analysiert werden kann.

3.3 Subjektwissenschaftliche Perspektive auf Lehr-Lern-Verhältnisse (Joachim Ludwig)

Im Zusammenhang mit der Diskussion um eine „Neue Lernkultur" steht für Joachim Ludwig die Frage nach dem Didaktischen Dreieck im Zentrum. Der klassische pädagogische Vermittlungsanspruch legitimiert sich, so Ludwig, über die spezifische Beziehungsdefinition zwischen Personen und Sachen. Vermittlung stellt ihm zufolge eine Denkfigur dar, die die Möglichkeit der Herstellung von Lernprozessen impliziert. „Nach gängigen Vorstellungen kommt es zum Lernen dann, wenn die Lernprozesse [...] von dritter Seite initiiert werden" (Ludwig 2005b: 330). In diesen Vorstellungen stelle das zu vermittelnde Wissen den Ausgangspunkt des didaktischen Vermittlungsprozesses dar. Im Zentrum didaktischer Überlegungen stehe damit die Frage, wie dieser Vermittlungsprozess als Passung zwischen selektierten Inhalten einerseits und Erwartungen der Teilnehmenden andererseits optimiert werden könne. Aus dieser Perspektive sei das zentrale Charakteristikum erwachsenenpädagogischen Handelns die Vermittlung bestehender Wissensbestände als Selektionsprozess (hinsichtlich inhaltlicher Auswahl) und Präsentationsprozess (in Hinblick auf Strukturierung und Gestaltung der Lernumgebung). Dergestalt konzipierte Vermittlungsverhältnisse sind Ludwig zufolge allerdings zwangsläufig paradox: In ihnen werden von außen Ansprüche an die Lernenden herangetragen. Lernprozesse landen dann in einer „Doppelbindungsfalle" (Ludwig 2004: 115), denn die „Lernenden sollen sich die geforderten Inhalte aneignen, aber im Sinne einer Selbstbelehrung als selbst definierte Anforderung“ (ebd.). Für Ludwig gibt es nur eine Möglichkeit, sich aus diesem Spannungsverhältnis von Autonomie und Fremdsteuerung, also der grundlegenden Antinomie pädagogischen Handelns, zu befreien: Es gilt, den pädagogischen Außenstandpunkt aufzugeben und sich von der Figur des Didaktischen Dreiecks zu lösen. Alles didaktische Denken und Handeln sollte vom Subjektstandpunkt aus vorgenommen werden (vgl. Ludwig 1999a: 678). In derartigen Lernverhältnissen wird aufgrund der Anerkennung einer ursprünglichen Differenz zwischen lehrenden und lernenden Subjekten nicht länger ein pädagogischer Außenanspruch behauptet. Auf dieser Grundlage wird der von Klaus Holzkamp so bezeichnete „Lehrlernkurzschluss“ (Holzkamp 1993: 395), wonach die Lernenden schon lernen, wenn die Lehrenden lehren, aufgehoben. Die lerntheoretischen Überlegungen von Klaus Holzkamp (vgl. Holzkamp 1993) sind der Anknüpfungspunkt einer subjektwissenschaftlichen Didaktik. Für Joachim Ludwig besteht der zentrale Einsatz subjektwissenschaftlich orientierter Lehrprozesse in den subjektiven Deutungen der Lernenden:

> „Wenn bisher vor allem die Bedingungen für ‚erfolgreiches Lehren‘ im Zentrum des diskutierten Lehr-Lern-Verhältnisses standen, so wird jetzt dieses Verhältnis insbesondere von der Lernseite her relevant. Lernen wird im Zuge dieses Perspektivwechsels nicht mehr als einfache Kehrseite des Lehrens verstanden“ (Ludwig 1999a: 667).

Ludwig stellt den Ansatz einer am Subjekt und am Verstehen der Lernenden orientierten Didaktik vor, die den pädagogischen Vermittlungsstandpunkt begrenzt und auf diese Weise den Lehr-Lern-Kurzschluss, wie er in der subjektwissenschaftlichen Lerntheorie Holzkamps beschrieben wird, vermeidet. Im Rahmen eines kritisch-reflexiven Bildungsbegriffs sind die Inhalte der Bildungsprozesse nicht von außen definiert. Bildungsgegenstände sind vielmehr „jene Handlungsgründe der Individuen und jene gesellschaftlichen Strukturen, die einem Leitbild humaner Verhältnisse entgegenstehen“ (Ludwig 2005b: 329). Bildung wird von Ludwig nicht als eine Beschaffenheit individueller Subjektivität verstanden, sondern im Anschluss an Benner als zwischenmenschliches Handeln (vgl. Benner 1995: 75). Darüber hinaus ist Bildung „kulturbildende Aktivität im Rahmen gesellschaftlicher und individueller Veränderungsprozesse“ (Ludwig 2005b: 329).

In diesem Zusammenhang grenzt sich auch Ludwig von systemisch-konstruktivistischen Positionen ab. Er weist nach, dass sich diese von einer Perspektive, die Lehr-Lern-Prozesse unter Berücksichtigung gesellschaftlicher Rahmenbedingungen betrachtet, verabschieden. Der den systemisch-konstruktivistischen Konzeptionen zugrunde liegende Lern- und Deutungsbegriff verliere sich in „einem subjekt- und gesellschaftslosen Relativismus, der bildungspraktisch nur mehr pädagogisierend und in der normativen Form ‚konstruktivistischer Schlüsselqualifikationen' aufgefangen werden könne" (Ludwig 1999a: 672).

Zwar sei es pädagogisch reizvoll, die Eigenaktivität von lernenden Subjekten in den Mittelpunkt der Bildungsarbeit zu stellen, dies ersetze jedoch nicht, „das Verhältnis subjektiver Deutungen und gesellschaftlicher Deutungen" (Ludwig 1999a: 671) einer Analyse zu unterziehen. Ludwigs Kritik fokussiert damit den konstruktivistischen Deutungsbegriff, mithilfe dessen dieses Verhältnis nur unzureichend geklärt werden könne. Aus systemisch-konstruktivistischer Perspektive konstruierten Lehrende und Lernende je individuelle und selbstreferentielle Deutungen der Wirklichkeit. Als autopoietische Systeme seien ihre Wahrnehmungen, Kognitionen und Emotionen selbsttätige und operational geschlossene Aktivitäten ihrer Gehirne. Damit operieren sie selbstreferentiell und strukturdeterminiert (vgl. Siebert 1996: 15 ff.). Zwar finde zwischen dem Ich und der Welt eine Wechselwirkung beziehungsweise ein Austausch statt, aber das System sei per se autonom und selbstverantwortlich für sein Denken und Handeln. Lernen sei demnach ein Prozess der Konstruktion von Deutungen und Bedeutungen, von Dingen und Sachverhalten. Es stellt als „differenzbildende Deutungskonstruktion" (Ludwig 1999a: 668) die „Strukturkoppelung, die Passung zwischen Mensch und Milieu sicher" (Siebert 1994: 37). Diese Viabilität und damit auch die Funktionsfähigkeit der Konstrukte in der Lebenswelt seien ausschließlich aus Sicht des lernenden Systems selbst zu beurteilen. Der Lehrende stehe dem grundsätzlich fremd gegenüber und der Lernerfolg sei von dessen Außenstandpunkt nicht zu beurteilen. Die vom Lehrenden abweichende ‚Differenzwahrnehmung' des Lernenden sei gleichermaßen bedeutsam und könne nicht als defizitär abgewertet werden (vgl. Ludwig 1999a: 669). Diese Postulate der systemisch-konstruktivistischen Ansätze sind auch für Ludwig interessant, scheint damit doch „auf den ersten Blick der Standpunkt des Lehrenden, der Lernprozesse planvoll herstellt" begrenzt zu werden. Für Ludwig hat ein dergestalt verstandenes Lernen allerdings dort seine Grenze,

> „wo es in dieser von Ungleichheit geprägten Gesellschaft für die Erwachsenenpädagogik und -bildung interessant wird: wo Lernanforderungen von Mächtigen – als spezifische Deutungen von Wirklichkeit – mit individuellen Lernbedürfnissen konkurrieren oder individuelle Lernbegründungen und Lernhaltungen gesellschaftlich unterbunden oder erzwungen werden." (Ebd.)

Die konstruktivistische Bestimmung des Deutungs-/Lernbegriffs ermögliche nämlich keinen „inhaltlich-bestimmten, kritisch-reflexiven Zugang zu den Lerninhalten und Lernbegründungen" (ebd.). Lernanforderungen, die gesellschaftlich formuliert sind und sich in den Lernbegründungen der Subjekte wieder finden, seien aus systemisch-konstruktivistischer Perspektive nicht denkbar, wenn die Entstehung von Deutungen strukturdeterminiert verläuft. Die soziale Konstitution von Deutungen werde darin ausgeblendet und als „Objektivierungsfehler“ (ebd.: 670) betrachtet. Wenn aber der Versuch, „die Entstehung gesellschaftlicher Ordnungsschemata als über Sozialisation stattfindende Internalisierung bereits externalisierter Handlungskonzepte zu erklären, schon ‚objektivistisch‘ sein soll, wird jeder gesellschaftliche Bezug unmöglich“ (ebd.).

Für Ludwig hingegen ist die Bestimmung des Verhältnisses von subjektiver Deutung und gesellschaftlichen Strukturen die Voraussetzung, um den problematisch gewordenen pädagogischen Vermittlungsstandpunkt begrenzen zu können. Jedwede praktische Bildungsarbeit hat ihm zufolge vom Standpunkt des lernenden Subjekts auszugehen und dessen inhaltlich-thematische Interessen und Bedürfnisse zu berücksichtigen. Dabei gilt es – bezogen auf das Verhältnis zwischen Lernendem und Welt, als einem interessen- und bedürfnisgeleiteten und inhaltlich-thematischen Begründungszusammenhang – Lernenden einen „beschreibenden, verstehenden und analytischen Umgang“ (ebd.) zu ermöglichen. Das Verhältnis zwischen individuellem und gesellschaftlichen Lern- und Deutungshandeln ist dabei als ein historisch entstandenes zu verstehen, das es in dieser Form zu untersuchen gilt.

Auch den systemisch-konstruktivistischen Ansätzen für eine „Neue Lernkultur“ gelingt es Ludwig zufolge nicht, die für eine klassische Lehrkultur typische Außenperspektive des Lehrenden aufzugeben. Das ist damit begründet, dass „das Problem, die Entstehung von Deutungen erklären zu müssen, [...] im Konstruktivismus als ontologische Setzung von Autopoiesis gelöst“ (ebd.: 671) wird. Im Mittelpunkt stehe dann nicht der ‚Standpunkt des Subjekts‘ „im Sinne einer Analyse der verschiedenen Spielarten des Verhältnisses zwischen subjektiven und gesellschaftlichen Bedeutungen [...], sondern die daraus folgenden didaktischen Konsequenzen“ (ebd.). Diese didaktischen Konsequenzen würden aber wiederum aus der Außenperspektive des Lehrenden als selbstreferentieller Deutung vorgenommen.

Lernprozesse – und dies ist der zentrale Einsatz der Ludwig'schen Konzeption – sind demgegenüber als subjektive Aneignungsleistungen zu bezeichnen. Sie sind ausschließlich aus der Perspektive der handelnden, also lernenden, Akteure zu verstehen und „nicht als etwas bereits Erkanntes“ (ebd.: 673). Ludwig strebt in diesem Sinne eine subjektwissenschaftlich fundierte Perspektive auf Lehr-Lern-Verhältnisse an, die gleichermaßen auch eine sozialwissenschaftliche sein soll. Das Lernen Erwachsener wird hier „in gesellschaftlichen Zusammenhängen nicht über Setzungen normiert, sondern vielmehr über einen verstehenden Zugang aufgeschlüsselt“ (ebd.). Das Ziel so gestalteter Lernprozesse ist bei Ludwig im Anschluss an die Holzkamp'sche

Lerntheorie „die erweiterte Teilhabe an der gesellschaftlichen Lebensverfügung“ (Ludwig 2005b: 330) und damit die „Entfaltung einer subjektiven Lebensqualität“ (ebd.). Grundlage dafür bildet die Herstellung „verallgemeinerter Handlungsfähigkeit als Antizipation einer Erhöhung der Weltverfügung“ (Ludwig 1999a: 675).

3.3.1 Subjektive Lernbegründungen und expansives Lernen

Auch für Klaus Holzkamp, dessen Lerntheorie Ludwig aufgreift, stehen Machtverhältnisse im Kontext des Lernens im Zentrum der Aufmerksamkeit. Dabei sind für Holzkamp in allen Lernverhältnissen grundsätzlich Formierungen angelegt.

> „[Dieser] fremdkontrollierten Formierung kann sich kein Lernverhältnis entziehen [...], denn bestehende Machtverhältnisse beschneiden die Lerninteressen von Lernenden an einem unabhängigen Weltaufschluss und der Realisierung ihrer Lebensinteressen [...]. Bestehende Machtverhältnisse haben Interesse an der Geltung ‚bestimmter Wahrheiten‘, an der Stärkung einer konsensuellen Übereinkunft und an Selbstverständlichkeiten einer bestimmten Lebensführung. [...] Um sich selbst zu erhalten, können Machtverhältnisse das Risiko eines zieloffenen Lernprozesses nicht ohne weiteres eingehen.“ (Holzkamp 1993: 523)

Holzkamp analysiert unter anderem in Rückgriff auf die Machtanalytik Michel Foucaults insbesondere die Vereinnahmung der Schule durch ihre Einbindung in die existierenden Machtkonstellationen (vgl. Holzkamp 1993: 347 ff.). Dabei beschäftigt er sich mit der Struktur didaktischer Aussagen in Hinblick auf das zugrunde liegende Verständnis von Lernen und Lernprozessen.[12] Lehrhandlungen selbst thematisiert Holzkamp kaum. Es ist der Verdienst unter anderen von Joachim Ludwig, die Holzkamp'sche Lerntheorie auf didaktisch-methodische Fragestellungen in der Weiterbildung zu übertragen.

Klaus Holzkamp analysiert das Lernen zunächst unabhängig vom Lehren. Dabei versteht er Lernen als eine spezifische Form sozialen Handelns. Lernen wird als *soziales Lernhandeln* betrachtet und nicht als innerpsychischer Prozess. Lernhandeln ist eine menschliche Aktivität, die im Rahmen der individuellen Existenzsicherung erfolgt. Im Rahmen der Existenzsicherung richtet sich der Mensch in den gesellschaftlichen Verhältnissen ein, die ihm gegenü-

---

12 Foucault selbst hat seine Konzeption der Disziplinarmacht mit den Studien zur Gouvernementalität wenn nicht grundsätzlich in Frage gestellt, so mindestens deutlich erweitert. Im fünften Kapitel werden die Verhältnisbestimmung von Individuum und Gesellschaft und deren didaktische Implikationen – wie sie von Klaus Holzkamp und in der Folge auch von Joachim Ludwig vorgenommen werden – gouvernementalitätstheoretisch beleuchtet.

berstehen. Der Mensch als fortwährend lernendes Wesen hat hierbei nach Holzkamp zwei Möglichkeiten: Entweder sie oder er passt sich den gesellschaftlichen Verhältnissen defensiv an. Oder er oder sie verfolgt das Bestreben, die gegebenen Verhältnisse *expansiv lernend* zu überschreiten.

Der Ausgangspunkt für eine Lernhandlung des Subjekts ist immer eine Diskrepanzerfahrung. Dabei gilt das „Subjekt [...] über Bedeutungen mit den gesellschaftlichen Verhältnissen vermittelt“ (Ludwig 2006: 110). Der im Zuge gesellschaftlicher Produktions- und Reproduktionsprozesse entstehende gesellschaftliche Bedeutungsraum stellt für die Subjekte zugleich den Raum gesellschaftlicher Handlungsmöglichkeiten wie -beschränkungen dar. Die Diskrepanzerfahrung der Subjekte besteht darin, dass die subjektiv gegebenen Bedeutungskonstellationen zu einer als problematisch empfundenen Handlungssituation führen. Im Rahmen seiner Existenzsicherung entwickelt das Subjekt aus dieser Diskrepanzerfahrung heraus Gründe für eine mögliche (aber nicht notwendig stattfindende) „Lernschleife“ (Holzkamp 1993: 183). Lernschleifen stellen sich als *Selbstverständigungsprozesse*[13] dar, die zu kooperativen Lernverhältnissen führen können, wenn sich der Lernende zusammen mit anderen Lernenden in diesen Selbstverständigungsprozess begibt.

„Selbstverständigung, dies bedeutet vor allem anderen ‚Verständigung mit mir selbst‘ über ein von mir Gemeintes. Ich bin darauf aus, etwas, das ich schon irgendwie weiß, für mich reflexiv fassbar zu machen, also mein ‚verschwiegenes Wissen‘ (tacit knowledge) in ‚gewusstes Wissen‘ zu verwandeln. Damit ist potentiell auch der Andere in den Selbstverständigungsprozess einbezogen, er ist aufgefordert [...], meinen Versprachlichungsversuch bei sich nachzuvollziehen, um herauszufinden, ob er damit auch zu größerer Klarheit, etwa über die Lebensführung zu gelangen vermag.“ (Holzkamp 1995: 834)

Eine Lernschleife einzulegen bedeutet, sich vom eigenen Alltagshandeln zu distanzieren und in ein reflektierendes Lernhandeln einzutreten. Das Ziel eines solchen Selbstverständigungsprozesses ist es, ausgehend von der aktuellen Handlungsproblematik, sich selbst neu über die gesellschaftlichen Bedeutungshorizonte zu orientieren. Dabei stellen sich dem Subjekt seine subjektiv vorliegenden und gesellschaftlich vermittelten Bedeutungshorizonte selbst als Lerngegenstände dar. Lerninhalte besitzen für Holzkamp immer eine sachlich-soziale Bedeutungshaftigkeit. Sie sind gesellschaftlich-historisch entstanden und sozial vermittelt. Für das lernende Subjekt stellt sich der Lerngegenstand sowohl von der Seite seiner gesellschaftlich-historischen Produktion her

13 Holzkamp führt den Begriff „Selbstverständigungsprozesse“ erst in seinen letzten Arbeiten ein (vgl. Holzkamp 1995). Für Ludwig stellt er mit der Einführung des Begriffs eine Verbindung zwischen subjektwissenschaftlicher Lerntheorie und didaktischer Orientierung her (vgl. Ludwig 2004: 116).

dar, als auch aus der Perspektive der aktuell als problematisch erachteten sozialen Handlungssituation. Durch die lernende Bearbeitung dieser Lerngegenständen in dem als Lernschleife bezeichneten Prozess kann das Subjekt sowohl die gesellschaftliche Vermitteltheit erkennen, als auch seine subjektiv gegebenen Bedeutungshorizonte bezogen auf die konkrete Handlungssituation. Ziel dieses Prozesses ist es, dass das Subjekt dadurch seine gesellschaftliche Teilhabe insgesamt erweitert und differenziert.

Diese Gründe für eine Lernschleife, auch Lerngründe genannt, sind für Holzkamp das charakteristische Moment von Lernen insgesamt. Sie sind charakteristisch, weil damit einerseits ausgesagt ist, dass ein Lernprozess in einer Lernschleife als spezifisch menschliche Handlung immer begründet verläuft (nimmt das Subjekt keinen Grund für eine Lernschleife wahr, dann wird es auch keine Lernschleife einlegen). Andererseits handelt es sich bei Lernhandlungen immer um intentionale Handlungen, die auf eine erweiterte Handlungsfähigkeit und damit eine erweiterte gesellschaftliche Teilhabe zielen.

> „Lernen wird als begründete (und damit auch für andere Menschen verstehbare) Realisierung personaler Selbstständigkeit im Rahmen gesellschaftlicher Handlungsmöglichkeiten […] und -zwänge betrachtet." (Ludwig 2001: 32)

Für Holzkamp verweisen diese subjektiven Lernbegründungen allerdings immer auf einen gesellschaftlichen Bedeutungszusammenhang, das heißt das Subjekt begründet sein Handeln, also auch das Lernhandeln, immer im Rahmen gegebener Möglichkeiten und Begrenzungen.

Weil dem so ist, lassen sich in den subjektiven Lernbegründungen immer eigene und fremde Lerninteressen und -begründungen differenzieren. Hierbei handelt es sich a) um expansive Lerninteressen und -begründungen und b) um defensive Lerninteressen und -begründungen. Im Falle expansiver Lernbegründungen will der Lernende über die Lernschleife und den darin stattfindenden Selbstverständigungsprozess eine Erweiterung seiner gesellschaftlichen Handlungsmöglichkeiten erzielen, „durch welche gleichzeitig eine Entfaltung [seiner] subjektiven Lebensqualität zu erwarten ist" (Holzkamp 1993: 190).

Hingegen beziehen sich defensive Lernbegründungen auf Handlungen, die nicht im Interesse des Lernenden liegen. Das Subjekt sieht sich vielmehr durch Lernanforderungen, die ihm von außen auferlegt werden zu einer Lernschleife gezwungen. In diesem Fall wird nicht aus eigenem Interesse heraus gelernt, sondern um Nachteile durch Andere im Sinne einer Bedrohung und Einschränkung elementarer Lebensverfügung und um Konflikte mit mächtigeren Personen abzuwehren (vgl. Holzkamp 1993: 191).

In der Realität finden sich meist Mischverhältnisse von Lernbegründungen, die als „Lernhaltungen" typisiert werden können. Die Lernhaltung eines

Lernenden lässt sich in einer bestimmten Handlungs- und Lernsituation als eher expansiv oder eher defensiv typisieren. Holzkamp denkt Lehren als eine spezifische Form „sozialer Hilfe“ (Ludwig 2004: 112) in seiner Lerntheorie und seinen hier skizzierten Reflexionen zum Lernen stets mit. Wie bereits angedeutet wurde, stellen seine Ausführungen jedoch keine detaillierte praktisch-operative Perspektive für kooperative Selbstverständigungsprozesse (Lernverhältnisse) dar. Diese Transformation leistet Joachim Ludwig für die Weiterbildung mit einer Neukonzeption des klassischen didaktischen Vermittlungsverhältnisses in seiner subjektwissenschaftlichen Didaktik. Darin strebt er die Begrenzung des pädagogischen Vermittlungsanspruchs an und entwickelt eine am Verstehen des Lernenden orientierte Didaktik.

3.3.2 Kritisch-reflexive Lernverhältnisse

Mit seinem Entwurf für eine subjektwissenschaftliche Didaktik plädiert Ludwig für eine didaktische Neuorientierung, die er selbst als Perspektiverweiterung beschreibt. Dabei wird, über eine bloße Teilnehmerorientierung hinaus, das Subjekt stärker ins Zentrum didaktischer Überlegungen gestellt; Ausgangspunkt ist die Kritik an der bestehenden ‚Instruktions- und Erzeugungsdidaktik‘ (vgl. dazu Adam 1988). Ludwig vertritt die Auffassung, dass bislang trotz der Teilnehmerorientierung die Bedingungen für erfolgreiches Lehren im Zentrum des diskutierten Lehr-Lern-Verhältnisses standen. Damit wird Lernen lediglich als Ergebnis von äußeren Lernanforderungen verstanden. Um dieser Fremdformierung von Lernprozessen zu entgehen, versucht Ludwig das Didaktische Dreieck in seiner bisherigen Form aufzulösen: Lernprozesse entwirft er als Differenzverhältnisse zwischen unterschiedlichen Bedeutungshorizonten der lernenden Subjekte. Vom Subjektstandpunkt ausgehend, markiert den Beginn des Lernprozesses nicht länger ein von außen bestimmter Inhalt, sondern jene Handlungsproblematiken der teilnehmenden Subjekte, die für sie den Ausgangspunkt für die von ihnen intendierte Lernschleife darstellen. Der Lernprozess als Selbstverständigungsprozess zielt damit auch nicht auf ein gemeinsames inhaltliches Ergebnis, sondern auf eine Verständigung mit sich selbst in Auseinandersetzung mit den von anderen angebotenen Bedeutungshorizonten. (vgl. Ludwig 2004: 115 ff.)[14]

Im Anschluss an die oben skizzierte Lerntheorie von Klaus Holzkamp stellt Ludwig der „fremdkontrollierten Formierung“ (Holzkamp 1993: 528) von Lernverhältnissen das Modell intersubjektiver Lernverhältnisse gegenüber. Diese konzipiert er in Form *kooperativer Lernverhältnisse*. Kooperative

14 Ludwig setzt sich hier explizit von der von Erhard Schlutz konzipierten verständigungsorientierten Didaktikkonzeption ab, die auf Übereinkunft unter den lernenden Subjekten zielt (vgl. Schlutz 1984).

Lernverhältnisse gehen von je subjektiven Lerninteressen aus, die auf Selbstverständigung in einem gemeinsamen Prozess mit den anderen Lernenden zielen.

„Im Zentrum dieser Lernarbeit [in kooperativen Lernverhältnissen, UK] steht die differenzierende Wahrnehmung unterschiedlicher Bedeutungen der Akteure in problematisch gewordenen Handlungszusammenhängen der Lernenden" (Ludwig 1999a: 679).

Kooperative Lernverhältnisse begründen sich aus der Differenz der in den Lernverhältnissen versammelten Bedeutungshorizonte. Die Lernschleifen der Lernenden werden aufgrund einer Diskrepanzerfahrung vorgenommen. Der Prozess des Lernens – also die Selbstverständigungsprozesse – benötigt hierbei für sein Fortschreiten die differenzbildenden Bedeutungshorizonte der anderen Lernenden. An denen kann sich das lernende Subjekt an seinem eigenen, als subjektiv unzureichend erfahrenen, Bedeutungshorizont abarbeiten. Dabei sind ein grundlegendes Vertrauen in die argumentative Begründbarkeit der jeweils anderen Auffassung und permanente Kritik unter inhaltlichen und formalen Aspekten die grundlegenden Bestandteile von kooperativen Lernverhältnissen. Bezogen auf die inhaltliche Frage gilt es in einem Lernprozess zu prüfen, inwieweit andere Bedeutungshorizonte für das persönliche Situationsverstehen Gültigkeit besitzen. Bezogen auf die formale Frage nach den Interessen, die in einer Lernsituation wirken, ist kritisch zu prüfen, welche fremden Interessen und welche gesellschaftlichen Formierungen der individuellen Lernaktivität zugrunde liegen. (vgl. Ludwig 2004: 123 f.)

Die von Ludwig konzipierte kritisch-reflexive Bildungsarbeit mit Erwachsenen findet in einem Lernarrangement statt, das den „Lernenden Gelegenheit gibt, ihre Handlungssituationen und die darin gefassten Widersprüche, Dilemmata, Irritationen, kurz: ihre aktuellen Handlungsproblematiken in vertiefter (das heißt auch theoretisch fundierter) Weise zu verstehen und (gemeinsam) tragfähige Wege aus den Handlungsproblematiken" (Ludwig 1999a: 679) zu entwickeln. Für Ludwig ist es das Praxiskonzept der „Fallarbeit" (Ludwig 2003a), das er im Anschluss an Müller (vgl. Müller 1998) aufgreift, das den Lehrenden und den Lernenden ein Verstehensmodell für die Seminarpraxis als Hilfe für diesen Reflexionsprozess anbietet.

Dabei vollziehen alle Beteiligten für sich einen Selbstverständigungsprozess im Hinblick auf die als problematisch erfahrene Handlungssituation. In der Folge legt jedes lernende Subjekt sein Verständnis der geschilderten Handlungsproblematik sich selbst und den anderen Teilnehmenden ‚öffentlich' dar. Die Beteiligten versuchen, die mit ihren Lerninteressen verbundenen und zum gemeinsamen Lerngegenstand erhobene Handlungsproblematik mit den ihnen verfügbaren Bedeutungshorizonten zu verstehen und ihre jeweilige Interpretationsperspektive sich selbst und anderen verständlich zu machen. Die auf diese Weise den lernenden Subjekten eröffneten ‚Gegenhorizonte' erweitern die eigene Perspektive. Sie können unter Umständen auch Anknüpfungspunkte für die Erweiterung, Differenzierung oder Neustrukturierung der vorhandenen Bedeutungshorizonte darstellen, an denen sich das Subjekt im Rahmen seines Selbstverständigungsprozesses abarbeiten kann. Die Voraussetzung für diese kooperativen Lernverhältnisse ist ein didaktisches Setting, das es ermöglicht, die Interpretationsangebote der Anderen einerseits als Gegenhorizonte anzuerkennen und zugleich kritisch zu hinterfragen.

In diesem Prozess der Selbst- und Fremdverständigung über die Handlungsproblematik und ihre gesellschaftlichen Implikationen können sich nun expansive und defensive Lernbegründungen auf Seiten der Teilnehmenden vermengen. Die zentrale Herausforderung für den in kooperativen Lernprozessen professionell didaktisch-methodisch Handelnden ist es gemäß Ludwigs Konzeption, die Gemengelange von defensiven und expansiven Lernbegründungen der Teilnehmenden verstehend nachzuvollziehen und dabei die impliziten defensiven Lernbegründungen transparent zu machen.[15] Letztlich führen nämlich lediglich die expansiven Lernbegründungen zu einer tatsächlichen Bildungsperspektive im Sinne der Erweiterung gesellschaftlicher Teilhabe. In kritisch-reflexiven Lern- und Bildungsprozessen lässt sich dann prüfen,

> „ob individuelle Lernbegründungen im gemeinsamen Bildungsprozess defensiven Charakter besitzen oder aber die Potentialität expansiver Begründungen mit dem Ziel einer Erweiterung der Weltverfügung aufweisen. Defensiven Lernbegründungen fehlt demgegenüber der Bildungscharakter im Sinne einer Selbstverständigung, weil mit ihnen ausschließlich das Interesse an der Überwindung der alltäglichen Handlungsproblematik verbunden wird und nicht die Überwindung der Lernproblematik mit dem Ziel erweiterter gesellschaftlichen Teilhabe" (Ludwig 2005b: 332).

Ludwig gelingt es, den Zusammenhang von Individualität und Gesellschaftlichkeit in seiner didaktischen Konzeption zu explizieren. Dabei stellt sich das Didaktische Dreieck im Rahmen subjektwissenschaftlicher Didaktik auf neue Weise dar: „Als Verstehensleistung zwischen zwei Subjekten vor dem Hintergrund eines Raums gegenständlicher Bedeutungen, der in einer sachlich-sozialen Differenz und Vielfalt durch die kooperativ Lernenden aufgespannt wird" (Ludwig 2004: 121). Meines Erachtens wäre jedoch zu prüfen, inwieweit die didaktisch-methodische Praktik der Fallarbeit – entgegen ihrem Selbstverständnis – der Trias zwischen professionell Handelnden – lernenden

15 Wolfgang Klafki hat den Begriff des ‚Pädagogischen Verstehens' für didaktisch-methodische Zusammenhänge konkretisiert (vgl. Klafki 1992). Inwiefern sich Parallelen zur Kategorie des Verstehens bei Ludwig erkennen lassen, wird an dieser Stelle nicht weiter verfolgt.

Subjekten und Inhalten verhaftet bleibt, denn auch kooperative Lernverhältnisse müssen didaktisch-methodisch gestaltet sein. Lediglich wird die inhaltliche Dimension nicht länger von Außen an die Lernenden herangetragen. Die Bearbeitung der subjektiv relevant gewordenen Inhalte aber verläuft in einem didaktisch gestalteten Arrangement, in dem der professionell Handelnde als Lernberater eine Funktion innehat. Er soll ein „didaktisches Setting begründen und aufrecht erhalten, in dem Verstehen als Anerkennung und Kritik von Bedeutungshorizonten möglich wird" (ebd.). Die Frage danach, welche machttheoretischen Implikationen der Anspruch beinhaltet, das Verhältnis von Individualität und Gesellschaftlichkeit entwicklungsfördernd bearbeitbar zu machen, soll im fünften Kapitel weiterverfolgt werden. Dabei gilt es, die Gestaltung von Führung innerhalb des Verfahrens der Fallarbeit zu analysieren.

3.4 Aneignung im Rahmen emanzipatorischer Bildungsarbeit (Erhard Meueler)

Erhard Meueler sieht in der traditionellen „Unterordnung des Lernens unter das Lehren" (Meueler 1993: 105) das zentrale Problemfeld der bisherigen Bildungsarbeit mit Erwachsenen. „Sehr häufig wird Erwachsenenbildung als Fortsetzung dieses schulischen Über- und Unterordnungsverhältnisses verstanden." (Ebd.) Die ‚Entschulung' der Erwachsenbildung ist Meuelers vordringlichstes Ziel in der Beschäftigung mit didaktischen Fragestellungen, denn die Schule kenne nur ein „lehrergebundenes Lernen nach staatlich vorgeschriebenen und damit fremdbestimmten Lern- und in ihrem Gefolge auch Lebenszielen" (Meueler 1998: 102). ‚Entschulung' ist bei Meueler ein programmatischer Begriff. Das Programm zielt auf die Entwicklung einer bewussten Alternative zu traditionellen Didaktikentwürfen. An denen kritisiert er die Verpflichtung auf staatliche Lehrpläne, die standardisierten Lehr- und Lernmittel sowie die strengen Leistungskontrollen und ihren insgesamt repressiven Charakter (vgl. ebd.).

Der theoretische Ausgangspunkt Meuelers findet sich in einem Bildungsbegriff, mit dem er explizit an eine seit der Aufklärung entwickelte Traditionslinie anschließt. Emanzipation im Sinne von Subjektentwicklung wird hier als Bildungsziel deklariert (vgl. Meueler 1993: 8). Beginnend mit der 1993 erschienenen Veröffentlichung *Die Türen des Käfigs. Wege zum Subjekt in der Didaktik*, verbindet Meueler didaktische Überlegungen mit einem Emanzipationsbegriff; dieser wird gleichzeitig zur Basis für eine Methodik dialogischer und subjektorientierter Erwachsenenbildung. Die vor allem schulpädagogische Signatur des Begriffs der Didaktik führe, bezogen auf die traditionelle Vorstellung von Lehren und Lernen, problematische Implikationen mit sich. ‚Lernen‘ würde in diesem Zusammenhang als Vermittlungsprozess zwischen einem Subjekt und einem Objekt konzipiert. Die didaktische Planung von Lern- und Vermittlungsprozesse habe die Aufgabe, Strategien der sachgerechten wie effektiven Vermittlung zwischen Subjekten (Lernenden) und Objekten (Lerngegenständen) zu entwickeln. Als planvoll werde eine Lehre dann angesehen, wenn es zur „bewussten Organisation von Lehr-Lern-Prozessen durch die Auswahl und Überprüfung von Zielen, Inhalten und Arbeitsformen“ (vgl. Meueler 2005: 679) komme. Dabei ist die didaktische Planung von Lern- und Unterrichtsprozessen um Strategien der sachgerechten wie effektiven Vermittlung zwischen Lernenden und Lerngegenständen bemüht.

Alle didaktischen Bemühungen zielen Meueler zufolge darauf, die Vermittlung zwischen Subjekt und Objekt anzuregen und in den Ergebnissen möglichst vorhersehbar zu steuern. Dementsprechend verfolgen sie in ihrer bisherigen Ausgestaltung weiterhin das Ziel, über die Objekte des Lernens einen erfolgsversprechenden Zugang zu den Subjekten zu finden. In dieser Bestimmung allerdings, so die Kritik Meuelers, werde die Didaktik auch in ihrer erwachsenendidaktischen Form instrumentalisiert. Sie werde dergestalt zu einem wissenschaftlich angeleiteten Bemühen, die Effizienz des Lehrens und Lernens zu erhöhen und die Funktionalität der Lernaktivitäten sicher zu stellen. Das aktive Lernen erscheine hierin lediglich als „bloßer Reflex des Lehrens“ (Sesink 1990: 138; zit. nach Meueler 2005: 685). In einem solchen Verständnis von Didaktik würden die Anlässe und Ziele des Lernens lediglich an einen, dem Subjekt äußeren, Zweck gebunden: Sie zielten auf die je spezifische Anpassung an gesellschaftliche Interessenslagen, zum Beispiel durch berufliche Qualifizierungsmaßnahmen (vgl. Meueler 1993: 164; Meueler 2005: 679).

Dieses „katechetische Modell von Lehre“ (Meueler 1990: 117) stützt sich Meueler zufolge auf ein traditionelles Verständnis von religiöser Unterweisung, das sich seit dem Mittelalter mit dem lateinischen Begriff ‚formare‘ verbunden hat. Bilden werde hier im Sinne der ‚Gestaltung eines Nährstoffs‘ verstanden als Formung, Beeinflussung und Gestaltung und bis heute mit der ‚Sozialform der Erziehung‘ gleichgesetzt (vgl. Meueler 2005: 684). Diese Sozialform orientiere sich an dem Postulat, dass Heranwachsende der Aufklärung als „Entpersonalisierung und Versachlichung des Weltbildes“ bedürften, um handlungsfähig und mündig zu werden. Nur im Modus des Erlernens von Wissen, Kenntnissen und Fähigkeiten könne die praktische Selbstbestimmung des einzelnen Menschen erweitert werden. Einen grundsätzlichen Zusammenhang zwischen Selbstbestimmung und der Kenntnis objektiver Gegebenheiten bezweifelt auch Meueler nicht – allerdings kritisiert er, dass diese „Selbsterweiterung des Geistes“ (ebd.) unter Bedingungen der Unfreiheit realisiert wird.

Das Lehrer-Schüler-Verhältnis, in dem der Erzieher als Subjekt dem Zögling als Objekt gestaltender Einwirkung gegenübersteht, sieht Meueler als ein hierarchisches Über- und Unterordnungsverhältnis und damit als Herrschaftsverhältnis konzipiert. Dieses Subjekt-Objekt-Verhältnis finde sich auch in der Erwachsenenbildung. Obwohl hier niemand von der Erziehung der Lernenden redet, verweist allein die gängige Berufsbezeichnung ‚Erwachsenenbildner' darauf, dass auch (Fort-)Bildung im Modus der Erziehung und damit letztlich als Anpassung an gesellschaftlich Erwünschtes verstanden werde (vgl. ebd.). Auch hierin artikuliert sich für Meueler die Vorstellung, dass Erwachsenenbildner ebenso wie Lehrerinnen das ‚zu bildende' Gegenüber konditionieren. Diese fragwürdige Vorstellung wie Absicht drücke sich auch in den subjekttheoretischen Wendungen ‚jemanden zu befähigen' oder ‚jemanden qualifizieren' aus (Meueler 2002: 61). Auch in dieser Auffassung der Erwachsenenbildungsarbeit wird unterstellt, dass „der Mensch sein ganzes Leben lang ein erziehungs- und belehrungsbedürftiges Mängelwesen bleibe" (Meueler 2005: 684). Die Objekte des Verhältnisses bedürfen der Erziehung und Bildung und die Subjekte des Verhältnisses befreien die Lernenden zu ihrem Können und befähigen sie so zu gesellschaftlichem Überleben in einer vorgegebenen Wirtschafts- und Gesellschaftsordnung.

Vermittlungsverhältnisse in der Erwachsenenbildung müssten Meueler zufolge befreit werden aus dieser herrschaftsstabilisierenden Subjekt-Objekt-Konstellation und als das angesehen werden, was sie sind: selbstverständliche und alltägliche Aneignungsverhältnisse von erwachsenen Lernern und Lernerinnen.

3.4.1 Selbstbildung im Modus der Aneignung

Mit dem Aneignungsbegriff will Meueler demgegenüber eine vernachlässigte Bedeutung des griechischen Ausdrucks „didásken" stärken. Didaktik sei demnach nicht als dogmatisches und hierarchisches Planungs- und Steuerungsinstrument und damit als Herrschaftsmittel zu konzipieren, das die Lernenden zu Objekten ihrer eigenen Entwicklung macht. Vielmehr habe Didaktik aus der Perspektive der lernenden Subjekte „Anregungen zu selbstständigen und selbstverantworteten Aneignungsformen" (Meueler 2005: 685) zu geben. Denn nur in derartigen Aneignungsverhältnissen gelinge es den erwachsenen Lernern und Lernerinnen als Subjekten, den „materiellen wie ideellen, bislang noch fremden, unvertrauten und undurchschaubaren Gegenständen aktiver Erschließung und Aneignung eine Bedeutung, also einen Sinn für die Bewältigung der sozialen Wirklichkeit" (ebd.) zuzuschreiben.

Lernen im Sinne von aneignen ist in der Meueler'schen Konzeption eine aktive Tätigkeit, in der das einzelne Subjekt mithilfe der Wahrnehmung, der Reflexion, des Erkennens oder Entdeckens von Lösungen, des Urteilens und

Handelns ein Verhältnis mit dem Objekt als Gegenstand seines eigenen Interesses herstellt. In diesem Verhältnis findet ein Austausch von Subjekt und Gegenstand statt, eine gegenseitige Durchdringung, die beide verwandelt.

Denn erst wenn sich ein Subjekt in den Objekten der Erkenntnis wieder finde, fühlt es sich Meueler zufolge als Mensch bestätigt und wertgeschätzt (vgl. ebd.: 679). Das Ziel so verstandener didaktischer Bemühungen ist es, Erwachsenenbildungsprozesse zu ermöglichen, in denen die Lernenden als Subjekte ihres Aneignungsprozesses ernst genommen werden. Umgekehrt gelte es damit zu verhindern, dass Lernende genötigt werden, sich den gesellschaftlichen Lebens- und Arbeitsbedingungen anzupassen und zu unterwerfen (vgl. Meueler 1998: 106 f.). Für Meueler gilt es demgegenüber Aneignungsverhältnisse zu ermöglichen, die Bildungsprozesse als ein „bewertetes und bewertendes Lernen“ eröffnen. Diese Bildungsprozesse sollten als

> „offener Prozess subjektbestimmter Aneignung lebensnotwendigen Wissens und menschlicher Verständigungsmöglichkeiten mit einer besonderen Qualität informierter, kritischer Auseinandersetzung mit der Umwelt, den sie prägenden Traditionen, Strukturen und sich selbst [konzipiert werden]“ (Meueler 2005: 683).

In diesem Verständnis von didaktischem Handeln in einer „Neuen Lernkultur“ wird nicht nach den Bedingungen für die optimale Vermittlung vorgegebener Lerninhalte gefragt, sondern von den Subjekten und ihren individuellen Aneignungsverhältnissen ausgegangen.

Das Subjekt-Objekt-Verhältnis klassischer ‚Lehrkunst‘ wandelt sich zu einem Verhältnis, in dem die beteiligten Lernerinnen Subjekte ihres Aneignungsverhältnisses bleiben. Der von Meueler in dieser Konzeption zur Geltung gebrachte Bildungsbegriff steht in der Tradition von im Zuge der Aufklärung entwickelten bildungstheoretischen Überlegungen. Meueler konstatiert, dass Bildung bereits hier als Selbstbestimmung und Selbstschöpfung verstanden wird. Die von ihm intendierte Bildung im Sinne einer Subjektentwicklung kommt dabei vor allem im Widerspruch zustande (vgl. Meueler 2005: 683 f.), als „Selbstentfaltung und Selbstbestimmung der Person in Auseinandersetzung mit der ökonomischen, kulturellen und sozialen Lebenswelt“ (Hurrelmann/Engel 1989: 90).

In einem sich selbst verwirklichenden, weil bildenden Subjekt, seien die Ansprüche der objektiven Welt und die Ansprüche des Subjekts auf die eigene Perspektive, eigene Entscheidungen und selbstbestimmtes Denken und Handeln in einer dialektischen Weise miteinander vermittelt (vgl. Meueler 2005: 684). Diese Vermittlung ist dabei kein einmal erreichter Zustand, sondern der „unablässige Versuch, von den eigenen Fähigkeiten ohne Bevormundung durch andere Gebrauch zu machen, um aus eigenen Kräften die Vermittlung zwischen Subjekt und Objekt zu bestreiten“ (Meueler 1998:

151). Solche Bildung realisiere sich als Subjektentwicklung und im Widerstreit mit den objektiven gesellschaftlichen Herrschaftsverhältnissen und konkretisiere sich im „kreativen Widerstand gegen die pure Verzweckung des Subjekts" (Meueler 2002: 65 f.).

3.4.2 Grundlinien einer dialogischen Didaktik

Die Konsequenzen dieser Konzeption für die didaktisch-methodische Gestaltung einer „Neuen Lernkultur", die Prozesse der Selbstbildung anregen soll, bündelt Meueler in der ‚dialogischen Didaktik', die er als Soziallehre verstanden wissen will. Als Soziallehre etikettiert Meueler die didaktische Konzeption insbesondere, um anzuzeigen, dass ihre vornehmlichste Fragestellung darin besteht, wie Verstehen in sozialen Prozessen der Verständigung gelingen kann.

Grundannahme der Didaktik als Soziallehre ist die, dass Verstehen kollektive Lernprozesse in einer spezifischen Form voraussetzt. Hierzu haben sich diejenigen, die zu verstehen versuchen, mit fremden und gegensätzlichen Argumentationen und abweichenden Deutungen des Wahrgenommenen auseinander zu setzen (vgl. Meueler 2005: 687). Die Didaktik als „Lehrkunst" (Meueler 1993: 125) wird für Meueler zur Organisation von Erfahrung, die als vergangene gedeutet wird, als auch von neuen Erfahrungen, die in gemeinsam gestalteten Bildungsgeschehen zwischen den Fachleuten, den Lernenden und der beide gemeinsam beschäftigenden Sache zu realisieren sind. Das Ziel der gemeinsamen Auseinandersetzung ist es, für die alltagspraktisch erfahrenen Widersprüche und entstandenen Fragen theoretische Erklärungen zu finden. Hierfür ist es Meueler zufolge notwendig, ein dialogisches Beziehungsmodell für Lehr-Lern-Prozesse zu installieren (vgl. Meueler 2005: 687).

Methodisch setzt Meueler dabei dezidiert auf dialogische Verfahren, die eine demokratische Erwachsenenbildungspraxis ermöglichen sollen. Sie zeichnen sich insbesondere durch ihre aktivierenden Formen aus, die selbsttätige Aneignungsverhältnisse fördern. Dies ermöglicht, dass die Lernenden als „die eigentlichen Experten ihre alltäglichen Probleme besprechen, analysieren und ordnen können, um anschließend gemeinsam nach Lösungen zu suchen, die jedem zugute kommen" (Meueler 1998: 12).

Als „Symbol, Medium und Methode" (Meueler 2005: 687) eines dialogischen Verfahrens in der demokratischen Erwachsenenbildungspraxis entwirft Meueler den so genannten Lehr-Lern-Vertrag (Meueler 1998: 140 ff.). Um Lernenden die Möglichkeit der Selbstbestimmung im Lehr-Lern-Verhältnis zu eröffnen, muss ihm Meueler zufolge Gelegenheit gegeben werden, sich auch selbst als didaktischer Erfinder und Kompositeur der gemeinsamen Lernarbeit zu erleben. Mit dieser Methode wird dem erwachsenen Lerner nicht länger zugemutet, „seine in der Lebensbewältigung gewonnene Selbstständigkeit für die Dauer der Lernarbeit aufzugeben“ (Meueler 2005: 687).

In einem gemeinsamen Aushandlungsprozess werden bereits zu Beginn der Lernarbeit alle didaktischen Entscheidungen, die einst allein dem planenden Lehrer vorbehalten waren, gemeinsam getroffen. Lernende entscheiden in diesem Prozess selbst, dialogisch und demokratisch

> „*was* sie in gezieltem Lernen erfahren und erkennen wollen, *wie* es geschehen soll, *welchem* Zweck das Erkennen diesen, *für was und wen* es geschieht, auch *gegen was und wen* es sich richtet, welche praktischen Konsequenzen das Ganze für ihr Leben haben soll und warum sie sich diese Mühe machen. All dies gehöre zusammen, und alle Antworten auf diese Fragen auch. [...] Selbstständig. Selbstorganisiert. Selbstbestimmt.“ (Meueler 1998: 13)

Die Konzeption des Lehr-Lern-Vertrags erfordert auf Seiten der Lehrenden eine grundsätzlich dialogische Haltung und damit eine andere Vorbereitung als in klassischen didaktischen Vorstellungen. Didaktik wird von Meueler als „offenes Projekt“ konzipiert, an dessen Ausarbeitung alle am Lehr-Lern-Prozess Teilnehmenden beteiligt sind. Damit wird das professionelle Vermögen der lehrenden Personen, ihr Wissen und ihre methodische Erfahrung lediglich noch „als Potenz ins Spiel gebracht und mit den Bedürfnissen, Wünschen und dem Vermögen der anderen Subjekte durch Aushandeln der Ziele und Verfahren vernetzt“ (Meueler 2005: 687 f.).

Dialogische Sozial- und Arbeitsformen wie die des Lehr-Lern-Vertrags sind Meueler zufolge auf ein ‚sokratisches Talent‘ des Lehrers angewiesen, in dem er sich vor allem auf die Rolle des Gesprächsleiters beschränkt (vgl. Meueler 2005: 687 f.). Hierin hat er die Aufgabe, die beteiligten Lerner und Lernerinnen zu eigenem Nachdenken, Analysieren und Vergleichen anzuregen, denn genau hierin bestehen nach Meueler die besonderen Chancen und Möglichkeiten des Lernens von Erwachsenen.

3.5 Zusammenfassung

In den zurückliegenden Ausführungen wurde die spezifische Funktionsbestimmung verschiedener didaktisch-methodischer Praktiken erörtert. Wie gezeigt werden konnte, entfalten die didaktischen Programme in ihren Konzeptionen der „Neuen Lernkultur" einerseits ein bestimmtes Wissen über lerntheoretische Zusammenhänge, dem ein jeweils spezifisches Verständnis der Konstitution des Subjekts zugrunde liegt. Daraus folgen andererseits die Formen der geeigneten didaktisch-methodischen Praktiken zur Bewältigung der praktischen Aufgaben.

Während systemisch-konstruktivistische Ansätze das Subjekt als autopoietisches System konzipieren, dessen Selbstreferentialität jede Einflussnahme von außen per se zu verhindern scheint, regen sie gleichzeitig didaktisch-methodische Praktiken an, mit denen das autopoietische System dazu angehalten werden soll, auf sich selbst Einfluss zu nehmen. Das Ziel ist dabei, sich selbst von jeglicher äußeren Einflussnahme ‚befreit' als kompetentes Subjekt zu entwerfen.

Auch Hermann Forneck, der in poststrukturalistischer Denkart das Subjekt als grundsätzlich ‚gespaltenes' betrachtet, ist darum bemüht, mithilfe eines didaktisch-methodischen Steuerungsarsenals ein spezifisches Verhältnis der Lernenden zu sich selbst anzuregen. In diesem Verhältnis soll das Subjekt sich mittels reflexiver Praktiken und in Auseinandersetzung mit gesellschaftlichen Standardisierungen selbst ‚dezentrieren' und somit die Möglichkeit erhalten, über den eigenen Lernprozess zu verfügen.

Für Joachim Ludwig beschränken die gesellschaftlichen Verhältnisse und mit ihnen traditionelle didaktische Konzeptionen die Handlungsmöglichkeiten des Subjekts. Im Rahmen individueller und kollektiver Selbstverständigungsprozesse ist dieses aber grundsätzlich in der Lage, Beschränkungen zu überschreiten und so die Verfügung über seine Lebensbedingungen zu erhöhen und damit die Lebensqualität. Die Fallarbeit wird als didaktisch-methodische Praktik konzipiert, mit der dieses optimierte Selbstverhältnis erreicht werden soll.

Erhard Meueler schließlich entwirft das Subjekt als nahezu vollständig gesellschaftlich determiniert. Um Selbstbildung im Modus der Aneignung und damit eine Befreiung aus der gesellschaftlichen Entmündigung zu ermöglichen, hat das Subjekt in einem über den Lehr-Lern-Vertrag eröffneten Aushandlungsprozess die Aufgabe, Ziele, Inhalte und Formen seines Lernens selbst zu entwerfen. Auf diesen beschwerlichen Weg zu individueller Selbstverwirklichung habe das Subjekt sich selbst zu begeben, um sich selbst als Gattungswesen erleben zu können.

In diesem Sinne wird in den skizzierten Konzeptionen für eine „Neue Lernkultur" zu Grunde gelegt, dass durch Reduktion externer Einflussnahme, vor allem hinsichtlich der Auswahl von Lerninhalten, selbstbestimmte Selbstverhältnisse auf Seiten der Subjekte ermöglicht werden.[16] Die didaktisch-methodischen Bemühungen um dergestalt konzipierte Selbstverhältnisse und die damit verbundenen Standardisierungen sollen im Rahmen einer gouvernementalitätstheoretischen Untersuchung beleuchtet werden. Dabei wird vorausgesetzt, dass die angestrebten Selbstverhältnisse nicht als freier oder weniger frei, als selbstbestimmter oder fremdbestimmter apostrophiert werden können. In ihnen materialisiert sich vielmehr eine spezifische Form der *Regierung des Selbst*, die im folgenden Kapitel zum Thema wird.

16 Zur besonderen Stellung der Forneck'schen Konzeption im Kontext dieser Untersuchung vgl. Kapitel fünf dieses Bandes. Forneck plädiert explizit, und im Unterschied zu den drei anderen Ansätzen, für ein ‚neues Steuerungsregime‘.

4 Analytik der Gouvernementalität

Die Vorstellung eines rationalen, eigenverantwortlichen und reflexiven Individuums, so wurde im vorangegangenen Kapitel deutlich, ist ein zentraler Topos in der gegenwärtigen Diskussion um eine „Neue Lernkultur". Diese in der Erwachsenen- und Weiterbildung spezifische Subjektorientierung soll im weiteren Verlauf der Dissertation kritisch beleuchtet werden. Hierzu wird die machtanalytische Perspektive Michel Foucaults herangezogen, wobei der Schwerpunkt auf sein Spätwerk und auf das hier entfaltete Thema der Gouvernementalität gelegt wird. Mit den Vorlesungen, die Foucault im Wintersemester 1977/78 am Collège de France unter dem Titel *Sécurité, Territoire et Population* hielt, legte er den Grundstein für eine Analytik der Gouvernementalität. Diese „Forschungsrichtung" (Foucault 1981a: 66) ist fragmentarisch geblieben, hat aber seit Ende der siebziger Jahre eine Reihe von Untersuchungen befruchtet, die sich sowohl historischen als auch zeitgenössischen Phänomenen widmen. Letztere, und damit das gegenwartsdiagnostische Forschungsprogramm der *gouvernementality studies* oder Gouvernementalitätsstudien, bilden den methodologischen Hintergrund der interpretativen Analyse der didaktisch-methodischen Handlungsweisen in einer „Neuen Lernkultur".

In den folgenden Kapiteln werden die Umrisse der Foucault'schen Analytik der Gouvernementalität skizziert, um diese Perspektive anschließend im fünften Kapitel auf die von den Autoren für eine „Neue Lernkultur" ausgearbeiteten Praxiskonzepte zu beziehen. Auf der Grundlage der Analytik der Gouvernementalität wird das erwachsenenpädagogische Wissen auf seine machttheoretischen Implikationen hin überprüft und die in den Praxiskonzepten entwickelten didaktisch-methodischen Handlungsweisen als ‚Regierungspraktiken' dechiffriert.

Um den theoretischen Gehalt der Gouvernementalitätsstudien vorzustellen und dabei zu erläutern, wie die Etablierung von – insbesondere auf Technologien des Selbst abstellenden – Machtverhältnissen *funktioniert,* werden zunächst die grundlegenden Komponenten der Foucault'schen Machtanalytik skizziert. Hierzu werden in Kapitel 4.1. die weitreichenden Implikationen der

Foucault'schen Machtanalytik im Hinblick auf die Konstitutionsprozesse von Wissen, Macht und Subjektivität erläutert.

Vor diesem Hintergrund wird die Einführung des Begriffs der Gouvernementalität als eine theoretische Verschiebung innerhalb der Machtanalytik Foucaults dargestellt. Im Rahmen dieser Neuerung führt Foucault den Begriff der Regierung ein und bezeichnet die pastorale Macht als paradigmatische Form gouvernementaler Machtverhältnisse. Im Anschluss ersetzt Foucault den Begriff der Macht durch den der ‚Führung von Führungen' (Kap. 4.2.), die das spezifische dieser Machtverhältnisse für ihn angemessen zum Ausdruck bringt. Schließlich wird in Kapitel 4.3. die analytische Folie ausgebreitet, die die nachfolgende Analyse der in den Praxiskonzepten für eine „Neue Lernkultur" entwickelten didaktisch-methodischen Handlungsweisen leitet.

4.1 Komponenten der Foucault'schen Machtanalytik

Der Begriff der Gouvernementalität impliziert mehrere theoretische Bestandteile oder vielmehr: Er ist selbst „der Koinzidenz- und Kondensationspunkt seiner eigenen Komponenten" (Opitz 2004: 8). Die ihm inhärenten Begriffskomponenten Wissen, Macht und Subjektivität verweisen auf miteinander verschränkte Dimensionen, die in einem ersten Schritt systematisch dargestellt werden.

Zunächst geht es um die Frage, wie Foucault die Kategorie *Wissen* konturiert und in welchem Zusammenhang das in den Praxiskonzepten hervorgebrachte Wissen zu verorten ist. Dabei sollen die epistemische Ebene und die praktische Funktionalität des Wissens herausgearbeitet und aufeinander bezogen werden. Damit gerät die Betrachtung der Form in den Blick, in der die historischen Bedingungen des Wissens spezifische didaktisch-methodische Praktiken konfigurieren. Gleichzeitig soll dargelegt werden, wie Foucault durch die Einführung des Dispositivbegriffs den sprachtheoretischen Rahmen seiner Analytik erweitert. Dies ermöglicht es ihm, nach den praktischen Verfahren zu fragen, in denen sich die Wissensproduktion mit Formen der Kontrolle verbindet. In den Foucault'schen Untersuchungen sind es konkrete historische Praktiken, in denen sich diese Kontrollformen materialisieren.

Darüber hinaus wird verdeutlicht, dass Foucault nie an der Konzeption einer allgemeinen Theorie der Macht interessiert war. Mit der Analyse ihrer Funktionsweisen eröffnet er hingegen einen tieferen Einblick in die Verbindung aus Macht und Wissen, der in Kapitel 4.1.2. erörtert wird. Mit der Analytik der Macht untersucht Foucault die Verhältnisweisen der Macht im Allgemeinen und dabei die spezifische Verbindung von Macht und Wissen im Besonderen.

Schließlich werden die Dimensionen der Foucault'schen Kritik an einem transzendentalen und konstitutiven Begriff von Subjektivität verdichtet. In dem die Mikrophysik der Macht die vielfältigen Praktiken beleuchtet, in denen und durch die Subjektivität ‚produziert' und ‚erzeugt' wird, kann Subjektivität im Anschluss an Foucault weniger als eine universelle Substanz, denn als eine historische Form betrachtet werden.

4.1.1 Wissen

Das Wissen konfiguriert Foucault als eine Kategorie, mit der er beschreibt, dass das, was zu einer gegebenen Zeit und innerhalb einer gegebenen Kultur als Wissen angenommen und hervorgebracht wird, immer eine bestimmte Regelmäßigkeit besitzt. All das, was in einer Epoche gewusst, gedacht, getan und wahrgenommen werden kann, ist das Ergebnis einer Gesamtheit von Regeln, die in einer bestimmten Epoche die Grenzen und Formen des Wissens bestimmen. Die Konfiguration dieser Regeln, der Foucault mit der archäologischen Methode nachspürt, spannt ein Netz von Analogien, die Foucault *Isomorpheme* nennt.[1]

Die Isomorpheme, so die zentrale These, verdanken sich einem zugrunde liegenden System, das in einer bestimmten Weise organisiert ist und das Foucault als *epistemisches Regime der Akzeptabilität* (vgl. Foucault 1990: 34) bezeichnet. Dieses *epistemische Regime* strukturiert das Wissen in einer jeweiligen Epoche. Dabei bezeichnet es nicht die Summe der Erkenntnisse einer Epoche, sondern bildet historisch variable Strukturen aus, welche die Bedingungen für Formen der Erkenntnis darstellen. Es ist gewissermaßen der Kern einer immer spezifischen „Ordnung der Dinge".[2]

Das epistemische Regime markiert einen Bereich, in dem das, was gesagt, gedacht, getan und wahrgenommen wird, formalen Gesetzen gehorcht: „They constitute a system that enables statements to become intelligible or signifikant" (Simons 1995: 24). Das Interesse Foucaults, der sich seit der *Archäologie des Wissens* (1969) mit der Analyse von Dokumenten beschäftigt, gilt dem Verhältnis der Dokumente zueinander und damit den Beziehungen von

---

1 In Die Ordnung der Dinge sieht Foucault „ein Netz von Analogien deutlich werden, das die traditionellen Nachbarschaften überschritt: in den Wissenschaften der Klassik findet man zwischen der Klassifikation von Pflanzen und der Geldtheorie, zwischen dem Begriff des gattungsmäßigen Merkmals und der Analyse des Handels Isomorpheme, die die außerordentliche Vielfalt der in Betracht gestellten Objekte zu ignorieren" scheinen (Foucault 1966: 11).

2 Foucault zeigt im gleichnamigen Buch, dass die *episteme* sich in Bezug auf die Wissenschaften der Sprache, der Lebewesen und des Tauschs im Abendland zweimal synchron verändert haben. Obwohl er nicht den Begriff der Struktur benutzt, weisen *episteme* eine gewisse Ähnlichkeit mit dem Strukturbegriff auf (Opitz 2004: 42).

Aussagen, wobei sich der Fokus auf die Formen ihrer Verteilung richtet, die wiederum als bestimmte Gruppen ‚Diskurse' bilden.

Innerhalb von Diskursen – als einem Ensemble von Aussagen – formieren sich auf eine spezifische Art Diskursgegenstände (das, worüber der Diskurs spricht), Äußerungsmodalitäten (verschiedene Positionen, von denen aus gesprochen werden kann) und Begriffe (mit denen gesprochen werden kann). Der Diskurs als regelgeleitete Formation von Aussagen konstituiert eine jeweils historisch kontingente Ordnung des Wissens, welche eine spezifische Form der Wahrheit ermöglicht und zugleich den Raum des möglichen Wahren begrenzt.[3] In sich selbst lässt die *episteme* zudem verschiedene Grade an Heterogenität zu, indem sie zum Schauplatz widerstreitender Diskurse wird.

Der Foucault'sche Diskursbegriff basiert nicht auf der binären Unterscheidung von Denken und Handeln, von Sprache und Praxis. Sprachliche Wissensproduktion und praktische Handlungsweisen stehen in einem wechselseitigen Verhältnis. Diskursive Praktiken lassen sich nicht aus ihrer Beziehung zu anderen Praktiken herauslösen (Foucault 2001c: 876, 883). Der Begriff des *Dispositivs* fasst diesen Aspekt begrifflich präziser.[4] Es lassen sich insgesamt drei Merkmale identifizieren, die den Begriff des *Dispositivs* charakterisieren: Zunächst fasst Foucault mit dem Begriff die gegenseitige Durchdringung von Diskursivem und Nicht-Diskursivem. Für das Dispositiv ist es unerheblich, welchem der beiden Bereiche seine Elemente angehören. Das Dispositiv gleicht vielmehr einem Gebilde, das alle Elemente verbindet und es ermöglicht, Immanenz zu denken:

„Was ich unter diesem Titel festzumachen versuche, ist [...] ein entschieden heterogenes Ensemble, das Diskurse, Institutionen, architekturale Einrichtungen, reglementierende Entscheidungen, Gesetze, administrative Maßnahmen, wissenschaftli-

---

3 Foucault charakterisiert die Archäologie als ein Verfahren, das „den Zyklus der Positivität durchläuft, indem es vom Faktum der Akzeptiertheit [des Wahren, UK] zum System der Akzeptabilität [der Bedingung der Möglichkeit von Wahrheit, UK] übergeht, welches als Spiel von Macht-Wissen analysiert wird" (Foucault 1990: 34). Aus dieser Perspektive ist die Wahrheit Diskursgegenstand und entfaltet Wahrheitswirkungen innerhalb von Diskursen (Foucault 1977d: 51).

4 Der Begriff des Dispositivs Begriff ist keine Erfindung Foucaults. Im Frankreich der 1960er Jahre findet er sich ebenso bei Autoren wie Louis Althusser, Jean-Francois Lyotard und Jean-Louis Baudry. Allerdings variiert seine Verwendung stark, dass von einem einheitlichen Konzept nicht die Rede sein kann. Sven Opitz bezeichnet es als den kleinsten gemeinsamen Nenner, dass es sich um den Versuch handelt, „Form und Inhalt unter dem Gesichtspunkt historischer Praktiken zusammen zu denken" (Opitz 2004: 48). Foucault führt den Begriff mit der Erweiterung des archäologischen zu einem genealogischen Verfahren in seine theoretischen Überlegungen ein (vgl. Foucault 1971).

che Aussagen, philosophische, moralische und anthropologische Lehrsätze, kurz: Gesagtes ebenso wie Ungesagtes umfasst" (Foucault 1977a: 34 ff.).

Das Dispositiv ist ein Netz, das zwischen diskursiven und nicht-diskursiven Elementen geknüpft werden kann. Die Elemente eines spezifischen Dispositivs sind zweitens Teil von Machtverhältnissen und zugleich an Grenzen des Wissens gebunden.[5] Historisch werden damit bestimmte kontingente Weisen des Sichtbaren und Sagbaren verbunden, die in einem Dispositiv zu erkennen sind.

Damit gewinnt das Dispositiv drittens einen strategischen Charakter. In dem Foucault es an den im nächsten Kapitel zu entfaltenden Machtbegriff anbindet, wird dieser strategische Charakter manifest. Die Strategie des Dispositivs äußert sich in einer Doppelbewegung: Es reagiert einerseits immer auf einen konkreten „Notstand" (ebd.: 46), für den es eine Lösung anbietet. Andererseits reintegriert es seine eigenen Effekte immer aufs Neue, in dem es Beziehungen einsetzt, so dass zwischen den einzelnen Elementen „ein Spiel von Positionswechseln und Funktionsveränderungen" (ebd.) bestehen bleibt. Die Strategie des Dispositivs besteht vorrangig darin, Prozesse zu erhalten und gleichsam umzuformen, unter der Voraussetzung, dass es selbst als Prinzip erhalten bleibt.

Als der Ordnung der Elemente immanentes Prinzip verbindet der Foucault'sche Dispositivbegriff Wissen und Macht und verweist auf deren komplementäre Verbindung. Ihr Verhältnis lässt sich beschreiben als „ein wechselseitiges Sich-Voraussetzen und gegenseitiges Vereinnahmen" (Deleuze 1986: 103)[6]. Die historische Formation eines Dispositivs bindet seine Elemente im Medium des Wissens. In der Konsequenz bedeutet das, dass erst die Beschreibung eines solch unzertrennlichen Zusammenhangs von Macht und Wissen die kritische Frage erlaubt, warum ein „bestimmtes Zwangsverfahren rationale, kalkulierte, technisch effiziente Formen und Rechtfertigungen annimmt" (Foucault 1990: 31). Kurz: warum es in einer bestimmten historischen Form gerechtfertigt scheint.

Der Einblick in die Verbindungen aus Macht und Wissen wird im nachfolgenden Kapitel vertieft. Vor diesem Hintergrund wird deutlich, dass sich Macht und Wissen in didaktisch-methodischen Praktiken auf eine spezifische Weise verbinden. Foucaults Machtanalytik zeigt, dass Lernprozesse Erwachsener nicht lediglich durch äußeren Zwang determiniert und damit beschränkt werden. Die wesentliche Funktionsweise didaktisch-methodischer Praktiken

5 „Eben das ist das Dispositiv: Strategien von Kräfteverhältnissen, die Typen von Wissen stützen und von diesen gestützt werden." (Foucault 1977a: 123)

6 Foucault selbst beschreibt das Verhältnis, in dem er konstatiert, dass die Macht nichts sehe und nichts sage, der Zusammenstoß mit Macht aber sehen und sprechen lasse (Foucault 2001b: 16).

liegt in der Verbindung aus Macht und Wissen und den Effekten dieser Verbindung, die weit über negative und verhindernde Funktionen hinausreichen. Die Denkfigur einer ,souveränen Macht' verstellt den Blick auf deren produktiven Effekte.

4.1.2 Macht

Foucaults Konzeption der Analytik der Macht fokussiert die Funktionsweisen der Macht und fragt nach den ihr eigenen Verhältnisweisen. Hierzu übersetzt Foucault die Macht in die physikalische Formel eines Kräfteverhältnisses (vgl. Foucault 1977c: 79, Foucault 1976a: 113). Mit der Untersuchung von Macht unter physikalischen oder technologischen Begriffen nimmt Foucault einen Perspektivwechsel vor: von Macht-Institutionen und Macht-Inhabern zu Macht-Verhältnissen. Damit stellt er den relationalen Charakter in den Mittelpunkt seiner Analyse. Die Bestimmung der Macht verdichtet sich dann nicht länger in der Frage: Welche Technologien setzt *die* Macht ein? Gefragt wird vielmehr: Welche Technologie *ist* Macht?

Für Foucault besitzen die der Macht eigenen Verhältnisweisen einen je historisch-spezifischen Charakter, das heißt die Kräfteverhältnisse verändern sich. Zu dieser Annahme kommt Foucault, da er die Machtverhältnisse in ihrer „relativen Autonomie" (Lemke 1997: 73) studiert und zugleich ihr Zusammenspiel mit ökonomisch-rechtlichen und wissenschaftlichen Wahrheitsspielen analysiert. Dieser These liegt zugrunde, dass Foucault zufolge der ,Ökonomie der Macht', die eine Gesellschaft charakterisiert, eine ,Ökonomie der Wahrheit' entspricht und dass Wahrheit und Macht in einem reziproken Verhältnis aufeinander bezogen sind (vgl. Ewald 1978: 10).[7] Foucault kommt zu dem Schluss, dass es keine Machtausübung gibt, ohne Bezugnahme auf bestimmte historisch kontingente Wahrheiten, „eine Ökonomie, die innerhalb dieses Kräftepaares und von ihm ausgehend funktioniert" (Foucault 1977c: 75).

Dabei gewinnt seine Analytik Kontur in der Kritik an dem klassischen Bündel an Implikationen hinsichtlich der Macht, auf das man quer durch die verschiedensten theoretischen Schulen stößt (vgl. Han 2005: 65 ff.). Zu diesen Implikationen zählt die Ansicht, dass „die Macht etwas ist, was man besitzt – was einige Bestimmte besitzen – was andere nicht besitzen" (Foucault 1973: 114). Foucault dagegen verwirft die Vorstellung der Macht als Gut oder als Substanz, die sich eine soziale Gruppe angeeignet hat, während andere von ihr ausgeschlossen sind. Stattdessen denkt Foucault Macht nicht in Aneig-

7 Foucault benutzt den Begriff der Ökonomie in seiner ganz allgemeinen Bedeutung als die rein zweckgebundene Ausbildung von Zusammenhängen oder anders: als bestimmte Organisation von Zusammenhängen.

nungskategorien, nicht als etwas, das besessen, veräußert oder getauscht werden kann.

Des Weiteren ist die Macht für Foucault nicht eindeutig lokalisierbar. Er wendet sich gegen einen Machtbegriff, der die Macht im Wesentlichen in den Staatsapparaten lokalisiert und Macht als eine von Rechtsregeln abgeleitete Form definiere (vgl. Foucault 1977b: 69 f.).[8] Dieser Machtbegriff suggeriert, die Macht würde von einer zentralen Instanz ausgehen, um sich dann in der gesamten Gesellschaft auszubreiten und so auf die einzelnen Individuen zu wirken. Machtprozesse würden dementsprechend als von oben nach unten verlaufend definiert. Ihre Modalitäten werden als Verbote, Zwang, Ausschließung bestimmt: In dieser Vorstellung entfaltet die Macht ihre Wirkung, indem sie unterdrückt und täuscht.[9] Als repressive oder ideologische Macht ziele sie auf Gehorsam (zum Beispiel gegenüber Gesetzen). Für Foucault verweist diese Konzeption von Macht auf eine lediglich negative Verhältnisweise. Die Macht erscheine hier ausschließlich in der Funktion, soziale Verhältnisse wie Produktionsweise oder patriarchale Herrschaft zu reproduzieren und aufrecht zu erhalten. Sie erscheine als Instrument der Reproduktion sozialer Verhältnisse und der Aufrechterhaltung gesellschaftlicher Funktionssysteme.[10]

Foucault fasst dieses Bündel an Implikationen hinsichtlich der Macht unter dem Begriff der ‚juridisch-diskursiven Machtkonzeption'. Die juridisch-diskursives Machtkonzeption hat sich Foucault zufolge mit den großen Monarchien und ihren Machtapparaten im Mittelalter entwickelt (vgl. Foucault 1976a: 109). Als ihr theoretisches Defizit benennt er, dass sie allein die Machtphänomene thematisieren kann, die sich durch einen negativen Funktionsmodus auszeichnen.[11]

8 Macht ist gängigen Vorstellungen entsprechend das, was per Gesetz diktiert wird. Foucault moniert daran, dass die „reine Form der Macht somit in der Funktion des Gesetzgebers zu finden" wäre (Foucault 1976a: 104).

9 „Wenn sie etwas hervorbringt, sind es Abwesenheiten, Lücken; sie schaltet Elemente aus, führt Diskontinuitäten ein, trennt das Verbundene, zieht Grenzen. Ihre Wirkungen liegen auf der allgemeinen Linie der Schranke und des Mangels" (Foucault 1976a: 103).

10 Zur Kritik derartiger Begriffsdefinitionen vgl. außerdem Foucault 1973: 114-118; Foucault 1977f: 75-87; Deleuze 1986: 39-47; Sawicki 1991: 20-24.

11 Diese Darstellung ist selbstverständlich sehr verkürzt und äußerst schematisch und wird der Komplexität der meisten politischen Theorien nicht gerecht. So hat beispielsweise Pasquale Pasquino gegen eine umstandslose Identifizierung von Thomas Hobbes' Leviathan mit der juridischen Machtkonzeption Bedenken angemeldet (vgl. Pasquino 1993, S.74-79). Dies ist sicher richtig. Allerdings ist festzuhalten, dass trotz des berechtigten Vorwurfs der mangelnden Differenzierung sowie der fehlenden Angabe von Textquellen und Belegen, Foucaults theoretisches Interesse weniger den Unterschieden als vielmehr den Gemeinsamkeiten und Ähnlichkeiten der verschiedenen politischen Diskurse gilt.

Dabei negiert Foucault keineswegs, dass verboten, verschlossen und unterdrückt wird oder behauptet, dass die negative Funktionsweise eine Täuschung sei.[12] Er formuliert jedoch die These, dass die juridisch-diskursive Machtkonzeption einen bestimmten ‚Code' beinhaltet, in dem sie sich präsentiert und durch den sie vorschreibt, wie man Macht denken soll. Er stellt zur Disposition, ob diese Repräsentation der Macht über die verschiedenen Epochen hinweg – trotz aller Anstrengungen, das Juridische von der Monarchie abzulösen und das Politische vom Juridischen zu befreien – in diesem Code gefangen geblieben ist. Daran anknüpfend formuliert Foucault die Annahme, dass das dauerhafte Festhalten an der Vorstellung einer negativen Funktionsweise der Macht und der Dualität von Freiheit und Unterdrückung sich als eine taktische Rolle innerhalb einer bestimmten Diskursstrategie dechiffrieren lässt (vgl. Foucault 1976a: 110 f.).

Unter dem Stichwort ‚Repressionshypothese' problematisiert Foucault den Modus, die Macht in Begriffen von Unterdrückung versus Freiheit zu thematisieren. Er fragt, ob dieser „gegen die Unterdrückung gerichtete kritische Diskurs den Lauf eines bis dahin unangefochten funktionierenden Machtmechanismus" (Foucault 1976a: 20) unterbricht oder ob er „nicht vielmehr zu demselben historischen Netz [gehört, UK] wie das, was er anklagt […], indem er es als ‚Unterdrückung' bezeichnet?" (Ebd.) Das Bild der Macht, das mit der Intention gezeichnet wird, den Individuen ein Mehr an Freiheit zu gewähren, geht von der Möglichkeit subjektiver Freiheit aus. Die Bedingung der Möglichkeit, subjektive Freiheit zu denken, ist allerdings derselben klassischen Machtkonzeption und den damit verbundenen Implikationen verhaftet.

Um hingegen die Machtverhältnisse, die den Gesellschaftskörper durchziehen, in den Blick zu bekommen, müsse Macht anders als in dem zur Verfügung stehenden Code analysiert und beschrieben werden. Diese Untersuchung nimmt Foucault im Rahmen einer Analytik der Macht vor. Darin verfolgt er das Ziel, die Funktionsweise der Macht zu analysieren und die ihr eigene Verhältnisweise zu bestimmen. Es ist die Arbeit des Archäologen und Genealogen, der aufzuspüren und sichtbar zu machen versucht, wie die Instanzen funktionieren, die Macht und Wissen produzieren und den Verlauf ihrer Transformationen zeigt (vgl. Foucault 1976a: 23). Dabei handelt es sich um die

> „Erforschung des Werdens eines Wissens und es gilt dieses Werden an den Wurzeln zu fassen: in den religiösen Institutionen, in den pädagogischen Maßnahmen, in den

12 Solche Machtausübung existiert nach Foucault durchaus, ihre Wirksamkeit „bestünde in dem Paradox, daß sie nichts vermag als dafür zu sorgen, daß die von ihr Unterworfenen nichts vermögen, außer dem, was die Macht sie tun lässt" (Foucault 1976a: 106).

medizinischen Praktiken, in den Familienstrukturen, in denen es sich formiert hat, aber auch in den Zwangswirkungen, die es auf die Individuen ausgewirkt hat." (Ebd.: 7)

Die Analytik der Macht versucht, die Machtverhältnisse zu erklären und nicht ihr Wesen zu bestimmen. Foucault war nie bestrebt, eine neue Theorie der Macht oder ein allgemeines Schema, wie die Macht funktioniert, aufzustellen. Es war sein Ziel, die konkreten Bedingungen ihrer Ausübung zu analysieren. François Ewald zufolge besteht das Unterfangen darin,

„die Macht in der Positivität ihres Funktionierens zu beschreiben und jene negative Form hinter sich zu lassen, in der traditionell der politische Diskurs [wie andere Diskurse, UK] sie begriff: Macht als dasjenige, was fortwährend zu denunzieren sei, als vielgestaltige Figur, als neue unendlich listige Vernunft in der Geschichte" (Ewald 1978: 10).

Foucault wollte die Macht nicht objektivieren, um sie anschließend definieren zu können. Stattdessen hat er Werkzeuge für die Analyse der Macht entwickelt. In diesem Prozess hat er zunächst die „Richtung der Analyse [...] umgekehrt" (Foucault 1977b: 78), in dem er nicht die Macht als Entität untersucht, als Macht eines einzelnen über andere Menschen, sondern die vielfältigen Formen der Macht und die Wirkungen, die im Inneren einer Gesellschaft ausgeübt werden können. Diese Analyse bezieht sich auf die Subjekte in ihren gegenseitigen Beziehungen, ihren winzigsten und individuellsten Verhaltensweisen, auf die lokalsten Formen und Institutionen, auf Techniken und Instrumente des materiellen Eingreifens.

Auch wenn die Analytik der Macht keine Theorie sein will, liegen ihr doch grundsätzliche Ansichten über die Funktionsweise von Macht zugrunde. Als Kräfteverhältnis ist sie keine Form im substantiellen Sinn und kein Sein. Sie tritt niemals im Singular auf, denn jede Kraft steht bereits in einer Beziehung (vgl. Foucault 1977c: 79).[13] Machtverhältnisse verhalten sich innerhalb einer Gesellschaft nicht als etwas Äußeres gegenüber anderen Typen von Verhältnissen, sondern sind ihnen immanent. Dabei gibt es keinen Mittelpunkt, „keine Sonne der Souveränität, von der abgeleitete oder niedere Formen ausstrahlen" (Foucault 1976a: 114), sondern die Machtverhältnisse erzeugen unablässig Machtzustände, die immer lokal und instabil sind. Aber es gibt nicht nur kein Zentrum der Machtverhältnisse, sondern sie seien darüber hinaus, wie Foucault in einer prägnanten Formel zusammenfasst auch immer „gleichzeitig intentional und nicht-subjektiv" (ebd.: 116). Das heißt, Machtverhältnisse sind nicht lediglich in einem kausalen Sinne die Wirkungen von anderen Machtverhältnissen. Jedes Machtverhältnis ist stattdessen lokal und

13 Vgl. hierzu auch Foucault 1976a: 113 sowie Opitz 2004: 27.

durch und durch von Kalkülen durchsetzt. Es gibt keine Macht, die sich ohne eine Reihe von Absichten und Zielsetzungen entfaltet. Vor Ort zeigt sich eine oft hochgradig bewusste Entscheidungsfindung, Planung und Koordination der Aktivitäten, was Foucault veranlasst, vom „lokalen Zynismus" (ebd.: 116) zu sprechen. Dennoch ist den Handelnden zumeist nicht bewusst, in wie weit ihr Handeln eine „komplexe strategische Situation" (ebd.: 117) aufrecht erhält oder verändert und inwieweit eine bestimmte Konjunktur den Einsatz einer bestimmten Macht erforderlich macht. Der „Gesamteffekt" (Dreyfus/Rabinow 1994: 219) entzieht sich der Intention der Handelnden. „Es gibt eine Logik der Praktiken. Es gibt einen Schub in Richtung auf ein strategisches Ziel, doch niemand schiebt" (ebd.).[14]

Foucaults Untersuchungen zielen auf die historisch-konkrete Analyse sozialer Verhältnisse. In dieser Analysetätigkeit versteht Foucault Machtmechanismen als Techniken, „also als Verfahren, die erfunden und verbessert und ständig weiterentwickelt werden" (Foucault 1976b: 227). Er interessiert sich für die „Technologie der Macht oder besser der Mächte" (ebd.) und deren historische Transformationen. Dabei zeigt er, dass es zwischen dem 17. und 18. Jahrhundert zu einer markanten Transformation der Machtverhältnisse kommt. Die juridisch-diskursive oder souveräne Straf-, Verbots- und Gesetzesmacht wird von der auf das Leben gerichteten „Disziplinarmacht" (Foucault 1975a: 241) abgelöst. Während die juridisch-diskursive Macht auf ein Territorium ausgeübt wurde und mit Verfahren des Ausschlusses und der Unterdrückung arbeitet (vgl. Foucault 2004: 35 ff.), überzieht die Disziplinarmacht die Gesellschaft mit einem engmaschigen Netz von Kontroll- und Überwachungsmechanismen. Foucault analysiert, dass das Recht über Leben und Tod eines der charakteristischen Privilegien der souveränen Macht war. Dieses Recht ist für Foucault das „Recht, sterben zu machen und leben zu lassen" (Foucault 1976a: 162). Die Theorie der Souveränität und ihre Gesetzesgrundlagen, die die Mechanismen der Macht theoretisch begründeten, wurden zu einem spezifisch historischen Zeitpunkt dysfunktional oder zumindest ergänzungsbedürftig. Mit dem Aufkommen bürgerlich-kapitalistischer Gesellschaften formiert sich eine Mikrophysik der Macht, die am menschlichen Körper ansetzt und seine Handlungen, Bewegungen und Verhaltensweisen kalkuliert und manipuliert. Die Disziplinarmacht entwickelt Mechanismen, die nicht länger entziehen und die menschlichen Kräfte beschränken, sondern die Hierarchisierung, Klassifizierung und Qualifizierung von menschlichen Individuen erlauben. Dabei arbeite die Disziplinarmacht vielmehr als eine „bescheidene und misstrauische Gewalt, die als eine sparsam kalkulierende, aber beständige Ökonomie funktioniert [...]. Ihre Verfahren sind winzig und

14 In Anlehnung an Nietzsche formuliert Foucault, dass wir es mit einer „Strategie ohne Strategen" zu tun haben (Foucault 1977a: 32 ff.).

unscheinbar" (Foucault 1975a: 220). Die Disziplinarmacht stellt fügsame, produktive und gelehrige Körper her, um die Nützlichkeit und Fügsamkeit der Individuen zu gewährleisten. Die Disziplinarmacht „war gewiss ein unerlässliches Element bei der Entwicklung des Kapitalismus, der ohne kontrollierende Einschaltung der Körper in die Produktionsapparate [...] nicht möglich gewesen wäre" (Foucault 1976a: 168). Wie jede Macht ist auch die Disziplin keine Institution. Sie ist eine Technik der Macht, deren Ausarbeitung und Anwendung in institutionellen Apparaten wie Krankenhaus, Schule oder Armee stattfindet und die wesentlich auf den individuellen Körper gerichtet ist. Die Disziplin erweist sich damit als autonome Macht, die auf exakter Organisation und nicht auf Souveränität basiert. Sie kommt in konkreten Praktiken auf lokaler Ebene zum Einsatz und sie hat sich dezentral in voneinander unabhängigen Prozessen entwickelt. Bereits im Verlauf es 18. Jahrhunderts kam es zu einer Vervielfältigung und Ausbreitung durch den gesamten Gesellschaftskörper hindurch. Für Foucault begann sich zu diesem Zeitpunkt die Disziplinargesellschaft" (Foucault 1975a: 269) zu formieren.[15]

Die Bestandteile der disziplinären Machtverhältnisse liegen dabei in der Gesamtheit der Apparate, Institutionen, Reglementierungen und Gesetzesartikel. Innerhalb einer Gesellschaft „wird der soziale Körper von vielfältigen Machtbeziehungen überzogen, charakterisiert und konstituiert" (Foucault 1977c: 75). Funktionieren können diese Machtbeziehungen aber nur, wenn es gelingt, einen „wahren Diskurs" (ebd.) zu produzieren, zu akkumulieren und zirkulieren zu lassen. Macht wird nur ausgeübt über oder mittels einer gewissen „Ökonomie der Wahrheitsdiskurse, die in, ausgehend von und mittels dieser Macht funktionieren" (Foucault 1977c: 95). Pointiert formuliert, beschäftigt sich Foucault mit der Frage: Was ist das für eine Art Macht, die Wahrheitsdiskurse produziert, die in einer Gesellschaft mit solch machtvollen Wirkungen ausgestattet sind, das sie geltendes Recht definieren können? Für

15 Trotz einer offensichtlichen Weiterentwicklung der Machtmechanismen und deren Transformation bleibt die Theorie der Souveränität bis zum heutigen Tage als Code, die Macht zu denken erhalten. Auch wenn die Transformationen eigentlich zum Verschwinden dieses großen Rechtsgebäudes der Souveränität hätten führen müssen, fundiert es bis heute das Denken der Macht. Foucault vermutet zwei Gründe hierfür: Zum einen war es im 18. und 19. Jahrhundert noch immer ein Instrument der Kritik gegen die Monarchie und gegen sämtliche Hindernisse, die sich der Entwicklung der Disziplinarmacht entgegen stellen konnten. Zum anderen, und dies ist der gewichtigere Grund, war es durch die Theorie der Souveränität möglich, den Mechanismen der Disziplin ein Rechtssystem überzuordnen, das deren Verfahrensweisen und Herrschaftstechniken verschleierte. Dabei ermöglichten die Rechtssysteme durch die Konstituierung eines öffentlichen und auf die kollektive Souveränität gegründeten Rechts eine Demokratisierung der Souveränität, während allerdings gleichzeitig diese Demokratisierung der Souveränität von Grund auf von den Mechanismen des Disziplinarzwangs bestimmt wurde.

Foucault gilt es dieses Dreieck zu untersuchen; eine komplexe strategische Situation, in der Macht, Wahrheit und Recht auf spezifische Weise aufeinander bezogen sind.

Das Besondere an Foucaults analytischer Arbeit ist, dass er das Zusammenspiel von Macht, Wahrheit und Recht in konkreten Praktiken analysiert. Foucault fragt danach, wie die Dinge konkret geschehen, durch welche Mechanismen und Instrumente Individuen unterworfen werfen, wie Gesten ausgerichtet und Verhaltensweisen gelenkt werden. Sein Ziel ist es, „die materielle Instanz der Unterwerfung als Konstitution der Subjekte zu erfassen" (Foucault 1977c: 94). Die Wirkung der Macht untersucht er dort, wo Körper, Gesten, Diskurse und Begierden als individuell identifiziert und konstituiert werden. Dabei sind es feine Mechanismen, die sich verfestigen, eine eigene Technologie entwickeln und die auf eine spezifische Weise produktiven Einfluss auf die Konstitution von Subjektivität nehmen. Dieser Zusammenhang wird im folgenden Kapitel näher beleuchtet.

4.1.3 Subjektivität

Die Fragen des Subjekts und der Subjektivierungsprozesse stehen im Zentrum von Foucaults Untersuchungen[16]. Das Ziel seiner Arbeit besteht in dem Entwurf einer Geschichte derjenigen Verfahren, „durch die in unserer Kultur Menschen zu Subjekten gemacht werden" (Foucault 1982: 243). Ausgangspunkt seiner Überlegungen ist die Kritik an der philosophischen Vorstellung einer transzendentalen Subjektivität. Dabei wendet er sich gegen eine Theorietradition, die das Subjekt und seine Freiheit als Ausgangs- und Zielpunkt der Analyse wählt, um dann zu fragen, wie diese Freiheit eingeschränkt und das Subjekt schließlich durch eine ihm äußerliche Macht unterdrückt wird (vgl. Foucault 1975a: 33 ff.). Demgegenüber zeigt die „Mikrophysik der Macht", dass Subjektivität weniger eine universelle Substanz als eine historische Form des Menschen ist und weist auf die vielfältigen Praktiken hin, in denen und durch die Subjektivität produziert wird.

Den Humanwissenschaften kommt in den Konstitutionsprozessen von Subjektivität eine herausragende Stellung zu. Erst die modernen Humanwissenschaften konstituieren den Menschen gleichermaßen als „Subjekt jeglichen Wissens und als Objekt eines möglichen Wissens" (Foucault 2001a: 778), und die Bewusstseinsphilosophie verspreche „dem Menschen den Menschen" (ebd. 799).

16 In einem 1982 veröffentlichten Aufsatz mit dem programmatischen Titel *Warum ich die Macht untersuche: die Frage des Subjekts* erklärt Foucault, dass das Subjekt den eigentlichen Gegenstand seiner Untersuchungen darstellt.

Foucault untersucht das Subjekt als historische Form. Dabei beschreibt er, wie der Mensch im 19. Jahrhundert als sich selbst bewusstes und sprechendes Wesen zum epistemischen Objekt wurde (vgl. Opitz 2004: 63). Bei Foucault erscheint das Subjekt als historisches Phänomen, das sich aus der Veränderung der Dispositive des Wissens ergeben hat. Das Subjekt ist demnach nichts anderes als ein Moment in der Ordnung der Dinge, das sich auch wieder verflüchtigen kann. Seine Wesensbestimmungen sind ein kontingenter Effekt historischer Bedingungen.[17]

Die Historisierung erlaubt es Foucault, Subjektivierungsprozesse in ihrer Vieldeutigkeit zu betrachten. Indem Foucault nicht ein Subjekt-Wesen unterstellt, geraten Prozesse der Subjekt-Werdung in den Blick. Subjektivierung heißt dann, sich selbst im Modus der Unterwerfung ‚hervorzubringen'. In diesen Prozessen schreiben sich Vorgaben und Reglementierungen in das Subjekt ein, die ihnen vorangehen und die Konstitutionsprozesse wesentlich bedingen. Subjekt-Werdung ist für Foucault nicht jenseits der Macht denkbar, denn Macht und Freiheit begreift er als Korrelate, die nicht als Gegensatz zu denken sind. Subjekt zu sein heißt für Foucault, „vermittels Kontrolle und Abhängigkeit jemandem unterworfen und durch Bewusstsein und Selbsterkenntnis seiner eigenen Identität verhaftet sein" (Foucault 1982: 246 f.). Für Foucault hat das Wort Subjekt eine zweifache Bedeutung. Judith Butler verdeutlicht in Anlehnung an Foucault diese Zweideutigkeit mithilfe des (englischen) Begriffs *Subjektivation*:

„‚Subjektivation' bezeichnet den Prozeß des Unterworfenwerdens durch Macht und zugleich den Prozeß der Subjektwerdung. Ins Leben gerufen wird das Subjekt [sei es mittels Anrufung oder Interpellation im Sinne Althussers oder mittels diskursiver Produktivität im Sinne Foucaults] durch eine ursprüngliche Unterwerfung unter die Macht." (Butler 2001: 8)[18]

Um diesem Umstand gerecht zu werden, sieht sich Foucault Mitte der 1970er Jahre gezwungen, seine bisherigen Konzeptionalisierungsbemühungen von Subjektivität zu überdenken. Die Kritik an den Humanwissenschaften verleitete ihn zwar dazu, nicht länger von einer konstitutiven Subjektivität auszugehen. Allerdings hatte er in seiner Ausführungen zur Disziplinarmacht die menschlichen Körper in den Fokus der Analyse gerückt und dabei angenom-

17 „Wenn diese Dispositionen verschwänden, so wie sie erschienen sind [...], dann kann man sehr wohl wetten, dass der Mensch verschwindet wie am Meeresufer ein Gesicht im Sand" (Foucault 1966: 462).

18 Der englische Begriff ‚subjection' bedeutet zwar im alltäglichen lediglich ‚Unterwerfung' [und auch Abhängigkeit], erinnert aber durch die lateinische Wurzel auch an das subjectum und damit an den Prozess der Subjektwerdung. Dieser Zweideutigkeit ist im Deutschen nur durch die umständliche Wendung ‚Unterwerfung/Subjektwerdung' wiederzugeben.

men, dass sie es sind, die „von den Machtwirkungen als *Subjekte* konstituiert" (Foucault 1977c: 82; Hervorheb. im Original) würden.

Für Foucault selbst wurde diese Konzeptionalisierung von Subjektivierungsprozessen fragwürdig, weil seine Kritik an den Humanwissenschaften auf einer einfachen Umkehrung der analysierten Position gründet. In der Ablehnung der Vorstellung einer konstitutiven Subjektivität begreift Foucault Subjekte bislang vor allem als gestaltbare Individuen und subjektive Freiheit tendenziell als Illusion. Dabei hält er „die physischen Eigenarten der Subjekte, ihre Persönlichkeitsstrukturen also, insgesamt für Produkte von bestimmten Arten der Körperkonditionierung" und Subjektivität nur für ein „bloßes Manipulationsfeld von Machttechniken" (Honneth 1988: 138 f.) In dem er statt der Autonomie des Subjekts dessen Heteronomie akzentuiert, betont er nur den anderen Pol einer Problematik, die durch den Gegensatz von Autonomie und Heteronomie, Subjektivität und Macht bezeichnet ist und verbleibt damit unweigerlich im Horizont einer konstitutiven Subjektivität.[19]

Vor diesem Hintergrund reformuliert Foucault seinen Begriff von Subjektivität. Er folgt dabei weiterhin der Vorstellung, dass es kein Subjekt jenseits der Dispositive des Wissens gibt und zeigt gleichzeitig, dass Macht nicht als einseitiges Determinationsverhältnis zu verstehen ist. In der Bestimmung von Subjektivität fasst er ihr Verhältnis zur Macht nun theoretisch.

„Die Macht funktioniert und wird ausgeübt über eine netzförmige Organisation. Und die Individuen zirkulieren nicht nur in ihren Maschen, sondern sind auch stets in einer Position, in der sie diese Macht zugleich erfahren und ausüben; sie sind niemals die unbewegliche und unbewusste Zielscheibe dieser Macht, die sind stets ihre Verbindungselemente." (Foucault 1977c: 82)

Foucault artikuliert nun den Doppelcharakter von Subjektivierung als einen Prozess der Unterwerfung und Selbstkonstitution. Dieses „System mit zwei Eingängen" (Foucault 1975a: 275) hat er bis zu diesem Zeitpunkt nicht kon-

19 Retrospektiv erfährt Foucault Kritik für die zentrale Rolle des Körpers im Subjektivierungsprozess einerseits und die Verwerfung eines Bezugspunkts, der eine Kritik an den Machtmechanismen ermöglichen würde andererseits. Axel Honneth thematisiert das „theoretische Dilemma" (Honneth 1988: 142), dass Foucault einerseits eine Kritik moderner Machtmechanismen und ihrer Wirkungen auf Subjekte vornimmt, auf der anderen Seite aber Subjekte nur als Produkte eben dieser Mechanismen begreifen will: „Obwohl alles an seiner Kritik der Moderne auf das Leiden des menschlichen Leibes unter den disziplinierenden Akten der modernen Machtapparate konzentriert scheint, findet sich in seiner Theorie nichts, was dieses Leiden als Leiden artikulieren könnte." (Ebd.)

kretisiert. Vielmehr lag der Akzent der Analyse einseitig auf den disziplinären Unterwerfungsprozessen.[20]

Erst in seinem Spätwerk beschäftigt Foucault die Frage, wie sich Subjektivierung als spezifisches Verhältnis aus Selbstkontrolle und Fremdkontrolle konkret fassen lässt. Dabei analysiert er die konkreten Praktiken der Subjektivierung in ihrer Doppelfunktion als Unterwerfungs- und Selbstpraktiken.

Mit dem Studium antiker Texte und der Ausgestaltung einer lebenspraktischen *Sorge um sich* (Foucault 1984b) sowie den Schriften zur Lebenskunst in der *Ästhetik der Existenz* (Foucault 1984d) hat Foucault seine Anstrengungen intensiviert, das Geflecht von historischen Wissensordnungen, Machtverhältnissen und Subjektivierungspraktiken zu entwirren, das sich aus der bisherigen Beschäftigung mit den komplexen Beziehungen zwischen Körper und Machtverhältnissen ergeben hat. Foucault beginnt sich für die Transformationsprozesse zu interessieren, denen die disziplinären Machtmechanismen unterworfen sind und damit einhergehend auch für die Entwicklung und Veränderung von Subjektivierungspraktiken.

Die Erkenntnisse der genealogischen Untersuchung der Strafrechtssysteme, dass die *Mikrophysik der Macht* (Foucault 1973) ihren privilegierten Gegenstand in der disziplinären Formierung des Individualkörpers besitzt, werden damit nicht obsolet. Foucault weist nun aber über diese Mikroebene hinaus. Um die Differenz zwischen Mikro- und Makroebene konkreter zu fassen, führt Foucault in *Der Wille zum Wissen* den Begriff der Strategie ein: „Macht ist der Name, den man einer komplexen strategischen Situation in einer Gesellschaft gibt“ (Foucault 1976a: 114). Der Begriff der Strategie soll die „Lücke“ zwischen Mikro- und Makroebene schließen und besitzt eine doppelte Funktion. Er bezeichnet a) Strategien, die vielfältige, heterogene und lokale Machtbeziehungen mit allgemeinen Herrschaftsbedingungen verknüpfen; sie zeigen, wie sich aus der Pluralität von Mikromächten „eine mehr oder weniger kohärente Strategie“ beziehungsweise „Gesamtstrategie“ (Foucault 1975a: 104) formiert. Auf der anderen Seite haben Strategien b) die Funktion, für die Verallgemeinerung oder Verstärkung, Transformation oder Wiederherstellung der verstreuten Machtverhältnisse verantwortlich zu sein, in dem sie für eine „Verkettung“ sorgen, „die sich auf die Beweglichkeiten stützt und sie wiederum festzumachen sucht“ (Foucault 1976a: 114).[21]

---

20 So war in „Überwachen und Strafen“ noch die Rede von der „Verfertigung“ (Foucault 1975a: 220) der Individuen durch die Disziplin und einem „Kerkergewebe der Gesellschaft“ (ebd.: 293) bzw. der „Gesellschaft als System des Zwangs“ (Foucault 1973: 123). Diese Beschreibung einer „Einschnürung der Individuen“ (Foucault 1975b: 125) stütze die Annahme eines Machtfunktionalismus, dessen Unhaltbarkeit das Buch gerade aufzeigen wollte.

21 Der Staat funktioniert aus Foucault'scher Perspektive zwar auf der Grundlage jeweils historisch veränderbarer Machtverhältnisse. Gleichzeitig lassen sich diese aber nicht auf den Staat als ihren Träger zurückführen. Diese Diagnose

Foucault verändert zuletzt seine analytische Perspektive, da die Mikrophysik der Macht nicht nur einen theoretischen Gewinn in der Untersuchung konkreter Machtpraktiken bietet, sondern selbst zwei analytische Probleme aufwirft, die viele Vorzüge der technologisch-strategischen Perspektive wieder zu verdecken drohen.

Das erste Problem besteht darin, dass der Akzent der genealogischen Analyse bislang allein auf dem individuellen Körper und seiner disziplinären Zurichtung liegt. Subjekte werden in Machtprozessen ‚geformt' oder ‚produziert', ‚abgerichtet' oder ‚dressiert', indem sie als Gegenstand humanwissenschaftlichen Wissens entdeckt werden. Mit dieser Beschränkung auf Machttechnologien und Verfahren zur Erzeugung von Wissen verfolgt die Genealogie aber selbst ein monokausales Erklärungsmodell, womit sie dem Doppelcharakter von Subjektivierungsprozessen als Unterwerfung und Selbstkonstitution nicht gerecht werden kann.

Das zweite Problem besteht darin, dass Foucault seinen Blick bislang einseitig auf lokale Praktiken und spezifische Institutionen, wie das Krankenhaus oder das Gefängnis richtet und das strategische Zusammenspiel lokal verteilter Machtmechanismen betont. Zwar ist es ein Verdienst Foucaults, darauf hingewiesen zu haben, dass der Staat nicht das Zentrum der Macht bildet, andererseits scheint es ihm jetzt ungenügend, ihn als bloßen Effekt von Machtbeziehungen zu behandeln. Dem Staat kommt eine ‚strategische' Rolle in der historischen Organisation von Machtbeziehungen zu und es gilt folglich auch zu untersuchen, inwiefern der Staat selbst als Resultante der gesellschaftlichen Kräfteverhältnisse begriffen werden kann.

Mit dieser Problematisierung ist der Horizont für eine Analytik der Gouvernementalität eröffnet. Hierin wird die Analyse des (komplexen) Zusammenspiels von Macht und Subjektivität sowie die von Selbst- und Fremdführung vertieft.

---

bestätigt auch Gilles Deleuze: „Wenn in unseren historischen Formationen die Staats-Form so viele Kräftebeziehungen umfasst, so nicht deshalb, weil diese sich von dort herleiten, sondern im Gegenteil, weil sich […] im Bereich der Pädagogik, der Justiz, der Ökonomie […] eine Operation ‚kontinuierlicher Durchstaatlichung' vollzieht." (Deleuze 1986: 107)

4.2 Konzept der Gouvernementalität

Das Konzept der Gouvernementalität geht auf eine Weiterentwicklung und Korrektur der Machtanalytik Foucaults in der zweiten Hälfte der 1970er Jahre zurück.[22] Der Akzent der Mikrophysik der Macht lag zum einen allein auf dem individuellen Körper und seiner disziplinären Zurichtung, ohne den umfassenden Prozessen der Subjektivierung Beachtung zu schenken. Zum anderen erwies es sich als unzureichend, in der Kritik an staatszentrierten Analysen das Augenmerk einseitig auf lokale Praktiken und spezifische Institutionen wie das Krankenhaus oder das Gefängnis zu richten, ohne den Staat selbst als Resultante gesellschaftlicher Kräfteverhältnisse zu begreifen (vgl. Foucault 1976a: 38). Um dem Verhältnis von Subjektivierungsprozessen zu Herrschaftsformen angemessen nachgehen zu können, nahm Foucault eine Erweiterung seines analytischen Instrumentariums vor.

Im Mittelpunkt dieser „theoretischen Verschiebung" (Foucault 1984a: 158) steht der Begriff der Regierung (‚gouvernement'), der zum Leitfaden seiner weiteren Arbeit wird. Dieser markiert nicht die Aufgabe der Machtanalytik und den Übergang zu einer Subjekttheorie, vielmehr führt Foucault damit eine neue Dimension in seine Machtanalyse ein: Er untersucht Machtbeziehungen unter einem neuen Blickwinkel, dem der Führung.[23]

Für Thomas Lemke bezieht der Begriff der Regierung seine innovative Kraft vor allem aus der „Schanierfunktion" (Lemke 2001: 108), die Foucault ihm zuspricht. Foucault konzipiert Regierung dabei als Bindeglied zwischen strategischen Machtbeziehungen und Herrschaftszuständen und differenziert damit im Gegensatz zu früheren Arbeiten zwischen Herrschaft und Macht. Darüber hinaus vermittelt der Regierungsbegriff zwischen Macht und Subjektivität. Auf diese Weise wird es Foucault möglich zu untersuchen, wie Herrschaftstechniken sich mit „Technologien des Selbst" (Foucault 1988c: 22) verknüpfen. Als Analyseinstrument zur Untersuchung von Macht-Wissen-Komplexen prägt Foucault den Begriff der Gouvernementalität, der Regieren (gouverner) und Denkweise (mentalité) semantisch miteinander verbindet.

22 Eine ausführliche Darstellung der Gouvernementalitätsproblematik im Rahmen der Foucault'schen Machtanalytik bieten Lemke 1997, Gordon 1991 und Bröckling/Lemke/Krasmann 2000.

23 Mit dieser Verschiebung gelingt es Foucault, sich sowohl vom Modell des Rechts wie vom Modell des Krieges abzusetzen, wie Thomas Lemke anmerkt. Dieser Zusammenhang wird in diesem Band nicht weiter expliziert, vergleiche dazu Lemke 1997: 35 ff.

4.2.1 Begriff der Regierung

Foucault stellt seine Analytik der Gouvernementalität zum ersten Mal im Rahmen der Vorlesungen von 1978 und 1979 am Collège de France vor. [24] Gegenstand dieser Vorlesungsreihe ist die *Genealogie des modernen Staates* (Foucault 2004), dessen Entstehung Foucault von der griechischen Antike bis in die Gegenwart verfolgt. Er analysiert darin jenen langfristigen Prozess der Herausbildung moderner Staatlichkeit und moderner Subjektivität. Foucault begreift den modernen Staat nicht in erster Linie als eine institutionell-administrative Struktur, sondern vielmehr als „eine verwickelte Kombination von Individualisierungstechniken und Totalisierungsverfahren" (Foucault 1982: 248). Der in diesen Vorlesungen entwickelte Begriff von Regierung erlaubt es, Staatsformierung und Subjektivierung unter einer einheitlichen Perspektive zu untersuchen. Da Foucaults genealogische Untersuchungen nicht von der Annahme einer einheitlichen historischen Entwicklungslogik geleitet sind, analysiert er heterogene und diskontinuierliche „Regierungskünste" (Lemke 2001: 109). Foucault greift hierzu auf das weite Bedeutungsfeld zurück, das ‚Regierung' bis zum Ende des Mittelalters besaß. Zu dieser Zeit war Regierung weder mit staatlichen Institutionen identisch noch auf das politische System beschränkt, sondern bezog sich auf die unterschiedlichsten Formen der Führung von Menschen. Die „politische Bedeutung von Regierung war Foucault zufolge bis ins 16. Jahrhundert hinein vollkommen unbekannt (Bröckling/Krasmann/Lemke 2000: 10). Um diese Differenz begrifflich zu markieren, unterscheidet Foucault von der „Problematik des Regierens im Allgemeinen" die „Regierung in ihrer politischen Form" (Foucault 2000: 42). Jenseits einer exklusiven politischen Bedeutung verweist der Begriff der Regierung auf zahlreiche und unterschiedliche Handlungsformen und Praxisfelder. Die Analytik der Gouvernementalität zielt darauf, die vielfältigen Weisen der Lenkung, Kontrolle und Leitung von Individuen und Kollektiven zu untersuchen, die gleichermaßen Formen der Selbstführung wie Techniken der Fremdführung umfassen (Foucault 1982: 255).

Gegenstand der Untersuchung sind die unterschiedlichen Regierungskünste, als eine „Art Komplex, gebildet aus den Menschen und den Dingen" (Foucault 2000: 51). Für Foucault fällt potentiell jede Handlungsform und jedes Praxisfeld in die Zuständigkeit von Regierung, denn alle Bedeutungen von

---

24 Bereits zwanzig Jahre vor Foucault bezeichnet Roland Barthes mit dem „barbarischen, aber unvermeidlichen Neologismus gouvernementalité die Regierung, wie sie seitens der Massenmedien als das ‚Wesen der Wirksamkeit' wahrgenommen wird (Barthes 1964: 113). Barthes dekonstruiert in diesem Kontext „Mythen des Alltags", die in der Umkehrung von Bezeichnete (Signifikat) und Bezeichnende (Signifikant) bzw. von Ursache und Wirkung die Regierung als eine Art „Macher-Subjekt" erscheinen lassen.

'gouverner', so stellt Foucault in der Vorlesung vom 08.02.1978 heraus, weisen einen gemeinsamen Bezugspunkt auf: „Es bezieht sich auf die Herrschaft, die man über sich selbst und über andere ausüben kann, über seinen Körper, aber auch über seine Seele und seine Art zu handeln." (Foucault 2004: 183) Foucault gelingt es, die spezifischen Rationalitäten der Regierung zu identifizieren und er stellt fest, dass Regierung auf „das richtige Verfügen über die Dinge, derer man sich annimmt, um sie dem angemessenen Zweck zuzuführen" (Foucault 2000: 52) zielt. [25] Der dabei zugrunde gelegte, umfassende Begriff von Regierung wendet sich gegen die Privilegierung des Staates in der Analyse (Foucault 1977a: 53).[26] Vielmehr deckt der Staat weder das gesamte Spektrum gesellschaftlicher Machtverhältnisse ab, noch bildet er ihre Grundlage:

„Zwischen jedem Punkt eines gesellschaftlichen Körpers, zwischen einem Mann und einer Frau, in einer Familie, zwischen einem Lehrer und seinem Schüler, zwischen dem, der weiß und dem, der nicht weiß, verlaufen Machtbeziehungen, die nicht die schlichten und einfachen Projektionen der großen souveränen Macht auf die Individuen sind; sie sind eher der bewegliche und konkrete Boden, in dem die Macht sich verankert hat, die Bedingungen der Möglichkeit, damit sie funktionieren kann. [...] Damit der Staat funktioniert, wie er funktioniert, muss es vom Mann zur Frau oder vom Erwachsenen zum Kind sehr spezifische Herrschaftsverhältnisse ge-

25 Thomas Lemke weist zu Recht darauf hin, dass der Rationalitätsbegriff bei Foucault sich „weniger auf Vernunft, denn auf historische Praktiken" beziehe, „in deren Kontext Wahrnehmungs- und Beurteilungsstrategien generiert werden" (Lemke 1997: 146). Spezifische Regierungspraktiken (=Rationalität) und ihre prozesshafte Durchsetzung (=Rationalisierung) gehören zusammen, und zur allgemeinen, gesellschaftlichen Durchsetzung bedarf es dafür auf institutioneller Ebene zum Beispiel eines gut funktionierenden Bildungssystems.

26 „Gouverner" bedeutete u.a.: sich selbst oder einen Gegenstand (räumlich) fortbewegen, also: diriger [lenken], faire avancer [vorantreiben], avancer soi même [selbst vorankommen auf einem Weg oder einer Landstraße]. Außerdem bedeutete „Gouverner" das (materielle) Auskommen zu sichern; im Sinne von: entretenier [unterhalten], nourrir [ernähren], sowie conduire quelqu'un [jemanden (moralisch) führen] oder (medizinisch) etwas verorten. Der Arzt führt den Kranken [imposer un régime: einem Kranken eine Behandlung auferlegen oder der Kranke führt sich selbst]). „Gouverner" bezieht sich schließlich auf das (verbale, autoritative und auch sexuelle) Verhältnis zwischen Individuen, „eine Beziehung, die mehrere Formen annehmen kann, sei es die Beziehung der Befehlsgewalt oder Herrschaft: jemanden lenken, ihn traktieren. Oder weiter, eine Beziehung zu jemandem haben, eine verbale Beziehung: 'gouverner quelqu'un' kann bedeuten 'parler avec lui' [mit ihm sprechen], 'l'entretenier' [ihn unterhalten] im Sinne von sich-in-einem-Gespräch-unterhalten' [...]. Jemanden während der Mahlzeit 'gouverner' [unterhalten] heißt, mit ihm sprechen. Doch es kann sich auch auf sexuellen Umgang beziehen: 'un quidam qui gouvernait la femme de son voisin et l'allait voir très souvent [jemand, der die Frau des Nachbarn sexuell begehrt und sie häufig aufsucht]' (ebd.: 182 f.).

ben, die ihrer eigenen Konfiguration und ihre relative Autonomie haben." (Foucault 1976a: 115 f.)

Mit den an diese Problemstellung anknüpfenden Studien zur „Geschichte der Gouvernementalität" (Foucault 2000: 52) untersucht Foucault, welchen Transformationsprozessen Machtverhältnisse unterworfen sind und wie sich das Geflecht von Wissensordnungen, Machtverhältnissen und Subjektivierungspraktiken (je historisch spezifisch) darstellt. Foucault identifiziert insbesondere drei Formen der Regierung: die Staatsräson, die Policey und den Liberalismus (vgl. Lemke 1997: 157 ff.). Dabei erarbeitet er kein chronologisches Phasenmodell, welches die einzelnen Etappen der Modernisierung des Staates markiert. Foucault legt den Fokus auf die Differenz und Diskontinuität unterschiedlicher Technologien der Macht: Recht, Disziplin und Sicherheitstechniken. Im Rahmen seiner Analyse stellt Foucault nun nicht länger das souveräne Recht den Mechanismen der Disziplin gegenüber, sondern grenzt beide ab von den ‚Dispositiven der Sicherheit'. In seinen Arbeiten zur Disziplin und der Kritik am juridischen Modell der Macht hatte Foucault gezeigt, wie sich disziplinäre Machttechniken gegen die Mechanismen der rechtlichen Norm Geltung verschafft haben. Die Disziplinartechnologie installiert dabei hierarchische Trennungen, die zwischen Normalem und Anormalem unterscheiden. Sie setzt Techniken und Verfahren ein, um Individuen an diesen Vorgaben auszurichten und sie daran anzupassen. „Primär und fundamental an der disziplinären Normalisierung ist nicht das Normale oder das Anormale, sondern die Norm." (Foucault 2004: 90) Geht das Disziplinarsystem von einer präskriptiven Norm aus, repräsentiert die Sicherheitstechnologie das genaue Gegenteil. Sie geht von dem empirisch Normalen aus, das als Norm dient und Differenzierungen erlaubt. Statt die Realität an einem zuvor definierten Soll auszurichten, nimmt die Sicherheitstechnologie die Realität selbst als Norm: als statistische Verteilung von Häufigkeiten. Die ‚Dispositive der Sicherheit' ziehen keine absoluten Grenzen zwischen dem Erlaubten und dem Verbotenen, sondern spezifizieren ein optimales Mittel innerhalb einer Bandbreite von Variationen. Für die weitere Arbeit unterscheidet Foucault daher analytisch zwischen der rechtlichen Norm, der disziplinären Normierung und der Normalisierung der Sicherheitstechnologie (vgl. Foucault 2004: 88 ff.).

Die Entwicklung von Sicherheitsmechanismen ist Foucault zufolge eng an das Aufkommen der liberalen Gesellschaften im 18. Jahrhundert gekoppelt. Zwar stehen die Freiheit des Individuums und seine Rechte gegenüber dem umfassenden Regelungsanspruch des absolutistischen Staates im Mittelpunkt liberaler Bemühungen, gleichzeitig ist Freiheit nicht lediglich eine äußere Grenze für das Regierungshandeln. Bei der liberalen Regierung handelt es sich um mehr als eine einfache rechtliche Garantie von Freiheiten, die unabhängig von der Regierungspraxis bestehen. Der Liberalismus organisiert vielmehr die Bedingungen, unter denen die Individuen frei sein können. Zugleich etabliert der Liberalismus eine problematische Beziehung zwischen der Freiheit und ihrer permanenten Gefährdung: Die liberale Regierungskunst definiert eine Freiheit, die fragil und unablässig bedroht ist und damit zur Grundlage immer neuer Interventionen wird (vgl. ebd.: 103). In diesem Sinne ist Freiheit für den Liberalismus nicht nur das Recht der Individuen, sich legitimerweise der Macht, den Missbräuchen und Übertretungen des Souveräns entgegenzustellen, sondern auch ein unverzichtbares Element der Regierungsrationalität selbst (vgl. ebd.: 506). Foucault diskutiert zu einem späteren Zeitpunkt die Weiterentwicklung der frühliberalen Positionen im 20. Jahrhundert. Seine Analysen konzentrieren sich dabei auf den deutschen Nachkriegsliberalismus und den US-amerikanischen Liberalismus der Chicagoer Schule. Diese Analysen bleiben allerdings fragmentarisch und werden gegenwärtig von Vertretern der Gouvernementalitätsstudien weitergeführt.

Das Konzept der Gouvernementalität besitzt nicht nur eine historisch-politische Bedeutung im Rahmen einer ‚Genealogie des Staates', sondern trägt darüber hinaus auch zu einer theoretischen Präzisierung der Machtanalytik bei, die den Schwerpunkt der nachfolgenden Analyse didaktisch-methodischer Praxiskonzepte fundiert. In seinen vorangegangenen Arbeiten hatte Foucault die Begriffe ‚Macht' und ‚Herrschaft' nahezu synonym verwendet oder nur unzureichend zwischen ihnen unterschieden. Die konzeptionelle Veränderung besteht in einer begrifflichen Differenzierung:

„Man muß zwischen Machtbeziehungen als strategischen Spielen zwischen Freiheiten […] und Herrschaftszuständen unterscheiden, die das sind, was man üblicherweise Macht nennt. Und zwischen beiden, zwischen den Spielen der Macht und den Zuständen der Herrschaft, gibt es Regierungstechnologien" (Foucault 1984c: 26).

Damit trennt er begrifflich zwischen den strategischen Spielen der Macht, die prinzipiell veränderbar und umkehrbar sind, und den Herrschaftszuständen, in denen Machtbeziehungen starr, unbeweglich und blockiert sind. Foucault bezeichnet mit Herrschaft also das, „was wir üblicherweise Macht nennen" (Foucault 1984c: 26). Neben Herrschaftszuständen und strategischen Beziehungen unterscheidet Foucault eine weitere Dimension der Machtanalytik: die Ebene der Regierungspraktiken. Dies sind mehr oder weniger systematisierte, regulierte und reflektierte Formen der Machtausübung, die über den spontanen und unregulierten Charakter der strategischen Spiele hinausgehen, ohne die Dauerhaftigkeit und Fixiertheit von Herrschaftszuständen anzunehmen (vgl. Lemke 2001: 117).

Die Regierungspraktiken zeichnen sich durch eine Reihe wichtiger Charakteristika aus. Foucault geht davon aus, dass die Formen der politischen

Regierung eng verbunden sind mit Techniken der Selbstformierung. Regierungspraktiken zeichnen sich dadurch aus, dass sie Selbstführungstechniken mit Techniken zur Führung anderer koppeln.

> „Man muß die Wechselwirkung zwischen diesen beiden Technikformen [...] untersuchen. [...] Der Kontaktpunkt, an dem die Form der Lenkung der Individuen durch andere mit der Weise ihrer Selbstführung geknüpft ist, kann nach meiner Auffassung Regierung genannt werden. In der weiten Bedeutung des Wortes ist Regierung nicht eine Weise, Menschen zu zwingen, das zu tun, was der Regierende will; vielmehr ist sie immer ein bewegliches Gleichgewicht mit Ergänzungen und Konflikten zwischen Techniken, die Zwang sicherstellen und Prozessen, durch die das Selbst durch sich selbst konstruiert und modifiziert wird." (Foucault 1988c: 17 f.)

Das Konzept der Gouvernementalität erlaubt es, die traditionelle Unterscheidung in mikro- und makropolitische Analyseebenen zu umgehen. In den Fokus der Analyse rückt die Beziehung von Herrschaftsformen und Subjektivität und damit das Verhältnis der Regierung anderer (‚gouvernement des autres') zu Formen von Selbstregierung (‚gouvernement de soi'). Die Idee, dass es eine Regierung der Menschen geben kann, mit der sich die Menschen auch selbst regieren (was in der erweiterten Semantik des Begriffs ‚gouverner' zum Ausdruck kommt), hat Foucault zufolge ihren Ursprung in christlich-religiösen Machttechniken. Grundlage der Foucault'schen Analyse ist die historische These, dass der moderne (westliche) Staat das Ergebnis einer komplexen Verbindung ‚politischer' und ‚pastoraler' Machttechniken ist. Ausführungen zur pastoralen Macht sind Gegenstand des folgenden Kapitels.

4.2.2 Pastorale Macht

Bei der Verwendung des Begriffs des Gouvernements lehnt Foucault sich an dessen Gebrauch im 16. Jahrhundert an, und bezeichnet damit eine Form der Beziehung zwischen Regierten und Regierenden, die ihre Wurzeln im christlichen Pastorat hat. Mit der Bezeichnung Pastoralmacht umschreibt Foucault die christlich-religiöse Weise, in der die Führung von Individuen oder Gruppen gelenkt wird. Diese Form der Regierung bezieht sich nicht nur auf politische Strukturen und auf die Verwaltung moderner (westlicher) Staaten, sondern deckt „mehr oder weniger bedachte und berechnete Handlungsweisen [Praktiken ab, UK], die dazu bestimmt sind, auf die Handlungsmöglichkeiten anderer Individuen einzuwirken. Regieren heißt in diesem Sinne das Feld eventuellen Handelns der anderen zu strukturieren" (Foucault 1982: 255).

Die Eigenart der christlich-religiösen Pastoralmacht entfaltet sich in einer „Beziehung zwischen Hirten und Herde" (Foucault 1982: 248), in deren Mittelpunkt die „Regierung der Seelen" (ebd.) – das heißt der Führung der Individuen in Hinblick auf ein jenseitiges Heil – steht. Im Unterschied zu antiken griechischen und römischen Führungstechniken ist das Besondere des christlichen Pastorats in der Entwicklung von Analysemethoden, Reflexions- und Führungstechniken, die die Kenntnis der ‚inneren Wahrheit' der Individuen und ihre Formierung zu Subjekten sicherstellen sollen. Neben der Institutionalisierung der Beichte etabliert das Christentum die Instanz des reinen Gehorsams. Anders als bei den Griechen und Römern fungiert Gehorsam hier nicht als ein Instrument, um bestimmte Tugenden zu erlangen, sondern wird selbst zu einer Tugend: Man gehorcht, um in den Zustand des Gehorsams zu gelangen (vgl. Foucault 1988a: 57 f.).

Die Metapher des Hirten, die unter Bezugnahme auf das Pastorat eingesetzt wird, kennzeichnet für Foucault ein bestimmtes Verhältnis zwischen einem Oberhaupt (Gott) und den Menschen. „Es sind die Beziehungen Gottes und seines Volkes, die als Beziehungen eines Pastors zu einer Herde definiert werden" (Foucault 2004: 186). Dabei ist die Macht des Hirten – anders als bei den Griechen und Römern – keine, die auf ein Territorium wie den Stadtstaat ausgeübt wird. Sie ist nicht an ein festes und einheitliches Territorium gebunden; sondern wird auf „eine Multiplizität in Bewegung ausgeübt" (ebd.: 188). Die Macht des Hirten ist eine, die sich auf eine Herde richtet, die in Bewegung und von einem Ort zu einem anderen Ort unterwegs ist.

Diese pastorale Macht weist Foucault zufolge verschiedene Charakteristika auf. Zum einen ist die „pastorale Macht [...] eine von Grund auf wohltätige Macht" (ebd.). Ihr Hauptgegenstand ist die Herde, ihr Ziel vor allem, das Heil dieser Herde zu sichern. Dieses Heil bezieht sich zunächst auf die Sicherstellung der Nahrung. Dabei ernährt der Hirte die Herde nicht nur, indem er sie zu den guten Weiden führt. Darüber hinaus hat er sich zu vergewissern, dass die Tiere auch fressen, also vorbildlich genährt sind. Die pastorale Macht ist selbstlos (im Gegensatz zum Prinzip der Souveränität).

Darüber hinaus ist die pastorale Macht eine Macht der Sorge. Sie manifestiert sich in großem Eifer, in „ihrer Hingabe, ihrem unendlichen Fleiß [...]. Sie versorgt die Herde, sie versorgt die Individuen der Herde, sie wacht, damit die Mutterschafe nicht leiden, sie sucht natürlich diejenigen, die sich verirren, sie pflegt diejenigen, die verletzt sind" (ebd.: 190). Die Pastoralmacht ist eine Form von Macht, deren Endziel es ist, individuelles Seelenheil in einer anderen Welt zu sichern (im Gegensatz zur politischen Macht).

Die pastorale Macht kümmert sich aber nicht nur um die Gemeinde insgesamt, sondern um jedes einzelne Individuum während seines ganzen Lebens. Dieses individualisierende Moment der Sorge bezeichnet Foucault als weiteres Charakteristikum pastoraler Macht (im Gegensatz zur juridischen Macht). Die Bemühungen des Hirten richten sich auf die ganze Herde wie auf das einzelne Tier: Ein gute Hirte „tut alles für die Gesamtheit seiner Herde, doch gleichermaßen tut er alles für jedes einzelne Schaf" (ebd.: 191). Der pastoralen Macht ist daran gelegen, größte Sorgfalt für alles und jedes zugleich aufzubringen. Dabei ist sie bemüht, den Einzelnen nach dem Prinzip „omnes et singulatim" (ebd.: 192) mit der Gesamtheit zu vermitteln. Will man die Merkmale der Pastoralmacht zusammenfassen ergibt sich folgendes Bild:

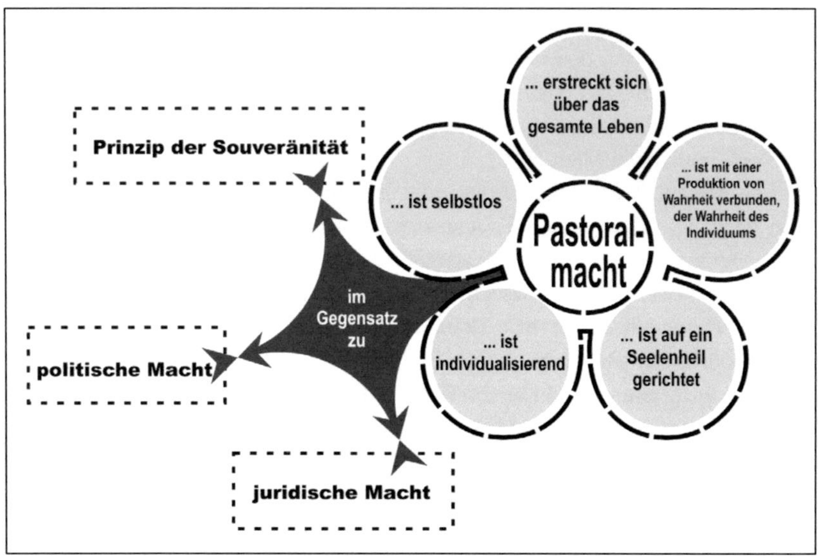

Abb. 3: Grundzüge der pastoralen Macht (eigene Darstellung)

Foucaults Regierungsanalyse liegt die historische Annahme zugrunde, dass die pastoralen Führungstechniken Subjektivierungsformen hervorbrachten, auf denen der moderne Staat aufbaut. Die pastorale Macht ist orientalischen Ursprungs und dabei über das Relais der christlichen Kirche in die abendländische Welt eingeführt worden. Die christliche Kirche hat über den Verlauf von Jahrhunderten

> „all diese Themen pastoraler Macht in präzisen Mechanismen und bestimmten Institutionen koaguliert, sie hat wirklich eine zugleich spezifische und autonome pastorale Macht organisiert, sie hat deren Dispositive ins Innere des Römischen Reichs implantiert und mitten im Römischen Reich einen Typus der Macht organisiert, der, denke ich, keiner anderen Zivilisation bekannt war" (Foucault 2004: 193 f.).

Zwar verlor die kirchliche Institutionalisierung der Pastoralmacht mit der Aufklärung und der Herausbildung einer neuen staatlichen Organisation deutlich an Einfluss. Die Funktion selbst jedoch hat sich ausgebreitet und außerhalb der kirchlichen Institutionen vermehrt. Der moderne Staat ist das Ergebnis der Verbindung solcher pastoraler und politischer Machttechniken (vgl.

Bröckling/Krasmann/Lemke 2000: 11). Er hat diese „alte Machttechnik" in seine neue politische Form integriert und durch eine verstärkte Verwaltung und Institutionalisierung sogar ausdifferenziert. Beispiele für gesellschaftliche Institutionen, die Pastoralfunktion übernehmen, sind die Polizei, Fürsorgevereine, die Familie, die Medizin sowie Erziehungsinstitutionen. Foucault betrachtet den modernen Staat als eine „Individualisierungsmatrix oder eine neue Form der Pastoralmacht" (Foucault 1982: 249). Zwar ist in ihm ein Wechsel der Führungsziele beobachtbar, indem es nicht mehr um die Erlösung und Führung in eine andere Welt geht. Aber auch bei den neuen Zielen geht es um das Seelenheil in Form von Gesundheit, Wohlergehen, Schutz und Sicherheit in dieser Welt.[27]

Mit Foucault stellt sich der moderne Staat nicht als Entität dar, der sich unter Missachtung der Individuen entwickelt hat. Im Gegenteil: Er stellt sich als Erbe der Pastoralmacht dar, mit der Individualität in eine neue Form gebracht und einer Reihe von spezifischen Regierungspraktiken unterworfen wurde. Diese Regierungsform, die sich ab dem 16./17. Jahrhundert entwickelt, erkennt das Individuum als ein für den Staat zentrales Element und verfolgt das Ziel, die „Individuen als lebende, arbeitende, wirtschaftende Wesen" (Foucault 1988b: 171) zu führen.

4.2.3 Führung der Führung

Die Form der pastoralen Macht bezeichnet immer ein Verhältnis zwischen individuellen oder kollektiven Partnern. Machtverhältnisse wurzeln tief in den gesellschaftlichen Zusammenhängen und bilden keine zusätzliche Struktur ‚über-, oder ‚unterhalb' dieser Zusammenhänge. In „Gesellschaft leben heißt jedenfalls so leben, dass man gegenseitig auf sein Handeln einwirken kann" (Foucault 1982: 257). Eine Gesellschaft ohne Machtverhältnisse kann deshalb lediglich eine Abstraktion sein. Machtverhältnisse bezeichnet Foucault als einen bestimmten Typ von Verhältnis, das er als „Wirkungsweise gewisser Handlungen, die andere verändern" (ebd.: 254) definiert. Ein Machtverhältnis errichtet sich immer auf zwei Elementen, ohne die es nicht zustande kommt. Es bildet sich immer so, dass ‚der andere', auf den es einwirkt, als „Subjekt

27 Er konstatiert, dass die „Macht von pastoralem Typ, die jahrhundertelang, ja länger als ein Jahrtausend an eine bestimmte Institution gebunden gewesen war, plötzlich den gesamten Gesellschaftskörper durchdrang; dabei konnte sie sich auf eine Menge von Institutionen stützen. Anstelle einer pastoralen und einer politischen Macht, die mehr oder weniger miteinander im Bunde waren und mehr oder weniger miteinander rivalisierten, gab es nun eine individualisierende ‚Taktik', die das Kennzeichen einer Reihe von Mächten wie der Familie, der Medizin, der Psychiatrie, der Erziehung, der Arbeitgeber usw. war." (Foucault 1982: 250)

seines Handelns bis zuletzt anerkannt und erhalten bleibt und sich vor dem Machtverhältnis ein ganzes Feld von möglichen Antworten, Reaktionen, Wirkungen, Erfindungen eröffnet“ (ebd.).

Ein Machtverhältnis stellt eine Handlungsweise dar, die nicht direkt und unmittelbar auf andere einwirkt, sondern auf deren Handeln. „Handeln auf ein Handeln, auf mögliche oder wirkliche, künftige oder gegenwärtige Handlungen“ (ebd.). Folglich ist ein Machtverhältnis kein Gewaltverhältnis. Letzteres zwingt und zerstört Individuen, es schließt alle Möglichkeiten aus und lässt ihnen nur Passivität. Demgegenüber schließen Machtverhältnisse Freiheit nicht aus, sondern vielmehr ein. Während der Gewalt gegenüber nur Passivität bleibt, eröffnen Machtverhältnisse ein weites Feld von Reaktionsmöglichkeiten.

„Macht wird nur auf ‚freie Subjekte‘ ausgeübt und nur sofern diese ‚frei‘ sind“ (ebd.: 255). Freiheit individueller oder kollektiver Subjekte definiert er als „ein Feld von Möglichkeiten [...], in dem mehrere ‚Führungen‘, mehrere Reaktionen und verschiedene Verhaltensweisen“ (ebd.) stattfinden können. Um analysieren zu können, wie das Feld möglicher Handlungen strukturiert ist, und damit die Funktionsweise der Macht und das komplexe Spiel von Machtbeziehungen zu fassen, verwendet Foucault den „Begriff der Führung“ (ebd.).[28] Der Begriff beinhaltet einen für ihn signifikanten Doppelsinn: Er bezeichnet einerseits das sich-selbst-Verhalten bei gegebener Strukturierung des möglichen Handlungsfeldes, andererseits die Tätigkeit des Anführens anderer. Dabei kann Führung als die Tätigkeit des ‚Anführens‘ anderer und als Weise des Einwirkens auf sich selbst in einem mehr oder weniger offenen Feld von Möglichkeiten in einem Individuum zusammenkommen.

Das Spezifische des Konzepts des „Führens der Führungen“ besteht Foucault zufolge in der Art und Weise der Machtausübung: Die Wahrscheinlichkeit möglicher Handlungen wird durch das „Führen der Führungen“ (ebd.) geschaffen. Als ein Anführen zur Selbstführung manifestiert sie sich über das Einwirken auf Handlungen in diesem Sinne Regierter und zwar, indem deren Art und Weise der Selbstführung beeinflusst wird. Regieren heißt damit, das Feld des Handelns der anderen zu strukturieren, nicht indem ihre Subjektivität unterdrückt wird, sondern indem auf ihre „(Selbst-)Produktion“ (Bröckling/Krasmann/Lemke 2000: 29) und damit auf ihre Gestaltung eingewirkt wird.

28 Der Begriff der Führung eignet sich für Foucault deshalb besser, das Spezifische an den Machtverhältnissen zu erfassen, weil er nicht nur eingesetzte und legitime Formen der politischen oder wirtschaftlichen Unterwerfung abdeckt, sondern auch mehr oder weniger bedachte und berechnete Handlungsweisen, die dazu bestimmt sind, auf die Handlungsmöglichkeiten anderer Individuen einzuwirken (vgl. Foucault 1982: 255).

Mit Foucaults Konzept der Technologien des Selbst wird der Fokus auf diese zielgerichtete und selbstbestimmte Einwirkung auf sich selbst gelegt.

4.2.4 Technologien des Selbst

In seinem Spätwerk beschäftigt sich Michel Foucault mit der Entwicklung von Selbstverhältnissen und -techniken von der Antike bis zur Gegenwart.[29] In den erst kurz vor seinem Tod erschienenen Bänden *Gebrauch der Lüste* und *Die Sorge um sich* fragt er nach den Arten und Weisen, mit denen das Subjekt sich zum Gegenstand von Konstruktionsvorgängen im Sinne von ‚(Selbst-)Produktion' macht. Indem er das Konzept der Gouvernementalität mit Formen der Führung der Führungen verknüpft, lassen sich Regierungspraktiken und Subjektivierungsprozesse auf der gleichen Ebene beobachten und aufeinander beziehen.

Foucault geht in seiner Analytik der Selbsttechnologien bis in die Antike zurück. Er analysiert hier eine Kultur des Selbst, in deren Rahmen sich das freie, männliche Individuum als ethisches Subjekt zu konstituieren vermag. Mit dem Begriff der Selbstsorge beginnt Foucault seine Geschichte der Selbsttechnologien. Dieser geht zurück auf eine Vorschrift, die in der griechisch-römischen Antike als zentraler Grundsatz für das soziale und persönliche Verhalten, für die ‚Lebenskunst' ausgegeben wurde. Die Vorschrift ‚sich um sich selbst zu sorgen' zielte auf Selbstpraktiken, mithilfe derer die Einzelnen zielgerichtet auf sich selbst einwirken können. Es sind solche *Technologien des Selbst*, die es „dem Einzelnen ermöglichen, aus eigener Kraft oder mit Hilfe anderer eine Reihe von Operationen an seinem Körper oder seiner Seele, seinem Denken, seinem Verhalten und seiner Existenzweise vorzunehmen, mit dem Ziel, sich so zu verändern, daß er einen gewissen Zustand des Glücks, der Reinheit, der Weisheit, der Vollkommenheit oder der Unsterblichkeit erlangt" (Foucault 1988a: 26). Diese Praktiken wurden im Griechischen als epimelēsthai sautou bezeichnet, was so viel heißt wie ‚auf sich selbst achten' oder ‚Sorge um sich selbst' tragen. (Vgl. ebd.: 28). Hierzu zählen Selbstbefragungen und Aufzeichnungen über sich selbst sowie weitere reflexive Übungen und Schreibtätigkeiten, die Foucault als ein „Netz von Verpflichtungen und Diensten gegenüber der Seele" (ebd.: 37) bezeichnet.

29 Von manchen Autoren wird diese Arbeit fälschlicherweise als eine Rückkehr zur Ästhetik der Existenz und damit zur Subjektphilosophie gedeutet (vgl. Honneth/Saar 2003).

Mit dieser Sorge um sich selbst soll sich das Individuum als „Herr-Subjekt seines Verhaltens konstituieren, das heißt, sich […] zum geschickten Führer seiner selbst machen“ (Foucault 1984a: 178).[30]

Foucault weist nach, dass sich die Entwicklung dieser Selbstpraktiken über die Jahrhunderte zu einer ganzen ‚Kultur seiner selbst‘ entwickelte (Foucault 1984b: 53). Im Späthellenismus und der römischen Kaiserzeit findet er in den zahlreichen Selbstpraktiken Bezugspunkte einer Ethik der Existenz. Die Selbsttechnologie des Schreibens ging nun allerdings eine Allianz ein mit der ‚Wachsamkeit‘, die zu dieser Zeit Askese genannt wurde. Foucault bezeichnet als Ziel dieser im Späthellenismus und in der römischen Kaiserzeit entwickelten Praktiken des Selbst bereits eine Art Selbstbeherrschung (vgl. Foucault 1988a: 46). Zumeist von Philosophen konzipierte und vorgegebene Regeln der Lebensführung werden als Handlungsanweisungen begriffen und zugleich in die Betrachtung des eigenen Handelns mit einbezogen. Die Praktiken des Selbst umfassen in dieser Zeit verschiedene Übungen des Schreibens, Meditation *(melete),* Übung in Gedanken bis zum ‚sich-Üben‘ in der Realität *(gymnasia)* (vgl. ebd.: 47). Im Modus der Selbstbetrachtung kontrollieren Individuen ihre Handlungen, um in Auseinandersetzung mit der Realität sich der Regeln zu vergewissern, die zu einer guten Lebensführung zählen.

Foucaults Untersuchungen der historisch spezifischen Selbstpraktiken enthalten eine Reihe von Analysedimensionen, die sich verallgemeinern lassen (vgl. Foucault 1984b). Dazu zählt, dass Selbstpraktiken eine Beschäftigung mit sich selbst implizieren und eine Transformation seiner selbst zum Ziel haben. Der Mensch wird in der Wendung auf das Selbst in doppelter Hinsicht zum selbstreflexiven Wesen: Reflexion ist die Bezugnahme des Subjekts auf sich selbst, mit dem Ziel, sich selbst zum Gegenstand einer Handlung zu machen und darin dem Selbst zugleich eine Form zu geben. Diese reflexiven Praktiken zielen ebenso auf bestimmte Haltungen gegenüber sich selbst wie auf konkrete Handlungsweisen. Es werden damit historisch unterschiedliche Existenzweisen und Lebensführungen generiert.

30 Epimelēsthai heißt diese Sorgfalt, die man auf sich selbst bzw. sein eigenes Tun verwendet (Foucault 1988c: 23). Da das Selbst sich in dem Prinzip findet, das Werkzeuge in Gebrauch nimmt, ist die Sorge um das Selbst eine Sorge um die Aktivität, nicht die Sorge um die Seele als Substanz. Die reflexive Frage bezieht sich damit nicht auf das Selbst als Substanz, sondern auf den Rahmen, in dem das Selbst seine Identität finden wird. Die antiken Formen der Selbstpraktiken entstehen im Kontext der Frage, wie es einem Subjekt möglich werden kann, einen Haushalt oder gar einen Staat angemessen und gerecht zu führen. Die Antwort darauf hieß, dass dies nur dann möglich sei, wenn das Subjekt fähig sei, sich selbst zu führen. Denn nur wer fähig ist, seine eigenen Leidenschaften mäßigend zu regieren, erlangt aufgrund der Unabhängigkeit gegenüber seinen Begierden einen Zustand der Freiheit, der ihn qualifiziert, die politische Macht innerhalb der Polis auszuüben.

> „Eine spezifische Kultur reflexiver Praxis entsteht daher als abgrenzbares Phänomen immer vor dem Hintergrund einer bestimmten gesellschaftlichen Formation, bestimmter gesellschaftlicher Transformationen und bestimmter gesellschaftlicher Machtverhältnisse, die Rahmen und Bedingungen für ihre Entstehung und Verbreitung bilden." (Wrana 2006: 30)

Die Prozesse, in denen das Subjekt durch die Rezeption einer vorgegebenen ‚Wahrheit' ein gewisses Maß an Selbstbeherrschung erlangt, nennt Foucault Subjektivierung. Es ist der Modus, in dem der oder die Einzelne sich als und zum Subjekt konstituiert. Dabei formiert sich mit den pastoralen Machttechnologien des Christentums das Verhältnis von Selbst- und Fremdführung neu. Die pastorale Form der Machtausübung verfügt über eine ganze Reihe von Praktiken der Subjektivierung. Eine prominente Rolle unter den christlichen Selbstpraktiken ist die Beichte. Im Zuge des Beichtens sind nicht lediglich Handlungen zu prüfen, sondern die Gedanken, vor allem die ‚geheimsten', die gegenüber der Kontrollinstanz des Beichtvaters verbalisiert werden. Ihm kommt es zu, zwischen guten und schlechten Gedanken zu unterscheiden. Diese äußerliche Instanz überprüft nun aber nicht mehr, ob die explizierten Gedanken und Taten mit bestimmten Regeln übereinstimmen, sondern überprüft stattdessen, ob sie zielführend für die Gotterkenntnis sind. Bei ‚sündigen' Gedanken wird empfohlen, Buße zu tun. Die Buße ist eine Selbsttechnik, die die Bedingung der Möglichkeit darstellt, eine ‚sündige Seele' zu reinigen. Im Prozess der Buße gesteht das Individuum sich selbst und anderen seine Verfehlungen ein. Es deckt darin sein ‚wahres', in diesen Fällen sein sündiges Wesen auf. Die christlichen Selbsttechniken zielen nicht mehr, wie noch in der Antike auf Selbst*sorge*, sondern auf Selbst*erkenntnis*. Hier geht es nicht mehr nur darum, auf sich selbst zu achten, sondern darum, sich selbst zu erkennen (Foucault 1988a: 52): Das Subjekt ist ein sich selbst im Modus der Verfehlungen Erkennendes. Und erkannt werden sollten nun alle Elemente der Existenz, die verhindern, dass es das ewige Leben erreicht. Die Praktiken der Selbstsorge werden abgelöst von Selbstpraktiken, mit deren Hilfe es sich permanent selbst zu erkennen gilt.

Mit der Entwicklung der christlichen Selbsttechniken gewinnt die Selbst-Erkenntnis den Vorrang gegenüber der Selbst-Sorge. Foucault konstatiert, dass die Momente der Enthüllung in christlichen Selbsttechniken schließlich zum Verzicht auf das eigene Selbst führen (vgl. ebd.: 62). Indem das Individuum dem im christlichen Universum Bösen, Sündigen, Begehrlichen in sich entsagt, bezeugt es, dass es fähig ist, auf einen Teil seiner Selbst, nämlich den ‚sündhaften', zugunsten einer späteren Weihe zu verzichten. Indem es für sein Denken und Handeln um Vergebung bittet, konstituiert es sich im Modus des permanenten Gehorsams. Auf diese Weise konstituiert sich für Foucault das Subjekt der pastoralen Macht. Ihre Subjektivierungsstrategie ist es, die Individuen nicht aufgrund einer äußeren Regel an bestimmte Handlungsweisen zu binden, sondern durch die Erzeugung einer inneren, aus sich selbst heraus bindenden Wahrheit, einer in ihm selbst installierten Kontrollinstanz.

Das Konzept der Selbsttechnologien, wie Foucault sie anhand der antiken und christlichen Selbstpraktiken beschreibt, vermittelt zwischen Macht und Subjektivität. Da Selbsttechnologien sich stets nur scheinbar an bereits bestehende Subjekte richten, verweisen sie auf die mit ihnen verknüpften Regierungspraktiken. Foucault identifiziert Regierung als eine spezifische Form der Machtausübung, die weniger als repressiver Zwang oder als ideologische Formung funktioniert, sondern über *Wahrheitsakte*. Foucaults Interesse gilt der Frage, „wie Menschen sich selbst und andere über die Produktion von Wahrheit regieren" (Foucault 1980a: 27). [31]

Tatsächlich gleichen die „Technologien des Selbst" in allen ihren Varianten Anleitungen, wie man sich als Subjekt im Modus der Wahrheit erst konstituiert. Diese Wahrheit stellt einen gegebenen Möglichkeitsraum dar, innerhalb dessen Individuen mithilfe bestimmter Verfahren und Praktiken auf ihre eigenen Handlungen einwirken. Für Foucault besteht ein wesentliches Charakteristikum der Regierungspraktiken darin, dass sie Individuen mit Hilfe und in Übereinstimmung mit einer Wahrheit „führen", die sie selbst produzieren. Selbstführung zeigt sich demgemäß eingebettet in historische Macht- und Wissensformationen. Im Folgenden geht es mir darum, didaktisch-methodische Praxiskonzepte in den Kontext von Macht- und Wissensformationen zu stellen, in denen Selbstverantwortung und (Wahl-)freiheit Wirkungen des Regierungshandelns darstellen.

4.3 Didaktisch-methodische Praxiskonzepte als Regierungsprogramme

In dieser Publikation werden didaktisch-methodische Praktiken nicht als eine konkrete empirische Handlungsweise untersucht. Gegenstand der im fünften Kapitel folgenden Untersuchung sind vielmehr konzeptionelle Aussagen über didaktisch-methodische Handlungsweisen in einer „Neuen Lernkultur". Diese Aussagen können als programmatische Verfahren gelesen werden, in denen sich Wissensproduktion mit Formen der Führung verbindet. Didaktisch-methodische Handlungsweisen in einer „Neuen Lernkultur" werden als Formen der Lenkung und Steuerung angesehen, die mit Weisen der Selbstfüh-

31 Durch die Einführung der „theoretischen Verschiebung" (Foucault 1984a: 12) von der Machtanalytik zur Regierungsproblematik wird der Stellenwert von Kritik und Widerstand in der Arbeit Foucaults deutlich konkretisiert. Im Mittelpunkt seines Interesses innerhalb der Regierungsthematik steht das Verhältnis von Macht, Wahrheit und Subjektivität.

rung verbunden sind. Sie sind Bestandteil einer Gouvernementalität der Gegenwart, in deren Mittelpunkt der Begriff der Regierung steht. Mit diesem Begriff werden Machtverhältnisse unter dem Blickwinkel von Führung betrachtet. Von Interesse ist hierbei das Verhältnis der Führung anderer (‚gouvernement des autres') zu Formen der Selbstführung (‚gouvernement de soi'). Vor diesem Hintergrund werden die in den Praxiskonzepten vorgestellten didaktisch-methodischen Handlungsweisen als Anleitungen zur Herstellung von Subjektivität mit den Werkzeugen der Analytik der Gouvernementalität untersucht. Um die Formen dieser Führungspraktiken als Technologien des Selbst zu untersuchen, werden die Praxiskonzepte einer interpretativen Analyse unterzogen.

4.3.1 Forschungsstand

Mit den Vorlesungen, die Foucault im Wintersemester 1977/78 am Collège de France hielt, hat er den Grundstein für eine Reihe von Untersuchungen gelegt, die sich ab den 1970er Jahren und zunächst als vereinzelte Untersuchungen sowohl historischen als auch gegenwärtigen Phänomenen widmen. Von einer internationalen und interdisziplinären Forschungsrichtung kann dabei erst seit den 1990er Jahren die Rede sein, in denen sich die ‚governementality studies' oder Gouvernementalitätsstudien etablieren. Während Foucault die Geschichte der Regierungsweisen von der Antike bis zum Neoliberalismus des 20. Jahrhundert untersucht hat, verstehen sich die Gouvernementalitätsstudien in der Regel als Forschungsansatz, der das Ziel verfolgt, eine Analyse der Gegenwart vorzunehmen (Bröckling/Krasmann/Lemke 2000; 2004).

Dieses gegenwartsdiagnostische Forschungsprogramm versteht die vorhandenen Regierungspraxen als neoliberale Gouvernementalität (vgl. Bröckling/Krasmann/Lemke 2000: 9 ff.). Gegenstände der Untersuchung sind die Ökonomisierung des Sozialen und die damit verbundenen Subjektivierungspraxen. Konkrete Untersuchungen widmen sich Transformationen gesellschaftlicher Handlungsfelder wie Wirtschaft, Staat, Versicherungsbranche, Gesundheits- oder Bildungswesen (vgl. im Überblick Dean 1999; Bröckling/Krasmann/Lemke 2000: 17 ff. sowie Duttweiler 2007: 20 ff.). Erst seit einigen Jahren sind die Studien zur Gouvernementalität auch ein Ansatz in den deutschsprachigen Sozialwissenschaften (vgl Bröckling/Krasmann/Lemke 2000 sowie 2004; Pieper/Rodrigues 2003).

Wie oben dargestellt, knüpfen die Gouvernementalitätsstudien an die (fragmentarischen) Ausführungen Foucaults zum Neoliberalismus an und nutzen sein begriffliches Instrumentarium zur Analyse der Gegenwart. Die gegenwärtigen Regierungspraxen oder die „neoliberale Gouvernementalität" (vgl. Bröckling/Krasmann/Lemke 2000: 9) wird als Machtform identifiziert, die Subjektivität nicht unterdrückt, sondern jene Selbsttechnologien befördert, die an die Regierungsziele gekoppelt werden können. Das empirische Material, mit dem die Gouvernementalitätsstudien arbeiten, ist vielfältig: Es sind unterschiedliche Ausführungen zum Thema des Regierens, populärwissenschaftliche Anleitungen und Ratgeber sowie Diskussionen und Debatten über die Ausübung von Macht. Hinzu treten Artefakte der Machtausübung wie Gesetze, Vorschriften, Verfahren, Bauweisen von Gebäuden, Hinweisschilder, Formen der Arbeitsorganisation oder andere räumliche und zeitliche Arrangements.

Die Machtpraktiken werden in diesem Forschungsprogramm auf ihre komplexen Verbindungen, Abhängigkeiten und Folgen untersucht. Zwar findet dies immer mit dem Blick auf das Ensemble der gesellschaftlichen Verhältnisse statt, das ihren Kontext bildet, aber ihre Stärke liegt nicht in der Universalisierung, sondern in der Spezifizierung der Erkenntnisse. Es kommt nicht darauf an, ein allgemeines Schema, wie die Macht funktioniert, auf verschiedene Gegenstände anzuwenden, sondern vielmehr, die differenten und heterogenen Führungs- und Subjektivierungspraxen in ihren kapillaren Verästelungen in den alltäglichen Handlungsweisen zu suchen (vgl. Rieger-Ladich 2004: 208).

Ausgangspunkt ist die Erkenntnis, dass im Rahmen neoliberaler Politik „Selbstbestimmung, Selbstverantwortung und Wahlfreiheit nicht die Grenze des Regierungshandelns [signalisieren], sondern selbst ein Instrument und Vehikel sind, um das Verhältnis der Subjekte zu sich selbst und den anderen zu verändern“ (Bröckling/Krasmann/Lemke 2000: 30). Der Staat wird dabei nicht als Ausgangspunkt und Zentrum der Macht begriffen, sondern als eine Form, die die Machtverhältnisse annehmen. Die gegenwärtigen Transformationen staatlichen Handelns werden von den Gouvernementalitätsstudien als politisches Programm angesehen. Sie verstehen sie nicht als Rückzug des Staates, sondern als Strategie, die den Regierungspraktiken implizit ist (vgl. Lemke 2003: 271).

Die nachfolgende Analyse didaktisch-methodischer Handlungsweisen findet im Rahmen des Forschungsprogramms einer Gouvernementalität der Gegenwart statt. Eine Analytik der Gouvernementalität ist für die Erziehungswissenschaften ein interessantes Theorieangebot, da sich die Makroebene der Transformation des Bildungswesens und die Mikroebene konkreter didaktisch-methodischer Handlungsweisen zusammen denken lassen.

Unbeachtet dessen wurden Foucaults Schriften in den Erziehungswissenschaften lange Zeit fast völlig ignoriert und schließlich vor allem von Vertretern des Fachs aufgegriffen, die Foucault als „kritischen Historiker“ (so beispielsweise Gehring 1994: 17) lesen, dessen Untersuchungsergebnisse ihre Kritik an pädagogischen Institutionen und Techniken zu untermauern vermag (vgl. Balzer 2004: 17). Die Rezeption der Analytik der Gouvernementalität in den Erziehungswissenschaften setzt erst im Verlauf der 1990er Jahre ein (vgl.

Ricken/Rieger-Ladich 2004: 8). Ab diesem Zeitpunkt stellt Foucault eine Referenz dar für Analysen zur pädagogischen Theorie und zum Bildungswesen (Liesner 2004; Dzierzbicka 2006), zur Sozialpädagogik (Kessl 2005), zur Schule (Pongratz 1990, 2004; Lehmann-Rommel 2004, Caruso 2003), zur Bildungsökonomie der Weiterbildung (Wrana 2003), zum selbstgesteuerten Lernen (Forneck 2004a, 2005b; Forneck/Wrana 2005), zu sozialem Ausschluss, Exklusion und Hartz-Gesetzgebung (Bohlender 1998; 2004; Marinis 2000, Faulstich 2004; Wrana 2003), zu Bildungsbedarfsplanung (Langer/Ott/Wrana 2006), zu Selbstmanagement und Führungstechniken in der beruflichen Bildung und Organisationsentwicklung (Bröckling 2000, 2003) und zur Qualitätssicherung in der Weiterbildung (Franz 2005; Forneck/Wrana 2005). Daneben sind die erziehungswissenschaftlichen Sammelbände von Norbert Ricken und Markus Rieger-Ladich (2004) und von Pongratz/Wimmer/Nieke/Masschelein (2004) zu nennen, die Erkenntnisse Foucaults und von ihm inspirierte Forschungen berücksichtigen.[32]

4.3.2 Gouvernementalität der Gegenwart

Foucault untersucht im Rahmen der Geschichte der Gouvernementalität hauptsächlich drei Formen von Regierung: die Staatsräson, die ‚Policey' und den Liberalismus (vgl. Bröckling/Krasmann/Lemke 2000: 13). Erst mit dem Aufkommen des Liberalismus spricht er von Gouvernementalität im modernen Sinne. Hier taucht die Bevölkerung als epistemisches Objekt auf; die Individuen werden zum Gegenstand des Regierens. Damit wird auf Folgen des Liberalismus reagiert, konkret auf die mit der Freisetzung der Individuen zu Akteuren des Marktes einhergehenden, sich verschärfenden gesellschaftlichen Spannungen und Widersprüche. Die Erfindung des Sozialen und wohlfahrtsstaatliche Programme kompensieren die Mängel des klassischen liberalen Regierungsparadigmas und befrieden die Konfrontation zwischen Kapital und Arbeit (vgl. Opitz 2004: 19 ff.).[33] Der Wohlfahrtsstaat, der auf diesen Zusammenhang zurückgeht, wird ab Mitte der 1960er Jahre von unterschiedlichen Seiten zur Disposition gestellt. Die ihn treffende Kritik wird aus verschiedenen Motiven gespeist, ein Konsens über Mängel des bestehenden wohlfahrtsstaatlichen Modells besteht dennoch und zwar hinsichtlich Freiheit und Wahlmöglichkeiten der Einzelnen, Mündigkeit und Eigeninitiative. Das Modell gerät außerdem aufgrund abnehmendem Wirtschaftswachstum und steigenden Sozialabgaben in die Krise. In der Folge beginnt der sukzessive

32 Ein weiterer Überblick über erziehungswissenschaftliche Veröffentlichungen im Anschluss an Foucault findet sich bei Schmitz 2004 sowie bei Balzer 2004.

33 Befördert wird damit die Gouvernementalisierung des Staates, damit gemeint ist der „Prozess, durch den Gegenstände Objekte der Regierung werden" (Duttweiler 2007: 20).

Rückbau des Wohlfahrtsstaats, parallel dazu die Verbreitung einer neoliberalen Programmatik: materielle Zuwendungen des Staates werden eingeschränkt, Risiken privatisiert (Rose 1992: 159).

In der neoliberalen Konzeption gilt die Selbstregulation des Marktes nicht nur als Prinzip, sondern wird auch zum Modell des Organisationsprinzips von Staat und Gesellschaft. Eine weitere wesentliche Neuerung der neoliberalen Programmatik besteht Lemke, Krassmann und Bröckling zufolge in der Form des Freiheitsverständnisses: Den Maßstab und die Grenze des Regierungshandelns findet sich „nicht mehr in einer natürlichen Freiheit, die es zu respektieren gilt, sondern findet es in einer künstlich arrangierten Freiheit: dem unternehmerischen Verhalten der ökonomisch-rationalen Individuen" (Bröckling/Krasmann/Lemke 2000: 15). Das Ökonomische verliert seinen Charakter als ein abgegrenzter Bereich menschlicher Existenz; es wird generalisiert und zum Bezugspunkt der Gesamtheit menschlichen Handelns.

Die Beziehung des Einzelnen zu sich selbst gerät damit in den Umbau. Die Freiheitsidee findet ihre Verwirklichung in Risikobereitschaft und Unternehmergeist. Ein Modell der Emanzipation, das bereits zur Kritik des wohlfahrtsstaatlichen Modells herangezogen worden war, bildet die Grundlage dieser Freiheitskonzeption: „In ihr verbinden sich [...] Ideale von individueller Autonomie, persönlicher Wahl, Selbstverwirklichung und Eigeninitiative mit dem Leitbild des Unternehmers seiner Selbst" (Duttweiler 2007: 21). Das ökonomische Subjekt ist aufgefordert, diese Freiheiten auf eine spezifische Weise zu nutzen. Entscheidungsfähigkeit, Selbstorganisation und -verantwortung, Flexibilität, Mobilität, Eigeninitiative und Lernbereitschaft gehören zum Anforderungskatalog an das unternehmerische Selbst. Diese Restrukturierung des Arbeitsprozesses verlagert ehemals in den Bereich des Managements fallende Aufgaben- und Verantwortungsbereiche in den Bereich des Arbeitsnehmers. Dazu zählt auch, dass die Einzelnen dazu angehalten werden, „den Prozess der Umformung des Fähigkeitspotenzials in konkrete Arbeitsleistung selbst zu steuern und zu überwachen." (Ebd.: 22)

Der Bereitschaft, sich fortzubilden und Neues zu lernen, kommt dabei eine besondere Rolle zu: Sie bildet die Voraussetzung dafür, dass das unternehmerische Selbst sich den Anforderungen der Arbeit und Betriebsorganisation erfolgreich anpassen kann. Da vorgeschriebene Schul- und Ausbildungswege sich in einer Wissensgesellschaft als unzureichend erweisen, wächst dem Lernen neue Bedeutung zu (vgl. Tuschling 2004: 152).

Die in den Praxiskonzepten ausgearbeiteten didaktisch-methodischen Praktiken scheinen dabei geeignet, das Maß an Selbstbestimmung und Autonomie im Lernen (und Leben) der Menschen zu erhöhen und sie in die Lage zu versetzen, ihre Belange (wieder) eigenmächtig, selbstverantwortlich und selbstbestimmt zu vertreten und zu gestalten. Gleichzeitig befinden sie sich verwoben in einen Dispositiv, in dem genau jene Selbstbestimmung und

Selbstverantwortung zu einer vertiefenden Unterwerfung führt. Die Unterwerfung kann dabei durchaus produktive Züge annehmen. Selbstoptimierung und Effektivitätssteigerungen können die Handlungsspielräume der Individuen durchaus erweitern. In einer gouvernementalitätsanalytischen Untersuchung zeigt sich die Ordnung der Regierungselemente dabei als Strategie, die niemand lenkt, aber in die alle verstrickt sind, und deren einziges Ziel in der Steigerung von Macht und Ordnung selber liegt.

4.3.3 Interpretative Analytik der Praxiskonzepte

In den Praxiskonzepten werden detaillierte Vorschläge unterbreitet, welche didaktisch-methodischen Führungspraktiken in der Weiterbildung anzuwenden sind. Dabei werden Absichten und Zielsetzungen relativ offen artikuliert. Im Zentrum steht das rationale, eigenverantwortliche und selbstreflexive Individuum, was sich in der geforderten radikalen Subjektorientierung manifestiert (vgl. Ludwig 2005a: 78 ff.). [34]

Die methodisch-didaktischen Handlungsweisen werden in der folgenden Untersuchung als Anleitungen verstanden, mithilfe derer Individuen befähigt werden, aus eigener Kraft oder mit Hilfe anderer eine Reihe von Operationen an sich selbst und ihren Handlungsweisen zu vollziehen. Selbstpraktiken sind dabei im Anschluss an Foucault als Operationen zu verstehen, mit denen Einzelne auf sich selbst einwirken mit dem Ziel, sich selbst zu transformieren und zu modifizieren (vgl. Foucault 1993: 203).

Die Praxiskonzepte für eine „Neue Lernkultur" werden mit Foucault als Regierungsprogramme gelesen und die darin entwickelten didaktisch-methodischen Handlungsweisen als „Technologien des Selbst" untersucht. Regieren ist hier in dem Sinne zu verstehen, wie es in den vorangegangenen Kapiteln dargestellt wurde: Als Führungsweise, die das Feld des Handelns anderer nicht determiniert, sondern es so strukturiert, dass sich den Lernenden ein Feld möglichen Handelns eröffnet. Diese Form der Machtausübung erfolgt über die „Wirkungsweise gewisser Handlungen, die andere verändern" (Foucault 1982b: 254). Didaktisch-methodische Handlungsweisen werden als Führungspraktiken erkennbar, die vielfältige Handlungsmöglichkeiten eröffnen und dabei gleichzeitig bestimmte Handlungen wahrscheinlicher werden lassen als andere.

Vor diesem Hintergrund erscheinen didaktisch-methodische Praktiken als Medium, in denen sich Macht und Wissen auf eine spezifische Weise verbin-

34 Bei Hermann Forneck ist es die Verfügung über den eigenen Lernprozess, die die lernenden Subjekte zurück erhalten, die er allerdings jenseits der Vorstellung von Selbstbestimmung und Autonomie entwirft. Dennoch scheint es interessant, auch die von diesem Autor entworfene didaktisch-methodische Praktik in dem hier zu erörternden Kontext zu untersuchen.

den. Gleichzeitig wird davon ausgegangenen, dass keiner der Autoren die strategische Ausrichtung dieser „Kontrollformen mit freiheitlichem Aussehen“ (Deleuze 1993: 255) als Ganzes entworfen hat. Sie sind ein Teilbereich des Diskurses über Selbstbestimmung, Autonomie und Selbstverantwortung, der an anderer Stelle auch als „ethisch-politisches Projekt neoliberaler Gouvernementalität“ beschrieben wird (vgl. Lemke 1997).

Die Praxiskonzepte als Anleitungen zur Führung seiner selbst und als Regierungsprogramme sind auf ihre Weise fiktiv:

> „Sie sagen mir: Nichts passiert, wie es in diesen ‚Programmen‘ niedergelegt ist, sie sind nichts weiter als Träume, Utopien, eine Art imaginärer Produktion, die an die Stelle der Realität zu setzen Sie nicht das Recht haben. [...] Aber die Tatsache, dass dieses wirkliche Leben nicht dem Schema der Theoretiker entspricht, bedeutet nicht, dass diese Pläne utopisch, imaginär etc. sind. Das hieße, eine sehr arme Vorstellung des Realen zu haben. Zum einen antwortet ihre Ausarbeitung auf eine ganze Reihe von diversen Praktiken und Strategien: Die Suche nach effizienten, kontinuierlichen, angemessenen Mechanismen ist sicherlich eine Antwort auf das Ungleichgewicht zwischen den Institutionen einer rechtlichen Macht und den neuen Formen der Ökonomie, der Urbanisierung etc. [...] Zum anderen haben diese Programme eine ganze Reihe von Effekten in der Wirklichkeit (was natürlich nicht heißt, dass sie an ihre Stelle treten): Sie kristallisieren sich in Institutionen, sie leiten individuelles Verhalten an, sie dienen als Wahrnehmungs- und Beurteilungsrahmen.“ (Foucault 1980a: 28 f.)[35]

Trotz der Fiktivität der Programme bleiben sie nicht nur eine Utopie in den Köpfen der Planerinnen und Planer, sondern haben reale Effekte. Darüber hinaus – und das ist im Rahmen dieser Untersuchung besonders von Interesse – geben die Programme Einblicke in eine spezifische Rationalität. Diese erlaubt es, ein spezifisches Problem zu stellen und entsprechende Lösungs- und Bearbeitungsstrategien anzubieten (vgl. Lemke 1997: 343).

Zugleich drücken Programme auch nicht lediglich Wünsche oder Absichten aus, sondern definieren ein strategisches Wissen. Dabei artikuliert jedes Programm entweder ein Wissen oder setzt ein Wissen jenes Feldes der Realität voraus, innerhalb dessen es eingreifen oder das es erschaffen soll. Programmen ist der Grundsatz eigen, dass „eine wirksame Macht das Objekt kennt, über das sie ausgeübt wird. Eine weitere Bedingung für ein programmatisches Wissen ist, dass es die Realität in eine Form bringt, die sie programmierbar macht“ (Gordon 1980: 248). Ein Programm ist also kein reines Wissen, das schließlich eingesetzt und instrumentalisiert wird, sondern stellt immer schon eine intellektuelle Bearbeitung der Realität dar, an der politische

35 Zum Problem des Auseinanderfallens von Programmen, Technologien und tatsächlichen historischen Effekten siehe auch Hirschmann 1977: 125 ff.

Technologien ansetzen können. Als Programme sind die Praxiskonzepte gleichzeitig ein empirisches Phänomen. Als solches bilden sie den empirischen Gegenstand der vorliegenden Untersuchung. Die von Foucault ausgearbeitete Analytik der Gouvernementalität bildet als theoretische Heuristik gleichsam die Interpretationsfolie, vor deren Hintergrund die Praxiskonzepte analysiert werden.

In diesem Sinne bieten die Praxiskonzepte mithin das an, was in Anlehnung an Foucault als didaktisch-methodische Praktiken der Führung verstanden werden soll. In den vorgeschlagenen didaktisch-methodischen Führungspraktiken zeigt sich die ihnen zugrunde liegende Rationalität. Foucault bezeichnet solche Verfahren als äußere Fassade oder als Fenster, in denen sich die Intentionen der gouvernementalen Rationalität zeigen (Foucault 2004: 19). Es ist eine Rationalität, in der sich Führungspraktiken und Ansprüche an das Subjekt verbinden.

Jede gouvernementale Programmatik argumentiert dabei im Modus der Problematisierung, so auch die Praxiskonzepte. Bei aller Unterschiedlichkeit teilen sie bestimmte Annahmen, die didaktisch-methodische Handlungsweisen betreffen. Dieser Modus der Problematisierung wendet sich gegen eine didaktisch-methodische Tradition, die mit Konzepten der Intervention in (Arnold) oder Herstellung von Lernprozessen (Ludwig 2004: 115) arbeitet, einen „Zwangscharakter“ (Meueler 1998: 102) aufweist oder mit einem „emphatischen Subjekt- und Freiheitsbegriff“ (Forneck 2005d: 320) arbeitet. Demnach wurden didaktisch-methodische Handlungsweisen bislang als welche konzipiert, die die Subjekte des Lernens in Lehr-Lern-Prozessen als Objekte zu bearbeiten versuchen. Für dieses ‚Problem der Objektivierung‘ von Subjekten in Lehr-Lern-Prozessen bieten die Praxiskonzepte eine Lösung an.[36]

Hierzu konstituieren sie zunächst ein ‚Thematisches Subjekt‘ (vgl. Kap. 5.2), das je unterschiedlich ausgestaltet eine spezifische didaktisch-methodische Bearbeitungsweise nötig werden lässt. Das ‚Thematische Subjekt‘ wird in der nachfolgenden Analyse zu einem Untersuchungsgegenstand, da das Subjekt im Anschluss an Foucault nicht als autonomes Subjekt gedacht wird, nicht als Handlungszentrum und auch nicht als intentionaler Ausgangspunkt seines Tuns. Das Subjekt wird nicht als ahistorische Form betrachtet, die entweder den lernenden Individuen vorausgesetzt oder von ihnen im Bildungsprozess einzuholen ist, sondern als historisch und gesellschaftlich je spezifisch konzipiertes und sich selbst konstituierendes Subjekt. Das detaillierte Wissen, das im Rahmen der Forderung um eine „Neue Lernkultur“ von den

36 Hermann Forneck problematisiert nicht die Objektivierung der Lernenden in Lehr-Lern-Prozessen, sondern die emphatische Objektivierung der Lernenden in didaktischen Konzeptionen. In dem er in Anlehnung an Foucault ein „regiertes Subjekt“ entwirft, konzipiert er eine Variante, in der dieses durch das Lernen in einer Selbstlernarchitektur zur Dezentrierung angeregt werden soll.

Autoren der Praxiskonzepte hervorgebracht wird, kann vor diesem Hintergrund in einem Möglichkeitshorizont der Thematisierung von Subjektivität verortet werden. Es bildet die Grundlage für den Entwurf bestimmter Funktionen, mit deren Hilfe das Subjekt sich transformieren soll. Diese Transformation wird unterstützt von didaktisch-methodischen Handlungsweisen, die im Anschluss an Foucault als Führungs- beziehungsweise Regierungspraktiken verstanden werden. Indem didaktisch-methodische Handlungsweisen als Regierungspraktiken thematisiert werden, können Zusammenspiel und Wechselwirkungen betrachtet werden, in denen Führung und Selbstführung miteinander verbunden sind. Die gouvernementale Rationalität der untersuchten didaktisch-methodische Führungspraktiken besteht dabei darin, den Subjekten Möglichkeitsräume zu eröffnen, in denen sie selbst in einer bestimmten Weise auf sich einwirken können. Die vorgegebene Rationalität der Selbstpraktiken erscheint nicht als eine ideelle Beeinflussung oder Manipulation, sondern manifestiert sich durch die Herstellung von Bedingungen und Strukturen, wonach sich die Subjekte in der über das ‚Thematische Subjekt' definierten Weise ‚frei(er)' verhalten können.

Im Zeichen gouvernementaler Rationalität verändern sich die Machtverhältnisse gegenüber einem souveränen oder disziplinären Machtverständnis grundlegend. Die Führung der Führungen, die in den Praxiskonzepten entworfen wird, scheint etwas zu sein, das Peter Miller und Nicolas Rose treffend als ‚governing at distance' beschrieben haben (Miller/Rose 1998: 49) ‚Governing at distance' hat nichts mehr gemein mit einer einseitig gerichteten Anweisungskultur. Führung gestaltet sich dabei weder als eine erkennbar souveräne Machtausübung, noch wirkt sie ausschließlich disziplinierend. ‚Governing at distance' arbeitet nicht mit negativen Signalen, Verboten, Einschränkungen und misstrauischen Kontrollen (Miller/Rose 1994: 69 ff.). Mit der ‚Regierung auf Distanz' bezeichnen die Autoren eine spezifische Weise, die Einzelnen indirekt zu regieren.

Mit Foucault gehe ich dabei von folgenden zentralen Prämissen der Regierung anderer wie der Selbstführung aus:

- die Strukturierung des Felds von Möglichkeiten, um bestimmte Selbstführungen, bestimmtes Handeln beziehungsweise Verhalten wahrscheinlicher zu machen,
- die „Anrufung" (Althusser 1977) bestimmter Selbsttechniken, um das Feld der Möglichkeiten zu strukturieren,
- die Etablierung gegenseitiger Kontrollmechanismen, die die intendierte Wirkweise der gesetzten Maßnahmen, ihre Effizienz und Effektivität befördern sowie ‚evaluieren' sollen.

Mit Blick auf die von den Autoren für eine „Neue Lernkultur" entwickelten Praxiskonzepte werden Technologien des Selbst untersucht. Die in den Praxiskonzepten ausgearbeiteten didaktisch-methodischen Praktiken werden dabei nach ihren spezifischen Formen des Regierens beziehungsweise Führens und dem Zusammenspiel und Ineinandergreifen von Befreiungen und Unterwerfungen in didaktisch-methodischen Handlungsweisen gefragt.

Rabinow/Dreyfus nennen die analytische Untersuchungsmethode Foucaults auch „interpretative Analytik" (Dreyfus/Rabinow 1994: 23). Während sich auf die Analyse didaktisch-methodischer Praktiken und ihrer historischen Entwicklung ein historisch-systematisches Forschungsprogramm gründen ließe, lässt sich die hier vorgestellte These, wonach sich die Macht in einer „Neuen Lernkultur" keinesfalls eliminieren lässt und lediglich eine andere Organisation aufweist, auf keinerlei Weise empirisch nachweisen, sondern tritt eher als Interpretation auf. Die Interpretation erwächst aus einem pragmatischen Anliegen und hat pragmatische Absichten, und genau aus diesem Grund kann sie von anderen Interpretationen, die aus anderen Interessen erwachsen, angefochten werden.

5 Didaktisch-methodische Praktiken als Regierungstechnologie

Im folgenden Kapitel werden die von den in Kapitel 3 vorgestellten Autoren für eine „Neue Lernkultur“ entworfenen Praxiskonzepte als Programme gelesen und vor dem Hintergrund der Analytik der Gouvernementalität untersucht. Die Praxiskonzepte werden dabei als ein Ort verstanden, an dem sich gouvernementale Rationalität entfaltet, indem didaktisch-methodische Handlungsweisen als ‚Führung von Führungen‘ entworfen werden. Untersucht werden sollen die spezifischen Formen dieser Führungspraktiken als Technologien des Selbst.

Dieses Vorhaben legt es nahe, in Kaptitel 5.1 die Konstitution des Gegenstands didaktisch-methodischer Handlungsweisen innerhalb der Praxiskonzepte darzulegen. Dabei wird angenommen, dass mit der Entwicklung von Praxiskonzepten ein detailliertes Wissen über diejenigen hervorgebracht wird, deren Lernprozesse befördert werden sollen. Diese Gegenstandsbestimmung didaktisch-methodischer Praktiken – wie sie von den einzelnen Autoren in durchaus unterschiedlicher Weise konfiguriert wird – ist als Möglichkeitsraum für die Thematisierung von Subjekten in einer „Neuen Lernkultur“ zu betrachten.

In Kapitel 5.2 wird die strategische Grundstruktur einer gouvernementalen Führungslogik in didaktisch-methodischen Praktiken veranschaulicht. Gefragt wird, in welcher Weise die Funktion didaktisch-methodischer Handlungsweisen sich im Zeichen einer gouvernementalen Regierungsmentalität verändert.[1]

In einer abschließenden Betrachtung werden in Kapitel 5.3 die didaktisch-methodischen Praktiken auf ihre konkreten Regierungsfunktionen hin untersucht. Dabei geraten didaktisch-methodische Praktiken als *Technologien des Selbst* in den Blick, welche die Subjekte zur Selbstführung anleiten, so dass Subjektivierung schließlich selbst als didaktisch-methodische Praktik erscheint.

1 Regierung wird dabei in dem, in Kapitel 4.2.1 beschriebenen, umfassenden Sinne verstanden.

5.1 Das ,Thematische Subjekt'

In diesem Abschnitt gilt es zunächst, den Rahmen zu eröffnen, in den sich die durchaus unterschiedlichen Gegenstandsbestimmungen der einzelnen Autoren einschreiben. Eine wesentliche Bedingung der Entwicklung didaktisch-methodischer Führungspraktiken ist, wie bei allen Vorläufern auch, dass ein detailliertes Wissen über die Subjekte und ihr Lernen hervorgebracht wird. Das Subjekt des Lernens wird dabei gleichsam zum Objekt der Nachforschungen. Didaktisch-methodische Programme sind damit immer zugleich Objektivierungsformen. Die Lernenden werden darin, gerade weil sie als individuell unterschiedlich erkannt werden, objektiviert und damit als homogene Gruppe von individuell verschiedenen Menschen konzipiert. Eine disparate Menge von Menschen wird in eine kalkulierbare, erkannte und erkennbare Gemeinschaft, in ein „thematisches Subjekt" (Höhne 2003: 230) verwandelt. Das ,Thematische Subjekt' wird dabei hervorgebracht, um es in eine Form zu bringen, in der es didaktisch-methodisch transformiert werden kann. Systematisch betrachtet ist diese Objektivierung erforderlich, da es ein ,erkanntes' und erforschtes Subjekt braucht, das den Einsatz der spezifischen didaktisch-methodischer Praktiken begründet. Nur wenn es individuell dergestalt bestimmt ist, steht das ,Thematische Subjekt' für die Einbindung in didaktisch-methodische Praktiken zur Verfügung. Dabei ist die Tatsache, dass diese ,Thematischen Subjekte' durchaus unterschiedlich konzipiert sein können, eine Spezifikum gouvernementaler Regierungsweise. Dieser spezifische Zusammenhang wird in der Darstellung der Gegenstandsbestimmungen des ,Thematischen Subjektes', die die einzelnen Autoren vornehmen, veranschaulicht.

5.1.1 Von autopoietischen Systemen zu kompetenten Subjekten

In Kapitel 2.2.5 wurde gezeigt, dass im didaktischen Diskurs um eine „Neue Lernkultur" ein lerntheoretisches Paradigma eine prominente Stellung erlangt hat, das unter dem Schlagwort ,kompetenzorientierte Wende' firmiert. Der Begriff der Kompetenz verweist dabei auf Dispositionen der Persönlichkeitsstruktur, weswegen in diesem Zusammenhang auch von einer ,Ganzheitswende' gesprochen wird. In systemisch-konstruktivistischen Ansätzen soll nach dieser Wende die vollständige Subjektivität der Lernenden im Blick sein. Die didaktisch-methodischen Bemühungen zielen auf eine „subjektive Aneignung und die Konstruktion von Kompetenz" (Arnold 2007: 49 f.).

Was bedeutet dieser ,vollständige' Blick auf Subjektivität in systemisch-konstruktivistischen Ansätzen? Die lernenden Systeme haben Arnold zufolge einen „subjektiv-situativen Eigensinn" (Arnold 2007: 46) und die „Subjektivität der Lernenden ist vielfältig, überraschend und kontingent" (ebd.). Bei diesen Bestimmungen handelt es sich zunächst um relativ allgemeine oder unbestimmte Thematisierungen des Subjekts. Konkreter wird Arnold, wenn er das Subjekt als Träger eines „subjektiven Wissens" (ebd.: 48) entwirft. Das subjektive Wissen, das ein Subjekt trägt, wird von ihm als ein ganzheitliches konzipiert. Das heißt, es ist ein sowohl kognitives wie auch emotionales Wissen, das die Handlungen des Subjekts orientiert. Dieses Wissen wird von Arnold als „prozessuale Beurteilungs-, Entscheidungs- und Handlungskompetenz verstanden" (ebd.: 49). Ob ein Subjekt über ein angemessenes subjektives Wissen verfügt, zeigt sich an „seinen Weisen des Kompetenzaufbaus und der Kompetenzentwicklung" (ebd.).

Kennzeichen eines Subjekts, wie Arnold es entwirft, ist, dass es über subjektives Wissen verfügt, welches ihm Kompetenzaufbau und Kompetenzentwicklung ermöglicht. Dieses Subjekt hat ein Bewusstsein von seiner eigenen Wandlungsfähigkeit und es verfügt über die Befähigung, sich selbst als kompetentes Subjekt zu entwickeln. Allerdings hat, so Arnold, nicht jedes Individuum diese Fähigkeiten: Menschen nehmen nur das wahr, was sie wahrnehmen können. Auch sind sie als Systeme strukturdeterminiert, und es gibt durchaus Menschen, bei denen erkennbar ist, dass sie in ihrer Biografie nach Kontinuität streben. Vor diesem Hintergrund wollen oder können sie sich nicht wandeln, und verweigern sich dem „Imperativ des lebenslangen Lernens" (Arnold 2007: 52). An diese Menschen richtet sich das von Arnold konzipierte „kompetenzentwickelnde Lernen", das Formen der Aneignung von subjektivem Wissen mit einer Rekonstellierung der Persönlichkeitsstruktur verbindet.

Den Rekonstellierungsbegriff setzt Arnold ein, um den Sachverhalt zu verdeutlichen, dass „sich ‚objektiv' Neues stets nur im Kontext des ‚subjektiv' Alten erkennen und verstehen bzw. wieder erkennen und nachhaltig einwurzeln" (ebd.: 51) lässt. Die Metapher des „Einwurzelns" steht hier synonym für die Einverleibung von Kompetenzen und damit für das Werden eines kompetenten Subjekts. Auf der Basis systemtheoretischer Theoriebildung wird davon ausgegangen, dass Systeme nicht beeinflussbar sind. Da „man Systeme nicht entwickeln kann" (ebd.: 30), haben sie Veränderungen selbst an sich vorzunehmen. Das Subjekt muss sich selbst ‚umbauen': weg von einem, das von einem „biografischen Kontinuitätsbestreben" (ebd.: 52) geleitet ist und hin zu einem Subjekt, das ein Bewusstsein der „eigenen Wandlungsfähigkeit" (ebd.) ausgebildet hat.

Damit ist das ‚Thematische Subjekt' einer systemisch-konstruktivistischen Perspektive umrissen. Für die Funktionsbestimmung didaktisch-methodischer Praktiken bedeutet die Konzeption, dass diese einen „kompetenzfördernden Raum" (Arnold 2007: 46) konstituieren müssen, in dem die Subjekte ihren „subjektiv-situativen Eigensinn" (ebd.) realisieren können. Damit würde auch der „eigentlich systembildenden Differenz des Pädagogischen, nämlich ‚kompetenzbildend/nichtkompetenzbildend'" zu sein, Rechnung getragen. Diese Leitdifferenz operiere zudem näher am Subjekt als „dem eigentlichen ‚Ort des Geschehens'" (Arnold 2007: 47). Das Subjekt als Ort des Geschehens zu bezeichnen, ist mit der hier entwickelten These in Einklang, dass *an diesem Ort etwas geschehen soll.* Das Subjekt ist der Ort, an dem eine Transformation vorgenommen werden soll. Das lernende Individuum soll sich selbst als ‚kompetentes Subjekt' entwerfen. Damit wird ihm etwas ermöglicht: Das ist die Befähigung, sich ein Leben lang zu wandeln, sich weiter zu entwickeln und sich im Hinblick auf fachlich notwendige Kompetenzen zu entwerfen. Der Lohn dieser Bemühungen ist eine „berufliche Identität" (ebd.:49), die auf Flexibilität wie auf Kompetenz fußt. Vom Erreichen dieser beruflichen Kompetenz-Identität ausgeschlossen sind all jene, die sich diesem Selbstverhältnis – nämlich: „Ich verstehe mich als jemand, der ein kompetentes Subjekt sein will" – versagen.

Deshalb soll auch in kompetenzfördernden Lernräumen an „die Stelle einer ‚quantitativen' (kenntnisorientierten) Wissensvermittlung [...] eine ‚qualitative' (erkenntnisorientierte) Wissensvermittlung treten, die das Individuum zum schöpferischen Umgang mit dem erworbenen Wissen befähigt und so die selbstständige Transformation" (Landwehr 1995: 15 zit. nach Arnold 2007: 41) ermöglicht.

In dieser Aussage findet sich ein Zusammenhang, der die Frage nach der Beschäftigung mit Inhalten in Lehr-Lern-Prozessen systemisch-konstruktivistisch konkretisiert. Um das subjektive Wissen, das die Grundlage für kompetente Handlungen darstellt, angemessen entwickeln zu können, gilt es von genau diesem subjektiven Wissen auszugehen. Es wurde an anderer Stelle bereits gezeigt, dass ‚objektive' Inhalte aus grundsätzlichen erkenntnistheoretischen Überlegungen in Lehr-Lern-Prozessen nicht vermittelbar seien. Im Folgenden wird deutlich, dass es einen weiteren Grund dafür gibt, sich aus systemisch-konstruktivistischer Perspektive von der Denkfigur ‚Vermittlung objektiver Lerninhalte' zu verabschieden.

Arnold bezeichnet Wissen als *Organisation, Elaboration und Automatisierung* im Anschluss an den jeweiligen Wissens- und Kenntnisstand des Individuums (vgl. Arnold 2007: 48). Die richtige Organisation des Wissens sei dabei notwendig, um Wissen abrufen und sich an Relevantes erinnern zu können. Elaboration beschreibe einen aktiven und konstruktiven Vorgang, der als Aufarbeitung des Wissens auch die Grundlage der Organisation des Wissens darstellt. Und Automatisierung bezeichne schließlich den Prozess, in dem Wissen prozedural realisiert und in Handlungen umgesetzt wird (vgl. Gerstenmaier 2004: 153). Wissen ist damit kein Bestand, sondern ein kompetenzfördernder Umgang mit den Situationen der Lebens- und Arbeitswelt. Hierin siedelt Arnold die Individuen auf einem Kontinuum vom „Novizen zum Experten“ (Arnold 1999: 36) an. Auszugehen sei in didaktisch-methodischen Lernräumen von den subjektiven Wissensbeständen der Teilnehmenden, die sich in konkreten Lebenssituationen am besten beobachten ließen, um die Förderung und Entwicklung von deren „Ich-Kräften“ (Arnold 2007: 37), konzipiert als Selbstlernkompetenz, zu unterstützen.[2] Nicht zuletzt deshalb fordert Arnold auch eine „Subjektivierung der Lerngegenstände“ (ebd.: 51).

Damit greift er explizit auf Foucault'sche Terminologie zurück. Dies geschieht nicht nur mit der Forderung nach *Subjektivierung der Lerngegenstände*, sondern in derselben Veröffentlichung auch im Kontext seiner Ausführungen zu professionellen Teams. Die Entwicklungspotentiale von Teams gelte es über die „Führung zur Selbstführung“ (Arnold 2007: 138) zu fördern. Interessant daran ist, auf welche Weise der systemisch-konstruktivistische Didaktiker die Kategorien des Machtanalytikers in die didaktische Theoriebildung einführt oder vielmehr umeignet: Während die Terminologie der Machtanalyse Foucaults darauf zielt, Funktionsweisen von Macht und Unterwerfung (zum Beispiel in Lerninstitutionen) zu analysieren, verwendet Arnold dessen ‚Werkzeugkasten‘ zur Erweiterung seiner Praxiskonzepte. Kritik wird in Programmatik umgesetzt. Aus Foucaults Perspektive legt die Subjektivierung der Lerngegenstände auch einen anderen Zusammenhang offen, als sie es aus programmatischer Perspektive bei Arnold tut. Für Arnold bedeutet die Subjektivierung von Lerngegenständen, dass man nicht länger so tut, als sei es möglich, „gewissermaßen von außen – Lerngegenstände in das kognitive System eines Lernenden zu ‚transportieren‘“ (ebd.: 118). Die Subjektivierung von Lerngegenständen bezeichnet für ihn einen Prozess der Restrukturierung innerhalb eines geschlossenen Systems (vgl. ebd.). Subjektivierung im Sinne Foucaults besitzt eine andere Bedeutung. Sie bezeichnet das Zusammenspiel aus Objektivierung und Subjektivierung, in dem das Subjekt (so auch das lernende Subjekt) sich als solches erkennt und sich in diesem Prozess damit selbst unterwirft.

Das subjektive Wissen, wie es von Arnold entworfen wird, ist als ausschließlicher Lerngegenstand eines Lehr-Lern-Prozesses gleichzeitig ‚objektiv‘ die Voraussetzung dafür, sich als kompetentes Subjekt konstituieren zu können. In dem sich die Lernende im Lernprozess ausschließlich auf ihr subjektives Wissen bezieht, betrachtet sie sich selbst im Modus der diskursiv

2 Die Thematisierung von „Wissensbeständen“, die Arnold an dieser Stelle vornimmt, verweist auf eine konzeptionelle Widersprüchlichkeit innerhalb der didaktischen Aussagen. Im Zentrum des systemisch-konstruktivistischen Lernbegriffs steht (wie in Kapitel 3.1 gezeigt werden konnte) die Konstruktion von Deutungen der Wirklichkeit als einem selbstreferentiellen Prozess. Objektives Wissen zu generieren ist dem lernenden System demnach erkenntnistheoretisch ebenso unmöglich wie der Aufbau eines subjektiven Wissensbestands. Die Deutung der Wirklichkeit wird als eine Konstruktion verstanden, die sich auf der Basis vorhandener Konstruktionen immer neu entwickelt.

hergestellten Objektivität.[3] Das subjektive Wissen wird zum objektiven Bezugspunkt einer gelingenden (oder nicht gelingenden) Konstruktion als kompetentes Subjekt.

5.1.2 Regierte/dezentrierte Subjekte

In Fornecks Thematisierung des Subjekts kommt den sozialen Beziehungen und Verhältnissen, in die Menschen eingebettet sind, ein großer Stellenwert zu. Aus dieser Perspektive werden für ihn jene Praktiken bedeutsam, „mit deren Hilfe Menschen ihre Relationen konstruieren und sich zugleich von der Struktur dieser Relationen leiten lassen" (Forneck 2005a: 12). Subjekte sind jenseits dieser Strukturen, die ihnen einen Platz zuweisen, von dem aus sie agieren, denken und also auch lernen, für Forneck weder denk- noch thematisierbar. Damit ist auch das Subjekt der Didaktik bei Forneck kein autonomes Subjekt. Den lernenden Subjekten oder den *Subjekten des Lernens*

> „liegen gesellschaftliche Strukturen und Machtverhältnisse zugrunde, gehen ihnen voraus und sind ihnen inhärent. Jedes Lernen muss ausgehend von diesen gedacht werden und nicht als ein Prozess eines universalen Individuums, des Menschen, dessen Freiheit von den gesellschaftlichen Bedingungen lediglich begrenzt wäre." (Ebd.: 14)

Forneck konzipiert Subjektivität als eine, die sich aus den Signifikationssystemen, den Kommunikations- und Herrschaftstechniken sowie den Technologien des Selbst herleitet. Dabei werden diese Systeme und Techniken nicht determinierend gedacht; sondern sie konfrontieren das Subjekt mit Normierungs- und Individualisierungsansprüchen. Es entwirft sich darin selbst, in einem System von Relationen, von denen es sich ableitet.

Selbstsorgende Lernprozesse, wie Forneck sie konzipiert, kann man als Formen der Ausarbeitung des eigenen Selbst und als „Unterwerfungsweisen seiner Selbst unter einen Code" (ebd.: 16), also ein System von Relationen, begreifen. Es geht Forneck zufolge „um Subjektivierungsformen, deren Zu-

3 Mit Foucault könnte man sagen: das Subjekt verfängt sich im „Spiel der reziproken Blicke" (Foucault 1961: 523). In der Analyse der Geschichte des Wahnsinns (Foucault 1961) beschäftigt er sich damit, wie der Kranke unter dem aufgeklärten Blick des Arztes zum Objekt wissender und wissenschaftlicher Forschung wird. Dem neuen Status einer ‚Objektivität' des Wahnsinns korrespondiert die Subjektivität des Irren, der sich nun selbst im Modus der diskursiv hergestellten Objektivität ‚bespiegelt'. Indem sich der Kranke im Spiegel in einer Art Selbstdiagnose als ‚objektiv irre' erkennt, entsteht das genannte Spiel der reziproken Blicke zwischen dem Arzt und dem Internierten, das mit der Objektivierung auch die Subjektivierung als „Bewusstwerdung (prise de conscience)" (Foucault 1961: 523) impliziert.

sammenspiel mit anderen Formen in Macht-Wissens-Komplexe eingebunden“ (ebd.) ist. Aus einer Perspektive, die sich an den Entwurf Foucaults anlehnt, konzipiert Forneck das selbstsorgende Lernen als eine *Technik der Selbstsorge*. Durch diese Technik können und sollen Individuen ihr ‚Selbst‘ immer wieder in einer spezifischen Art neu erhalten und hervorbringen. Diese spezifische Art verspricht Forneck zufolge, trotz gegenteiliger Annahmen anderer Autoren, keine Freiheit, aber eröffnet innerhalb von Machtbeziehungen Subjektivierungsmöglichkeiten.

Gesellschaftliche Normierungs- und Individualisierungsansprüche erzeugen die Notwendigkeit von Qualifikation, des Erwerbs von Wissen und der Entwicklung von Fähigkeiten und Kompetenzen. Zugleich sind damit für Forneck nicht hintergehbare didaktisch-methodische Strukturierungsansprüche verbunden: Es gilt, Individuen nahe zu bringen, dass sie sich in einer bestimmten Weise entwickeln und doch sie selbst bleiben sollen. Deshalb auch ist Forneck bestrebt, durch didaktisch-methodische Praktiken „Normen zu individualisieren und Individuen mit Normen zu konfrontieren“ (Forneck 2002b: 248). Hierzu wird den lernenden Subjekten innerhalb der normierten Strukturen von Lehr-Lern-Prozessen die Möglichkeit eröffnet, ihr Selbst zur Geltung zu bringen oder auch: Subjektivierungsmöglichkeiten zu nutzen. Dies ist allerdings nur innerhalb dieser Strukturen und jeweils immer neu zu leisten. In diesen Prozessen vermag das Selbst sich zu dezentrieren und zugleich mit sich identisch zu sein: „Das selbstsorgende Lernen soll dem Selbst die Chance geben, sich selbst treu zu bleiben und trotzdem auf gesellschaftlich normierte Situationen und Wissensbestände reagieren zu können“ (Forneck/Springer 2005: 112).

Die Didaktik des selbstsorgenden Lernens zielt insofern auf einen zur Sozialisation differenten Prozess. In der Dialektik von Individuation und Sozialisation soll Lernen die Möglichkeit zur *Dezentrierung* eröffnen. In selbstsorgenden Lernprozessen geht es deshalb einerseits um die Aneignung von „Wissen, Können, Fertigkeiten“ (ebd.: 108), andererseits um die „Herausbildung eines Bewusstseins von dieser Aneignung“ (ebd.). Letztere soll Lernende unterstützen, eine Determination in Lernprozessen verhindern zu können. Mit dieser Form der Selbstreflexion beschreibt Forneck genau jene Bewusstseinslage, in der das Subjekt die Möglichkeit hat, sich selbst von der eigenen Struktur zu lösen und sich zu dezentrieren, das heißt, „sich kognitiv aus dem Kontext zu reißen, um sich der Situation gewahr zu werden“ (Forneck 2005a: 42). Selbstlernumgebungen müssen für Forneck inhaltlich strukturiert und damit normiert werden, so dass die lernenden Individuen diese Struktur reflexiv einholen und sich ihr dadurch zugleich entziehen können.

Das Konzept des selbstsorgenden Lernens nimmt damit sowohl die gesellschaftlichen Anforderungen an die erwachsenen Lernerinnen und Lerner auf. Es zielt aber auch darauf, diese Anforderungen zu überschreiten – insofern, als der reflexive Zugang zum eigenen Lernprozess nicht nur die Optimierung der eigenen Lernpraktiken meint und die Aneignung von neuem und aktuellerem Wissen. Vielmehr und darüber hinaus meint der reflexive Zugang zum eigenen Lernprozess, dass dieses je eigene Lernen in seinem gesellschaftlichen Zusammenhang verortet und die Fähigkeit dazu erlernt werden kann. Diesen Überschuss, den Forneck didaktisch im Spiel halten möchte, hätte man vor nicht allzu langer Zeit wahrscheinlich ‚Bildung' genannt.[4]

Reflexive Praktiken sind für Forneck nun allerdings keine Methode, um eine autonome Subjektivität zu realisieren, sondern ermöglichen Prozesse der Transformation bereits strukturierter Handlungsweisen. Diese „Refiguration der diskursiven Strukturen" (Forneck 2005a: 43) eröffnet den Subjekten in einer bestimmten Konstellation „Fluchtlinien" (ebd.). Als Fluchtlinien bezeichnet Forneck im Anschluss an Deleuze/Guattari einen reflexiven Prozess, in dem Subjekte die Struktur der didaktisch-methodischen Praktiken reflexiv einholen und „sich ihr [zugleich, UK] entziehen" (ebd.: 112). Für Forneck ermöglichen diese Prozesse, Praktiken der Problematisierung zu kultivieren. Gleichzeitig betont er einschränkend, dass diese Praktiken keine Handlungsweisen eines autonomen Subjekts darstellen, sondern einen „Prozess der Transformation diskursiver Praktiken" (ebd.). Damit ist ausgesagt, dass die Praktiken der Problematisierung selbst eine diskursive Praxis darstellen. Auch wenn diese Praktiken unter bestimmten Umständen ‚Fluchtlinien' eröffnen, vermag das Subjekt sich nicht aus diesen diskursiven Strukturen zu befreien.

Für Forneck stellt sich das didaktisch-methodische Aufgabenfeld nach wie vor als die professionelle Bestimmung des Zusammenhangs von Inhalten, lernendem Erwachsenen und professionellen Handeln dar. Lernkontexte gilt es inhaltlich so zu strukturieren, dass ein Reflexionsbedarf, die Herausbildung einer reflexiven Einstellung zum eigenen Lernprozess entstehen kann. Forneck arbeitet ausgehend von komplexen Lerngegenständen, an denen sich Individuen abarbeiten können und die zugleich ein „Differenzerlebnis" (Forneck 2006: 97) ermöglichen. Dabei geht er davon aus, dass alle Dinge und Sachverhalte im alltäglichen Leben bereits eine Bedeutung für erwachsene Lerner und Lernerinnen haben. Das Differenzerlebnis soll auf eine Unstimmigkeit, ein Unbekanntes, einen unerwarteten Zusammenhang aufmerksam machen, der erarbeitet werden will. Lernen heißt dann, sich in selbstsorgender Weise an dieser Komplexität abzuarbeiten und zugleich ein Bewusstsein davon zu haben, wie man dies tut. In diesem Prozess lässt sich eine doppelte

4 Vergleiche hierzu Klingovsky/Kossack 2007; vor allem S. 83.

Kontingenz beobachten, die sich sowohl auf den inhaltlichen Gegenstand als auch die eigene Art und Weise des Lernens beziehen lässt.[5]

Das Ausgangs- und das Zielobjekt von selbstsorgenden Lernprozessen fallen damit nicht notwendigerweise in eins. Beides verdankt sich jedoch den gesellschaftlichen Machtstrukturen, die es bestimmen und in die das Subjekt ‚verwickelt' bleibt. Der positive Bezugspunkt in Fornecks Konzeption des ‚Thematischen Subjekts' (oder dessen Ermächtigung) sind Momente der Dezentrierung: Wenn ein Subjekt einen Blick zu werfen vermag auf eben die Strukturen, denen es sich verdankt. Es wird dadurch nicht freier, aber es werden ihm Möglichkeiten für andere Subjektivierungsformen eröffnet. In Fornecks Konzeption bleibt das Verhältnis zwischen Verpflichtung und Selbstbestimmung spannungsreich: Zumindest, so sagt er, erhalten in Lernprozessen, die Dezentrierungsprozesse anregen, die Subjekte die Verfügung über ihren ‚eigenen' Lernprozess, der gleichzeitig ein vorstrukturierter ist (Forneck 2006: 116).

5.1.3 Vergesellschaftete Subjekte und expansiv Lernende

Der ‚Subjektstandpunkt', der im Zentrum Ludwigs didaktischer Überlegungen steht, stellt zugleich den „Angelpunkt" (Holzkamp 1993: 15) einer subjektwissenschaftlichen Lerntheorie dar. Die mit ihm verknüpfte theoretische Konzeption kann in ihrer Komplexität nur verstanden werden, wenn man die Überlegungen der Kritischen Psychologie, wie sie in der Berliner Arbeitsgruppe um Klaus Holzkamp entwickelt wurden, berücksichtigt.

Die zentrale Herausforderung, vor die sich die Kritische Psychologie in den 1960er Jahren gestellt sah, war es, den Zusammenhang von Individuum und Gesellschaft in seinen Widersprüchen zu fassen. Ausgangspunkt war die Annahme, dass die menschliche Existenz auf doppelte Weise bestimmt sei: als objektive Bestimmtheit und als subjektive Bestimmung.

Mit diesen Überlegungen grenzt die Kritische Psychologie sich noch heute von Vorstellungen ab, die behaupten, die gesellschaftliche Verfasstheit determiniere die menschlichen Handlungsmöglichkeiten und beschränke auf diese Weise die Entfaltung der Subjekte. Ebenso distanziert sie sich aber auch von Bemühungen, die gesellschaftlichen Verhältnisse im Zusammenhang mit der Entwicklung eines dann als ‚autonom' erscheinenden Individuums völlig

5 Kontingenz verwendet Forneck in diesem Zusammenhang im Anschluss an Luhmann als „etwas, was weder notwendig ist noch unmöglich; was also so, wie es ist (war, sein wird), sein kann, aber auch anders möglich ist. Der Begriff bezeichnet mithin Gegebenes (Erfahrenes, Erwartetes, Gedachtes, Phantasiertes) im Hinblick auf mögliches Anderssein; er bezeichnet Gegenstände im Horizont möglicher Abwandlungen" (Luhmann/Schorr 1982: 152).

auszublenden. Subjekte sind weder völlig bedingt oder fremdbestimmt, noch sind sie völlig selbstbestimmt.

Aus einer solchen Perspektive wird menschliches Handeln und Erleben in einem Zusammenhang zwischen individuellem Lebens- und gesellschaftlichem Reproduktionsprozess gefasst. Der subjektive Standpunkt ist „zwar der Ausgangspunkt meiner Welt- und Selbsterfahrung, aber damit keine unhintergehbare bzw. in sich selbstgenügsame Letztheit [...]. Der Standpunkt des Subjekts schließt also die Berücksichtigung objektiver Bedingungen keineswegs aus, sondern ein." (Holzkamp 1983: 538 f.)

Die damit thematisierte gesamtgesellschaftliche Vermitteltheit individueller Existenz liegt dem Begriff der Handlungsfähigkeit zugrunde. Handlungsfähigkeit ist in der kritischen Psychologie der Begriff, mit dem die Vermittlung der individuellen mit der gesellschaftlichen Reproduktion zum Ausdruck gebracht werden soll.

Die gesellschaftlichen Gegebenheiten und Verhältnisse werden dabei gefasst als „Bedeutungen" (Ludwig 1999a: 674), zu denen sich das Individuum verhalten kann und muss: Weder ist es so, dass diese Bedeutungen das menschliche Handeln determinieren, noch sind die menschlichen Handlungen diesen Bedeutungen gegenüber beliebig. Gesellschaftliche Bedingungen werden als „Bedeutungskonstellationen" (ebd.) gefasst, die für die Menschen Handlungsmöglichkeiten repräsentieren. Dabei ist dieser gesellschaftliche Bedeutungsraum dem Individuum nie in seiner Totalität, sondern nur in jenen dem Subjekt wahrnehmbaren Ausschnitten gegeben. Einzelne Sachverhalte sind in ihrer Gesamtbedeutung für das gesellschaftliche Leben für das Subjekt nicht zu begreifen. Der Lebensprozess des Subjekts, wie es Ludwig im Anschluss an Holzkamp konzipiert, bewegt sich in einem Widerspruch zwischen „der Gegenläufigkeit des gesamtgesellschaftlichen Prozesses der Produktionsweise [...] und der Strukturierung des personalen Lebensprozesses von der Reproduktion des individuellen Daseins" (Holzkamp 1983: 358).

Wenn dieses Subjekt aufgrund seiner Wahrnehmung und Reflektionsprozesse (also von seinem Standpunkt aus) einem Sachverhalt eine bestimmte Bedeutung beimisst, verweist diese Bedeutung auf den gesellschaftlichen Zusammenhang, in dem es sich bewegt. Dieser muss jedoch in der individuell wahrgenommenen und situativ aktualisierten Bedeutungszuschreibung dem Subjekt nicht bewusst sein.

Menschliche Handlungen sind durch bestimmte subjektiv gegebene Bedingungen (Prämissen[6]) begründet; über diesen Bedeutungs- und Begrün-

6 Prämissen sind in diesem Zusammenhang von einem Individuum strukturierte Aspekte möglicher Bedeutungskonstellationen und demnach Bedingungen, die ein Individuum subjektiv akzentuiert (vgl. Markard 2003).

dungszusammenhang vermittelt sich das Verhältnis zwischen Individuum und Gesellschaft.

Dabei sind Handlungsmöglichkeiten dem Individuum nicht ununterbrochen gegeben, das heißt, es kann im Leben eines Menschen Situationen geben, in denen die eigene Handlungsfähigkeit eingeschränkt ist und so erlebt wird. Nach Joachim Ludwig ist genau dies der Moment, in dem das Subjekt eine *Diskrepanzerfahrung* macht. Diese ist Anlass zu einer Lernschleife:

„Weil die individuell verfügbaren Bedeutungshorizonte für das Situationsverstehen nicht ausreichen, macht der Lernende im Vergleich zu den ihm verfügbaren Wissensbeständen eine Diskrepanzerfahrung. Der Lernende sieht sich zur Realisierung seiner Lebensinteressen gefordert, unter spezifischen Aspekten weiter in die gesellschaftlich verfügbaren Bedeutungshorizonte einzudringen, um über seine Lebensbedingungen besser verfügen und an der gesellschaftlichen Entwicklung teilhaben zu können." (Ludwig 2005b: 330)

Lernen versteht Ludwig im Anschluss an Holzkamp als eine spezifische Form sozialen Handelns und nicht als intrapsychische Aktivität. Lernhandeln ist darüber hinaus sogar als eine subjektive Notwendigkeit zu verstehen: Nur lernend kann das Subjekt die Verfügung über seine individuell relevanten Lebensbedingungen gewinnen bzw. bewahren (vgl. Holzkamp 1993: 189) und auf diese Weise seine Existenz sichern. Aus dieser Perspektive stellt Lernen die Realisierung gesellschaftlicher Handlungsmöglichkeiten und damit zugleich die Realisierung der möglichen personalen Selbstständigkeit dar (vgl. Holzkamp 1987: 15).

Wie jede menschliche Handlung ist auch die Lernhandlung bedingt und begründet. Bedingt ist sie durch die vorgegebenen und gesellschaftlichen Handlungsmöglichkeiten und -beschränkungen und begründet durch die je individuellen Handlungsprämissen und -intentionen. Wenn im Zuge gegebener Lebensproblematiken subjektive Lösungsnotwendigkeiten entstehen, entwickelt das Subjekt Handlungsintentionen für eine Lernschleife. Diese mündet schließlich in einem „Selbstverständigungsprozess" (Ludwig 2004: 117). Diesen Selbstverständigungsprozessen kommt eine große Bedeutung zu: So bezeichnet Ludwig das Subjekt im Anschluss an Holzkamp als „Intentionalitätszentrum" (Ludwig 2005b: 333). Aus dieser Perspektive hat das Subjekt in problematischen Lebenssituationen zwei Alternativen:

Entweder es wählt einen *defensiven Bewältigungsmodus*, das heißt es wird versuchen, die ihm ‚zugestandenen' Möglichkeiten bzw. nahe gelegte Lösungsmöglichkeiten zu reproduzieren. Übertragen auf das Feld des Lernens bedeutet das: Defensive Lernbegründungen zielen lediglich auf „die durch das Lernen zu erreichende Abwendung von [...] Beeinträchtigung und Bedrohung" (Holzkamp 1993: 190) der bestehenden Lebensqualität.

In der Konzeption besteht noch eine weitere Möglichkeit, die dem Subjekt gegeben ist. Es kann sich um die „Erweiterung der Bedingungsverfügung" (Ludwig 1999a: 675) bemühen und dabei die eigenen, gegebenen Handlungsmöglichkeiten erweitern. Eine solche *expansive Lernbegründung* zielt auf „die Entfaltung seiner subjektiven Lebensqualität" (Ludwig 2005b: 330). Mit expansivem Lernen, so lautet die Prämisse, will die oder der Lernende die subjektive Verfügung an der gesellschaftlichen Lebenspraxis erweitern. Im sich anschließenden Prozess der Selbstverständigung versucht sie oder er sich neu zu orientieren, „Aufschluss über gesellschaftliche Bedeutungszusammenhänge zu gewinnen und Handlungsmöglichkeiten zu erreichen, die ihm bisher nicht gegeben waren und durch welche er eine Entfaltung seiner subjektiven Lebensqualität antizipiert" (Ludwig 2005b: 330).

Aus dieser subjektwissenschaftlichen Perspektive wird das Verhältnis zwischen Individuum und Gesellschaft nicht bipolar konzipiert. Der Begriff des expansiven Lernens verweist auf eine Verhältnisbestimmung zwischen Individuum und Gesellschaft, die der Lernende selbst vornimmt und die in seinen Handlungsintentionen erkennbar wird. Das Modell expansiver Lernbegründungen zielt dergestalt zwar auf individuelle Entwicklung, ist aber dennoch kein individualistisches Modell. Mit ihm ist die Vorstellung einer verallgemeinerten Handlungsfähigkeit des Individuums verbunden, die sich klar von nur individuellen und utilitaristischen Handlungszwecken abgrenzt (vgl. Ludwig 2005b: 331). Verallgemeinerte Handlungsfähigkeit meint (auch) in Hinblick auf das expansive Lernen, dass diese in letzter Instanz bei „aller individuellen Differenz auf die Herstellung notwendiger und zureichender Übereinstimmungen zwischen den Gesellschaftsmitgliedern" (ebd.) zielt.

Konflikte, problematische Handlungssituationen und allgemeine Lebensproblematiken, die in der unmittelbaren Lebenswelt jedes Individuums auftauchen, sind nicht dort entstanden und auch nicht unter alleinigen Bezug auf diese lösbar. Hier wäre das Individuum nur sisyphosartig mit dem Versuch befasst, seine Lebensqualität zu erhöhen, beispielsweise durch Arbeit an sich selber und an seinen unmittelbaren Beziehungen. Anstelle dieser Beschränkung wird subjektwissenschaftlich ein kritisch-reflexiver Blick auf die objektiven Lebensumstände und auf Bildungsprozesse gefordert, durch den die Probleme und Handlungsgründe verständlich werden.

Den Rahmen eines kritisch-reflexiven Bildungsbegriffs stellen deshalb auch nicht festgelegte Bildungsgüter dar; Bildungsgegenstand sind vielmehr „jene Handlungsgründe der Individuen und jene gesellschaftlichen Strukturen, die einem Leitbild humaner Verhältnisse entgegen stehen" (Ludwig 2005b: 329). Eine kritisch-reflexive Bildungspraxis lässt diesen Bildungsbegriff empirisch werden, indem sie nach individuellen Lernwiderständen und strukturellen Lernbehinderungen fragt, die die individuellen Lerninteressen behindern.

Das ‚Thematische Subjekt', wie es die subjektwissenschaftliche Perspektive entwirft, ist demgemäß eines, das die Verfügung an der gesellschaftlichen Lebenspraxis erweitern will, aber zugleich mit Lernwiderständen und -behinderungen konfrontiert ist. Dabei betont diese Perspektive in besonderer Weise die gesellschaftliche Eingebundenheit des Subjekts und die Vermitteltheit von Bedeutungen durch historisch-gesellschaftliche Prozesse. Das expansiv lernende Subjekt ist als ein kritischer Widerpart gegen gesellschaftliche Verwertungsinteressen konzipiert. Expansivität verweist in dieser Konzeption auf einen Weltbezug, der sich gesellschaftlichen Machtverhältnissen zwar nicht gänzlich entzieht, aber langfristig gegen diese und für eine tatsächliche Humanität arbeitet.

Hermann Forneck macht darauf aufmerksam, dass Holzkamp offenbar ein Subjekt voraussetzt, welches zumindest in Teilen unabhängig von der Gesellschaft zu agieren scheint (vgl. Forneck 2004b: 254 f.). Obwohl die Konzeption dezidiert die gesamtgesellschaftliche Vermitteltheit individueller Existenz thematisiert und mit dem Konzept der Handlungsfähigkeit beabsichtigt ist, das menschliche Handeln weder als gesellschaftlich determiniert darzustellen, noch das Subjekt in seiner bloßen Intentionalität zur Geltung zu bringen, verweist das Modell des expansiven Lernens auf genau dieses Subjekt. Die didaktisch-methodische Vereinnahmung dieses lernenden Subjekts in gouvernementale Subjektivierungsstrategien wird in Kapitel 5.3.2 analysiert.

5.1.4 Subjekte zwischen Determination und Freiheit

Die Entwicklung einer neuen didaktischen Perspektive für eine „Neue Lernkultur" ist für Meueler insbesondere vor dem Hintergrund gesellschaftlicher Entwicklungen geboten: In den gegenwärtigen Verhältnissen ist das Subjekt ihm zufolge zunehmend von einer totalen Vereinnahmung durch die Gesetzmäßigkeiten des Marktes bedroht (Meueler 1993: 48). Als die gesellschaftlich determinierende Größe bestimmt dieser Markt unser „Handeln ebenso wie unser Fühlen, Denken und Wollen samt aller grundlegenden Einstellungen, Selbstbilder, Deutungsmuster und Bedürfnisse" (ebd.: 51). Folge dieser Bestimmungsmacht ist die Determination des Subjekts durch die Strukturen des Marktes in Form einer Individualisierung. Zwar werden die Einzelnen aus traditionellen Zwängen entlassen, dabei werden sie den ökonomischen bzw. politischen Zwängen jedoch umso mehr unterworfen.

Meueler legt dabei einerseits einen emphatischen Subjektbegriff zugrunde; zugleich sind Subjekt und Subjektivität bedroht. Diesem Umstand will er über die Bildungsarbeit mit Erwachsenen begegnen. Subjektivität und Bildung seien daher untrennbar miteinander verbunden, konkret über die Entwicklung der „Fähigkeit zur Selbstreflexion", die Meueler als „Mitmenschlichkeit, als Verantwortung für sich, seinen Lebenszusammenhang, die Gesellschaft und deren Fortentwicklung, wie über Widerstand gegen die Zerstörung der Natur" (Meueler 2005: 684) definiert. Bildung gilt es hierin als Prozess der Höherentwicklung, der Entwicklung auf ein Besseres hin, zu erkennen. Dieser Prozess habe das Wachstum „all jener Kräfte, Fähigkeiten und Fertigkeiten und eine Zunahme von Kenntnissen, Einsichten und Einstellungen" (Meueler 1993: 157) zu befördern, die das Subjekt gegenüber der gesellschaftlichen Determination und den Gesetzen des Marktes stärkt.

Dieser Funktionsbestimmung der Bildungsarbeit entspricht Meuelers Konzeption des Gegenstandes didaktischer Praxis. Das empirisch vorfindbare Subjekt versteht Meueler als „das Unterliegende, das Unterworfene, das der Gestaltung Ausgesetzte, das Preisgegebene, das zum Gegenstand Gemachte" (Meueler 1993: 78). Dabei ist das Subjekt seiner äußeren und seiner inneren Natur ebenso unterworfen wie den Bedingungen der sozialen Welt. Diese anthropologische Bestimmung bildet den Hintergrund der Bestimmung des Subjekts als Gegenstand emanzipatorischer Erwachsenenbildung: Es soll zur nicht-determinierten und befreiten Subjektivität befähigt werden. Meueler setzt auf das Vorhandensein einer Widerständigkeit, auf das „bewusst widerständig gegenüber dem Prozess der voranschreitenden totalen Vergesellschaftung aller Lebensbereiche" (Meueler 1993: 48) sich verhaltende einzelne Subjekt.

In dem Meueler sich auf einen emphatischen Subjektbegriff beruft, gebraucht er diesen als Chiffre für die potentielle Widerständigkeit der Subjekte gegenüber den determinierenden Bedingungen oder mit seinen Worten: „Objektbedingungen" (Meueler 2002: 60). Er entwirft dabei eine optimistische Aussicht auf Subjekte, die in gelingender Selbstbestimmung eine wachsende Verfügung über ihre eigenen Lebensaktivitäten gewinnen.

Meueler schließt mit dieser Chiffre an Ebeling an, der einen „tätigen Widerspruch gegen die Vergeblichkeit des Subjekts" (Ebeling 1993: 37) fordert. Dabei geht es ihm um den Menschen als „unzerstörbaren Souverän", dem „die Möglichkeit der täglichen Widerlegung der Vergeblichkeit gegeben sei" (ebd.: 38).

Voraussetzung für diese Widerständigkeit der Subjekte ist für Meueler eine Aneignung der Objektbedingungen – allerdings nicht im Sinne eines passiven Vermittelt- oder Belehrtwerdens, sondern im Sinne einer aktiven Aneignung der Objekte im Modus des Verstehens. Das Mittel der Wahl ist dabei Bildung. Sie wird verstanden als Selbstbildung und ist bei Meueler eine gelungene Aneignung des Objekts als Gegenstand des eigenen Interesses. Diese Aneignung ist auf Verstehen ausgerichtet. Die Voraussetzung des Verstehens ist für Meueler ein Wissen über die Objekte, das mittels kritischer Reflexion zugleich selbst durchdrungen wird. In einem gelungenen Aneignungsprozess stellen die Lernenden ein Verhältnis zwischen sich und dem Gelernten her.

Das passiert, indem sie dessen Sinn für ihren Lebenszusammenhang erfassen und begreifen, wissen und erklären können.

Dergestalt ist individuelles Verstehen immer auch auf Verständigung mit anderen Subjekten angewiesen. Verstehen in einem sozialen Prozess zielt auf das Selbst (Selbstverständnis), auf den Umgang mit Fremdem (soziale Kompetenz) und auf ein Weltverständnis (fachliche Qualifikation). Bildung als Prozess der Selbstbildung realisiert sich demzufolge in „bewertetem und bewertendem Lernen als einem offenen Prozess subjektbestimmter Aneignung lebensnotwendigen Wissens und menschlichen Verständigungsmöglichkeiten mit einer besonderen Qualität informierter, kritischer Auseinandersetzung mit der Umwelt, den sie prägenden Traditionen, Strukturen und sich selbst" (Meueler 2005: 683 f.).

Das ‚Thematische Subjekt' ist eines, dass es einerseits vor der gesellschaftlichen Determination zu schützen gilt. Andererseits ist es mittels didaktischer Praktiken zu befördern: seine Emanzipation ebenso wie seine Soziabilität. Meueler bezieht wichtige kategoriale Bestimmungen seines Subjektbegriffs aus einzelnen Kennzeichnungen bedeutender Theoriegebilde: Er nennt hier ‚Wissen' bei Kant, ‚Arbeit' bei Marx und Engels, ‚Ichwerdung' bei Freud, ‚Beobachtung' und das ‚Nachdenken darüber' bei Horkheimer und Adorno (vgl. Meueler 1993: 8 ff.). Aus einer solchen ‚Mixtur' erarbeitet er seinen Subjektbegriff. Dabei stehen die *Türen des Käfigs* (Meueler 1993) für das zu fördernde Bemühen des Subjekts, sich von seiner Seinsweise als einem der „immer schon äußeren Natur, der inneren Triebdynamik und der sozialen Welt Unterlegenen zu befreien" (ebd.). In Anlehnung an die Kritische Theorie entwirft er das Subjekt als widersprüchliches: Subjekte sind einerseits unterworfen, andererseits aber nicht gänzlich. Aus dieser Potenz zur Freiheit legitimiert sich eine emanzipatorische Erwachsenenbildung. Bildungsprozesse versteht er oppositionell zum Vorgefundenen. Sie drängen auf kritische Prüfung und kämpferisches Engagement dem gegenüber, was nicht tolerierbar ist" (ebd.: 10). Meueler zielt mit seiner Konzeption auf die Entwicklung eines subversiven Wissens, „mit dessen Hilfe sich Subjekte zur Wehr setzen können" (ebd. 166). Die Schwierigkeit emanzipatorischer Erwachsenenbildung bestehe darin, den Subjektbegriff an einer Position zu verorten, die der konkrete empirische Mensch noch nicht eingenommen hat. Damit werden Lernende über Bildungsprozesse und die mit ihnen einhergehende Weiter- und Höherentwicklung sorgsam auf ihr eigenes Selbst und ihre eigene Existenz geführt.

5.1.5 Zusammenfassung und Passage

Bei aller Differenz didaktisch-methodischer Führungspraktiken in der „Neuen Lernkultur“ lassen sich mindestens zwei gemeinsame Merkmale feststellen. Die Programme fördern die individuelle Aktivität auf Seiten der Subjekte: Die Förderung der Eigeninitiative ist ihr Anliegen. Sie arbeiten dabei mit der Stärkung von oder Verpflichtung zu einer eigenen Transformation, zu Selbstsorge, Selbstverständigung und Aneignung. Das Ziel ist es, die subjektiven Potentiale zu maximieren und das Selbst zu optimieren.

Die Praxiskonzepte für eine „Neue Lernkultur“ funktionieren in diesem Sinne als Regierungsprogramme, die Technologien des Selbst entwerfen. Gefragt wurde dabei, wie das ‚Thematische Subjekt‘, die Funktion der Programmatik sowie deren Zielperspektive konzipiert werden. Schematisch lässt sich das mit Blick auf die einzelnen Praxiskonzepte folgendermaßen konkretisieren:

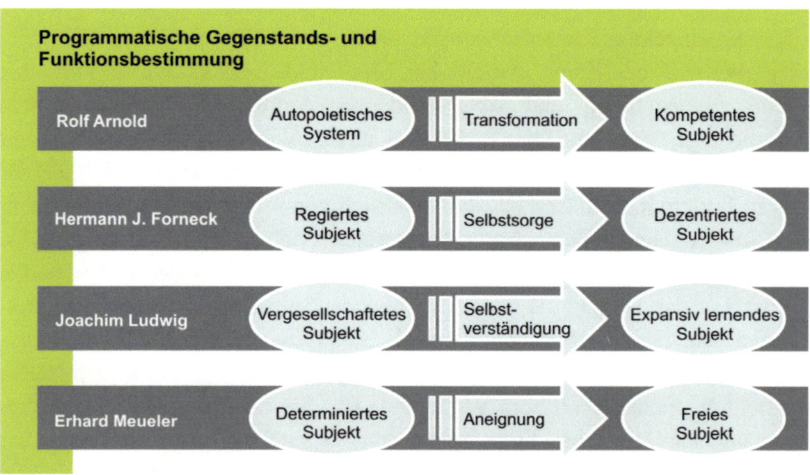

Abb. 4: Gegenstands- und Funktionsbestimmung in einer „Neuen Lernkultur“ (eigene Darstellung)

Im Folgenden gilt es, die Spezifik der gouvernementalen Programmatik zu untersuchen. Dieses Spezifikum besteht nicht darin, die Funktion didaktisch-methodischer Praktiken gegen die Subjekte zu entwerfen als etwas, das diese einem äußeren Zwang aussetzt und zum Objekt der Bearbeitung macht. Vor dem Hintergrund einer gouvernementalen Rationalität - so die hier vertretene These – wird demgegenüber eine Funktion didaktisch-methodischer Praktiken entworfen, die durch die Subjektivität verläuft, von den Subjekten selbst und in ihnen selbst vorgenommen wird.

Im Rahmen ermöglichungsdidaktischer Konzepte entwirft Arnold das ‚Thematische Subjekt' als ein *autopoietisches System*, das qua Transformation ein kompetentes Subjekt werden kann und soll. Diese Transformation kann nur durch das Subjekt selbst vorgenommen werden. Hermann Forneck entwirft ein *regiertes Subjekt*, das sich qua Selbstsorge von seinen eigenen Praktiken zu dezentrieren vermag. Joachim Ludwig identifiziert das ‚thematische' als *vergesellschaftetes Subjekt*, das in Prozessen der Selbst- und Fremdverständigung durch expansive Lernbegründungen zu mehr Handlungsfähigkeit und einer „Erhöhung der Lebensqualität" (Ludwig 2005b: 330) gelangen kann. Erhard Meueler schließlich konzipiert ein *determiniertes Subjekt*, welches durch didaktische Intervention in die Lage versetzt werden soll, sich qua Aneignung vergesellschafteter Objekte selbst zu befreien.

Zur Unterstützung dieser Funktionen werden didaktisch-methodische Praktiken entworfen. Vor dem Hintergrund der Kritik an der als klassisch bezeichneten Lernkultur werden diese nun allerdings nicht länger so konzipiert, dass damit Objekte ‚bearbeitet' und von einem Zustand (o) in einen Zustand (o') überführt werden können. Die hier untersuchten didaktisch-methodischen Praktiken beziehen sich also nicht in erster Linie auf die Unterdrückung von Subjektivität und ihre Formung durch repressive Mittel. Didaktisch-methodische Führungspraktiken in der „Neuen Lernkultur" ermöglichen Lernprozesse, die – anders als in souveränen oder disziplinarischen Regimes – nicht *gegen oder am*, sondern *im* Subjekt stattfinden. Hier wird die These vertreten, dass didaktisch-methodische Praktiken nun die Aufgabe haben, den Subjekten (s) nahe zu legen, sich in ein Subjekt (s') zu transformieren. In diesem Prozess ist es erforderlich, dass sie auf sich einwirken und sich selbst als Objekte betrachten. Die vorgeschlagenen Praktiken, hier dechiffriert als Regierungspraktiken, ermöglichen den Einzelnen genau das. Der Modus der Steuerung stellt sich damit um: Die Einzelnen werden befähigt, sich selber zu führen (vgl. Duttweiler 2007: 22).

In eben dieser Spezifik liegt die gouvernementale Rationalität. Sie ist bestrebt, nicht länger gegen die Subjekte zu arbeiten, in dem diese angehalten, aufgefordert oder gar zum Lernen genötigt werden. Sie zielt darauf, mittels der geforderten Orientierung an den subjektiven Interessen, Wünschen, und Bedürfnissen, die Subjekte zu selbstgesteuerten Lernprozessen zu verpflichten. Mit Barbara Cruikshank könnte man sagen, dass die Subjekte durch die Förderung, die ihnen durch didaktisch-methodische Praktiken zukommt, zunehmend in ihre Unterwerfung eingespannt werden. Gouvernementale Rationalität legt nahe „to act upon others by getting them act in their own interests [...], a strategy for constituting and regulating the political subjektivities of the empowered" (Cruikshank 1999: 68).

Die Entwicklung didaktisch-methodischer Praktiken der „Neuen Lernkultur" vollzieht sich vor dem Hintergrund und als Bestandteil einer Regierungspraxis, die ein neues Regime der Akzeptabilität etabliert.[7] In ihm werden Subjekte als autonome, aktive und entwicklungsfähige angerufen, die bislang noch ungenutzte subjektive Potentiale enthalten. Es gilt die Möglichkeit zu schaffen, dass die Subjekte diese zur Entfaltung bringen können. Auch dazu dienen die Veränderungen der Führungspraktiken.

Mit den folgenden Abschnitten soll nun der Ort skizziert werden, an dem diese Rationalität sich entfaltet. Untersucht werden soll, wie die auf dieser Grundlage entworfenen didaktisch-methodischen Praktiken als Regierungspraktiken funktionieren. Dabei soll gezeigt werden, dass die Praxiskonzepte didaktisch-methodische Praktiken zur Führung der (Selbst-)Führung entwerfen. Als Führungspraktiken eröffnen sie den lernenden Individuen vielfältige Handlungsmöglichkeiten. Gleichzeitig sind diese Technologien des Selbst Anleitungen, die es den Individuen ermöglichen, auf ihr eigenes Handeln einzuwirken. Als didaktisch-methodische Führungspraktiken sind sie Gegenstand des nachfolgenden Kapitels.

5.2 Grundstruktur einer gouvernementalen Steuerungslogik

In diesem Kapitel werden die Praxiskonzepte daraufhin untersucht, auf welche Weise sie didaktisch-methodische Praktiken konzipieren. Die Untersuchung wird von der Frage geleitet, *wie* über didaktisch-methodische Praktiken die Führung der Führungen angeleitet wird, das heißt *in welcher Form* sie ein Feld von Möglichkeiten strukturieren, um bestimmte Handlungen und Selbstführungen wahrscheinlicher zu machen. Dabei geraten die Kontrollmechanismen in den Blick, die die Wirkweise der gesetzten Maßnahmen, ihre Effizienz und Effektivität befördern. Es geht damit in dieser Untersuchung auch um die strategische Grundstruktur gouvernementaler Führungslogik. Zugrunde liegt die Annahme, dass die in den Praxiskonzepten entwickelten didaktisch-methodischen Handlungsweisen *Technologien des Selbst* darstellen. Als solche ermöglichen sie den Lernenden, ein spezifisches Selbstverhältnis zu etablieren. Die *Führung der Führungen* stellt eine strategische Steuerung dar, die in der Schaffung von individuellen Möglichkeiten bei gleichzeitiger Konstitution von Möglichkeitsräumen besteht. Der komplexen Steuerungslogik wird im Folgenden nachgespürt.

7 Das „epistemische Regime der Akzeptabilität“ (vgl. Foucault 1992: 34) wird in Kapitel 4.1.1. erläutert.

5.2.1 Strategische Führung

Die Führung der Führungen, die in den Praxiskonzepten entworfen wird, haben Peter Miller und Nicolas Rose treffend als ‚governing at distance' beschrieben (Miller/Rose 1998: 49).[8] Im Gegensatz zu allen didaktisch-methodischen Praktiken, die mit Planung, Strukturierung und ordnungsgemäßer Kontrolle auf eine direkte Wirkung abzielten, wird mit didaktisch-methodischen Regierungspraktiken die „Herstellbarkeit von Lernprozessen" (vgl. Ludwig 2005b: 328 f.) angezweifelt. Arnold bezeichnet die Annahme, man könne intervenierend Einfluss nehmen auf die komplexen Wirkungszusammenhänge des Lernens als „didaktische Vermittlungsillusion" (Arnold 2007: 34). Meueler spricht von einer „Nicht-Erzwingbarkeit" (Meueler 2005: 678) des Lehr-Lern-Prozesses und für Forneck stellt der bildungstheoretische Subjektbegriff die „Grenze erwachsenenbildnerischer Einflussnahme" (Forneck 2005c: 126) dar. Arnold plädiert in diesem Zusammenhang für den Abschied von bisherigen didaktischen Konzeptionen, die von der „Machbarkeit und Vorhersagbarkeit von Entwicklung" ausgehen (Arnold 2007: XI).

Von einer Vermittlungsrationalität, die eine quasi mechanische Produktion von Lernprozessen unterstellt, wird nun umgestellt auf eine Rationalität, die „lebendigere" (Arnold 2007: VII) Lernprozesse ermöglichen will. Die Lernenden sollen nicht länger als „Objekt strategischer Überlegungen und strategischer Handlungsweisen" (Meueler 1998: 150) betrachtet werden. Hierzu werden didaktisch-methodische Praktiken entwickelt, die fortwährend in der Lage sind, auf veränderte Situationen und die spezifischen Bedürfnisse der Teilnehmer und Teilnehmerinnen zu reagieren. Die geplante und strukturierte Organisation von Lehr- und Lernprozessen wird verworfen, weil sie Eigeninteressen und subjektiven Potentiale der Lernenden beschränkt. Vermittlungsprozesse werden per se in Frage gestellt, unabhängig davon, ob sie eher „instruktiv" (Ludwig 2004: 113) oder stärker „lernerorientiert" (ebd.) konzipiert werden. Vermittlungsprozesse seien zwangsläufig „paradox" (Arnold 2004: 238), da von „außen Ansprüchlichkeiten an die Lernenden herangetragen werden" (Ludwig 2004: 115).

Es wird gefordert, den Funktionszusammenhang des Didaktischen Dreiecks aufzulösen, der die Bedeutung der inhaltlichen Dimension des Lehr-Lern-Prozesses hervorgehoben hatte. Die Bedeutung der Inhalte in Lehr-Lern-Prozessen wird in verschiedener Hinsicht kritisiert: Arnold bezweifelt die grundsätzliche Bestimmbarkeit von allgemein gültigem Wissen und bezeichnet die didaktischen Versuche als „Objektivierungsfehler" (Arnold 1996: 720). Die Auswahl der Inhalte durch die Lehrenden gerät unter Legitimationsdruck, da Qualifikationen in „immer rascheren Zeiträumen veralten und

8 Vgl. dazu Kapitel 4.3.2.

entwertet“ (Meueler 2005: 679) werden. Für Forneck ist der von allen Teilnehmern und Teilnehmerinnen abzuarbeitende ‚inhaltliche Kanon‘ problematisch, mit dem die Qualität einer bestimmten Norm von Wissen unterstellt wird (Forneck 2005a: 20).

Diese Kritik führt die Autoren in der Folge dazu, den Ausgangspunkt für Lernprozesse zu verschieben.[9] Arnold behauptet dabei, dass es kein „qualitatives Restgefälle“ (Arnold 1996: 724) mehr zwischen der Wirklichkeit der Teilnehmenden und der Lehrenden gäbe. Für Meueler ist die allgemeine Lebenspraxis der Lernenden der Inhalt von Erwachsenenbildungsprozessen (vgl. Arnold 1998: 101). Ludwig konkretisiert mit dem so genannten Subjektstandpunkt die differenten Bedeutungshorizonte und wählt die gesellschaftliche Formiertheit der Lernenden sowie die individuell eigensinnige Verarbeitung dieser Formiertheit als Ausgangspunkt der Lern- und Bildungsarbeit (vgl. Ludwig 2004: 122 f.).

In der Folge werden didaktisch-methodische Regierungspraktiken entworfen, die den Lehr-Lern-Prozess in ein flexibles Miteinander von Akteuren verwandeln, in dem Inhalte von den Akteuren selbst hervorgebracht, neu bestimmt und wieder verworfen werden können. Kennzeichen eines solchen Ensembles lose gekoppelter Elemente, in dem die für jeden einzelnen Beteiligten relevanten Faktoren vorab nicht geplant werden können, sind unter anderem die „subjektive Befindlichkeit [...], die personal und situational gegeben ist“ (Ludwig 1999c: 69), „auflaufendes Konfliktpotential“ (Meueler 1998: 133) und die „unhintergehbare Konstruktivität des Geschehens“ (Arnold 2008: 241).

Die hier untersuchten didaktisch-methodische Praktiken arbeiten mit einer strategischen Führung aus Distanz. Sie haben lediglich die Aufgabe, sich produktiv und stimulierend auf individuelle Lernprozesse auszuwirken. Auf diese Weise wird mit Hilfe didaktisch-methodischer Regierungspraktiken eine strategische Situation hergestellt, der sich weder Lehrende noch Lernende entziehen können. Für die weiteren Ausführungen wichtig zu erkennen ist, dass dabei weder Lernende noch Lehrende als ‚Produzenten‘ einer Lernsituation betrachtet werden können. Es ist die Rationalität, die der Praktik zugrunde liegt, die bereits das ‚Regime der Akzeptabilität‘ begründet, also das, was als begründetes, vernünftiges und angemessenes Verhalten in den konkreten Situationen gilt.

---

9 Die Position Fornecks markiert hierbei eine Ausnahme, da er die inhaltliche Dimension von Lernprozessen als „materialen“ Ausgangspunkt der Gestaltung von Lernwegen beibehält und diesen darüber hinaus um eine „formale“ Dimension ergänzt (vgl. Kapitel 3.2.1). Im folgenden Abschnitt, der sich mit der grundsätzlichen Kritik an der inhaltlichen Dimension von Lernprozessen beschäftigt, wird die Position Fornecks daher vernachlässigt.

Für didaktisch-methodische Regierungspraktiken gilt der Imperativ, dass keine Situation geplant oder vorstrukturiert werden darf. Dabei sei der „Eigendynamik von Lernprozessen" (Arnold/Schüßler 1998: 72) Rechnung zu tragen und die „totale Festlegung in streng vorgegebene Aktionsformen" (Meueler 1998: 127) aufzugeben. Die Fokussierung auf die Vermittlungsbedingungen, wie zum Beispiel geeignete Methoden, Medien oder Lernorte solle abgelöst werden, indem didaktisch-methodische Regierungspraktiken vom „Standpunkt des Subjekts" (Ludwig 2004: 123) ausgehen. Damit, so Ludwig, würde dem Umstand gerecht, dass die „Lernhandlungen Erwachsener [...] nicht einfach die Kehrseite des Kursleiter-Lehrhandelns" (Ludwig 1999a: 667) darstellen. Darüber hinaus scheinen Anordnungen und Bemühungen, etwas gegen den Willen oder vermeintlichen Willen der Subjekte durchsetzen zu wollen, nicht angemessen: Die Situationen und die Subjekte sollen offen und anschlussfähig bleiben. Damit soll die „Lernverantwortlichkeit" (Arnold 1999: 35) wieder stärker den Lernsubjekten zurückgegeben werden, die ihre Lernprozesse „selbstständig planen und [...] weitgehend autonom gestalten" (ebd.).

Die didaktisch-methodischen Regierungspraktiken können folglich auch nicht einfach im Sinne einer Rollenteilung zwischen Lehrenden und Lernenden verstanden werden, in der ein Teil führt und ein Teil geführt wird.[10] Es handelt sich um keine einfachen Manipulationen im Sinne von „Herrschaftszuständen".[11] Nicht zuletzt deshalb hat es auch wenig Sinn, die Funktionsweise der Machtmechanismen, die sich im Zeichen strategischer Führung realisieren, von einem klar definierten materiellen Interesse, von äußeren „Ansprüchlichkeiten" (Ludwig 2004: 115) oder „von Dritten vorgegebenen und damit begrenzten Zwecken" (Meueler 2002: 64) herzuleiten. Alle beteiligten Akteure sind Führende und Geführte zugleich, denn alle beteiligten Akteure sind in doppelter Weise geführt: Jeder führt sich selbst und wird zugleich geführt. Didaktisch-methodische Regierungspraktiken sind Verfahren, die zu Führung und Selbstführung anregen.

Im Idealfall verhelfen die didaktisch-methodischen Praktiken in einer „Neuen Lernkultur" dazu, Situationen herzustellen, in denen es allen Teilnehmern und Teilnehmerinnen möglich ist, ein „subjektives Begehren" (Meueler 1993: 44) zu konstituieren, in denen sie ihre Wünsche und Bedürfnisse oder ihre „subjektive Lernbegründung" (Ludwig 2005b: 332) artikulieren,

10 So wurde es beispielsweise bei Litt noch unter den Stichworten ‚führen' und ‚wachsen lassen' gedacht (vgl. Litt 1961).

11 Unter „Herrschaftszuständen" (Foucault 1985: 26) versteht Foucault das, was wir üblicherweise Macht nennen. In Herrschaftszuständen sind Machtbeziehungen starr, unbeweglich und blockiert. Diese unterscheidet Foucault begrifflich von Machtverhältnissen, die prinzipiell veränderbar und umkehrbar sind (vgl. Kapitel 4.2.1).

sowie ihre Lernziele und -intentionen einbringen (Arnold 1996: 724). Es ist offensichtlich, dass eine solche Rationalität der Programme mit einem veränderten Professionsverständnis einhergeht. Statt Lehr- und Lernprozesse zu steuern und zu strukturieren, sollen Lehrende „die Handlungsbereitschaft und das Engagement auf Seiten ihrer Teilnehmer/innen anregen“ (Arnold 2007: 148 f.) und als „Selbstverständigungsprozesse [...] verstehen und hermeneutisch begleiten“ (Ludwig 2004: 126.). Für Meueler sollen sie gar als „Sozialhelfer“ (Meueler 1993: 125) fungieren, die die Beziehungen der Akteure untereinander fördern und ein Klima gegenseitiger Achtung erzeugen. Im besten Fall kann die oder der Lehrende Situationen nutzen, um auch sich selbst in diesen Prozessen weiter zu entwickeln (vgl. Arnold/Tutor 2007: 118).

Eine solche Form der strategischen Führung oder der „kontrollierenden Entkontrollierung“ (Opitz 2004: 120) ist es schließlich, die den hier untersuchten didaktisch-methodischen Praktiken ihren freiheitlichen Charakter verleiht. Der implizierte Freiheitsbegriff erscheint vor dem Hintergrund der Machtanalytik Foucaults allerdings als Effekt eines Denkens, das lediglich von den unterdrückenden und disziplinierenden Mechanismen hierarchischer Unterweisung ausgeht. Entgegen dieser Vorstellung von Freiheit und Unterdrückung soll hier unterstrichen werden, dass auch didaktisch-methodische Praktiken in Regierungsziele verwoben sind. Diese arbeiten mit kalkulierter subjektiver Handlungsfreiheit, um Führungs- bzw. Regierungsziele zu erreichen. Diese Ziele sind es, die sich gänzlich von den Zielen einer souveränen und einer disziplinierenden Macht unterscheiden.

Die machttheoretische Perspektive lässt erkennen, dass das zentrale Charakteristikum gouvernementaler Machtverhältnisse und der mit ihr einhergehenden Regierungskunst darin besteht, von freien und autonom handelnden Subjekten auszugehen und gleichzeitig das Feld ihrer möglichen Handlungen zu strukturieren. Die Voraussetzung für die Ausübung einer Art von Führung oder Regierung, die sich in der Einwirkung auf die Handlungen anderer definiert und sich darin von einer Herrschaftsausübung unterscheidet, ist die Annahme, dass das Subjekt als *frei handelnde Person* vorhanden ist. Foucault versteht darunter alle individuellen oder kollektiven Subjekte als frei Handelnde, vor denen ein Feld von möglichen Handlungen liegt, in dem verschiedene (Selbst-)Führungen, mehrere Reaktionen und Verhaltensweisen denkbar sind. Wären diese individuellen und kollektiven Subjekte determiniert, könne im Foucault'schen Verständnis keine Macht-, sondern nur ein Herrschaftsverhältnis existieren (vgl. Foucault 1982: 255).

Die Aporie, die die didaktisch-methodische Praktiken als Regierungspraktiken bearbeiten, besteht nun darin, die Subjekte als autonome, aktive und mit einem freien und eigenen Willen ausgestattete anzurufen.[12] Gleichzeitig muss die Nutzung dieser Autonomie und Freiheit nach gewissen Richtlinien verlaufen. Es gilt über didaktisch-methodische Führungspraktiken ein Handlungsvermögen zu produzieren, das nicht an beliebige Zwecke gebunden ist. In den folgenden Abschnitten wird diese Produktion von Möglichkeitsräumen[13] für individuelle Handlungen analysiert.

5.2.2 Freisetzung und Responsibilisierung

Didaktisch-methodische Praktiken, die mit der Strategie der Führung der Führung arbeiten, produzieren auf diese Weise scheinbar offene Situationen. Sie transformieren die ehemals stabilen Strukturen und funktionalen Zusammenhänge des Lehr-Lern-Prozesses in einen Zustand dauerhafter Modulation, der die Inhalte, Zeiteinteilungen, Verläufe, Beziehungen und Menschen gleichermaßen umfasst. Der Ort der dauerhaften Modulation ist bei Forneck die Lernberatungssituation. In ihr werden reflexive Prozesse angeregt und dauerhaft in Gang gehalten, die Gegenstände der Lernarbeit ebenso umfassen wie die biografische Konsumption von Lernpraktiken und auf eine reflexive Einstellung zielen (vgl. Forneck 2005a: 36). In der Ludwig'schen Konzeption der Fallarbeit werden die Bedeutungshorizonte der einzelnen Lernenden systematisch mit Gegenhorizonten anderer Lernender kontrastiert und im Rahmen einer kooperativen Lernberatung zu verstehen versucht, was zu einem „unauflösbaren Spannungsverhältnis" führt (Ludwig 2004: 125). In Lernprozessen ein Gefühl für die „grundsätzliche Fragilität des Vorgefundenen" (Arnold 2007: 153) zu entwickeln, bezeichnet Arnold als Voraussetzung dafür, die individuellen Gestaltungschancen zu erhöhen. Und für Meueler ist es ein fundamentales Kennzeichen der praktischen Bildungsarbeit, dass „jeder jederzeit offen seine Interessen, aktuellen Bedürfnisse, Befindlichkeiten und Gefühle äußern, den anderen Rückmeldungen geben und sich mit den übrigen [Lernenden] über die gemeinsame Arbeit verständigen" (Meueler 1998: 144) kann. Mit Deleuze lässt sich dieser Zustand als „Verhältnisse permanenter Metastabilität" (Deleuze 1993: 256) beschreiben. Solche Verhältnisse verlangen von jedem Akteur und jeder Akteurin situationsspezifische Anpassungsleistungen. Didaktisch-methodische Praktiken lassen sich in diesem Kontext, und ebenso im Anschluss an Deleuze, als „Kontrollformen mit freiheitlichem Aussehen" (ebd.) bezeichnen. Sie deuten daher auf eine höchst paradoxe Freisetzung hin.

12 Die Metapher der Anrufung wird in Anlehnung an Louis Althusser verwendet (vgl. Althusser 1977).

13 Der Begriff der Möglichkeitsräume bezieht sich auf das Feld eventuellen Handelns, das für Foucault über Regierungspraktiken strukturiert wird (vgl. Foucault 1982: 255).

Auf der einen Seite erzeugt die Abkehr von normierenden Regeln und Strukturen einen Zustand ungekannter Freizügigkeit, auf der anderen Seite formuliert sich durch die Modulation dieser lose gekoppelten Elemente ein Imperativ: Das Individuum muss sich in die Zirkulation der unterschiedlichen Situationen und Gegebenheiten einfügen und diese Zirkulation autonom bewältigen. Auf der Grundlage einer radikalen Subjektorientierung, wie sie dem Diskurs der „Neuen Lernkultur" zugrunde liegt, wird das Subjekt selbst zum Mittelpunkt der Regierungsaktivität. Sein Auftrag ist die Unterwerfung unter den Imperativ von Aktivität und Selbstgestaltung. Das lernende Subjekt ist vor allem ein aktives Subjekt, das das vor ihm liegende Feld an möglichen Handlungsweisen nutzen soll. Diese Subjektkonstitution rekurriert und befördert die Fähigkeit zu permanenter Modulation, die eine variable Anpassung an die jeweils situativen Anforderungen erlaubt. Die Vorstellung einer festen und stabilen Identität weicht der einer hybriden Beweglichkeit. Bei der Anrufung „Seid Subjekt!" handelt es sich um einen Ordnungsaufruf. „In erster Linie begegnen wir hier einem autoritären Diskurs: man muss sich selbst ausdrücken, und sich äußern, man muss kommunizieren und kooperieren." (Lazzarato 1998: 42)

Didaktisch-methodische Praktiken eröffnen Lern- und Möglichkeitsräume, die eine größtmögliche Flexibilität und Beweglichkeit auf Seiten der Subjekte erfordern. Derartige Lernräume zielen nur vermeintlich auf die Erweiterung individueller Handlungspotentiale. Als strategische Führung der Führungen zielen sie vor allem darauf, die Haltung der Subjekte gegenüber dem Wandel, der Veränderung und der Instabilität zu verändern. Didaktisch-methodische Führungspraktiken im Zeichen gouvernementaler Rationalität arbeiten auf das Ziel hin: „Changing people's attitude toward change" (Donzelot 1991: 273). In diesen Lernräumen wird den Subjekten nahe gelegt, Instabilität, Wandel und Veränderung nicht als Bedrohung zu erleben, sondern als Chance für persönliche Entfaltung.

Ein besonderes Kennzeichen der gouvernementalen Rationalität ist die programmatische Ermächtigung der lernenden Subjekte. Das ‚Thematische Subjekt', das im Zeichen der gouvernementalen Rationalität hervorgebracht wird, um es in eine Form zu bringen, ist eines, das die intendierte Form von Subjektivität selbst bestimmt hervorbringt - im Vollzug dieser Handlungen wiederum entsteht es. Die im Diskurs um die „Neue Lernkultur" viel verwendeten Stichworte von „Selbstorganisation" (Arnold 2007: 7), „Selbstsorge" (Forneck 2005a: 23), „Selbstverständigung" (Ludwig 2004: 116) und „Selbstverwirklichung" (Meueler 2005:684) versprechen die Realisierung subjektiver Handlungsmöglichkeiten. Zwang und Versprechen liegen dabei dicht beieinander. Die ‚versprochene' „Kompetenz" (Arnold 2007: 49) und „Dezentrierung" (Forneck 2005a: 41) sowie die Hoffnung auf die „Entfaltung subjektiver Lebensqualität" (Ludwig 2005b: 332) und „selbstbestimmtes Handeln"

(Meueler 2005: 684) sind gleichsam auch als Bedingungen gefordert. Diese Bedingungen sind nicht äußerlich, sie können didaktisch-methodisch nicht hergestellt werden. Sie können nur von einem Individuum selbst geschaffen werden. Die Voraussetzung dafür ist, dass sie oder er die Potentiale in sich selbst aktiviert. Nur dann, wenn diese Aktivierung gelingt, wird das Individuum die versprochenen Ziele erreichen. Auch ist, falls diese Aktivierung nicht selbst gelingt, eine Intervention begründet. Für Arnold ist es hierbei durchaus legitim, Lernenden „die Möglichkeit zu eröffnen, von oberflächenverarbeitenden zu tiefenverarbeitenden Strategien der Aneignung ‚vorzustoßen'" (Arnold/Tutor 2007: 58). Da diese Möglichkeit aus systemtheoretischer Perspektive nicht herstellbar ist, ist eine „stellvertretende Führung" angezeigt, die „nur dort eingreift, wo sich die Lernenden noch nicht sicher fühlen und noch weitere Kompetenzen benötigen (ebd.: 131). Für Meueler muss diese „'Hilfe zur Selbsthilfe' […] vorsichtig, aber unbeirrt geschehen" (Meueler 1998: 139), da es sich bei dem Weg zu gänzlicher Selbstbestimmung um ein Kontinuum handelt: „vom leitergeplanten Seminar […] über ein Mitbestimmungsrecht der Gruppe in Sachen Planung, Durchführung und Auswertung bis hin zur Selbstorganisation der Gesamtgruppe" (ebd.). Das professionelle erwachsenenbildnerische Handeln ist für Ludwig an die „hermeneutische Kompetenz gebunden, kritische und selbstkritische Vergleiche im Modus der Anerkennung zu führen" (Ludwig 2004: 125). Dabei gilt es, „jene Bedeutungen ins Spiel [zu bringen, UK], die dem Lernenden in seiner Handlungsproblematik nicht verfügbar" (ebd.: 126) sind. Für Forneck liegt in situativ veränderbaren Steuerungsformen, die Lernprozesse strukturieren und für den oder die Lernenden zugleich jederzeit verfügbar halten, „die eigentliche Qualitätsdimension professionell gestalteten Lerngeschehens" (Forneck 2005a: 18). Didaktisch-methodische Praktiken sind dann Verfahren zur Steigerung dieser immateriellen Ressourcen innerhalb der Subjekte. Sie unterstützen das Individuum dabei, diese ‚selbstbegrenzenden' Bedingungen aufzulösen und in Bedingungen zu verwandeln, die es ermöglichen, ein aktives Subjekt zu werden. Strategische Führungspraktiken geben dem Subjekt Gelegenheit, sich selbst zu verändern, zu modifizieren und zu transformieren.[14]

Das Spezifische, das sich an dieser gouvernementalen Rationalität abzeichnet, scheint nun aus Foucaults Perspektive in eben diesem Widerspruch begründet: Wer seine Freiheit in diesem Sinne geltend macht, ist bemüht, seine Befreiung mittels Strategien zu erreichen, die subjektivieren (Foucault 1984a: 178). Diese Strategien stützen sich auf eine Idee des Wesens der Menschen, eine Wahrheit innerhalb der Subjekte, die diskursiv erzeugt wurde. Was hierin befreit werden soll, ist in Wirklichkeit immer schon der produkti-

14 Hierfür halten didaktisch-methodische Führungspraktiken auch die geeigneten Selbstpraktiken bereit.

ve Effekt einer Unterwerfung. Dieser ist die Selbstkonstitution im Rahmen eines bestimmten, an Regierungsziele gekoppelten Möglichkeitsraums.[15]

Didaktisch-methodische Praktiken der Führung arbeiten im Modus der Flexibilität. Ihr Hauptanliegen ist es, das einzelne Subjekt zu permanenter Modulation zu bewegen. Es soll sich regelmäßig in neue Aufgaben und Situationen hineindenken, sich und die Situation aktiv gestalten und sich damit selbst in dem beschriebenen Sinne als der und die Angerufene (im Sinne Althussers) hervorbringen. Der permanente Wandel des Umfelds verlangt zudem die dauerhafte Überprüfung der eigenen Handlungsmuster, weil Gedanken, Wahrnehmungen und Bedürfnisse, die eben noch richtig und angemessen waren, im nächsten Augenblick nicht mehr adäquat sein können. Dabei gilt es, sich jederzeit selbst zu überprüfen, sich selbst zu vergewissern, ob ein bislang scheinbar adäquates Handeln eventuell andere Entscheidungsmöglichkeiten zulässt. Diese didaktisch-methodischen Führungspraktiken fordern von den Lernenden eine permanente Veränderbarkeit und eine allgemeine Selbstverantwortung für die Prozesse der Veränderung. Im Modus dessen, was Jacques Donzelot als „formation permanente" (Donzelot 1991: 251) bezeichnet hat, soll sich das Subjekt als autonom Handelndes präsentieren, das heißt die Verantwortung für sein Handeln selbst übernehmen.

Dieses Vorgehen wird in den Gouvernementalitätsstudien unter dem Begriff Responsibilisierung diskutiert (Bischoff 2003: 25; Bröckling 2000: 152; Krasmann 1999: 112; Bröckling/Krasmann/Lemke 2000: 26). Dessen Ziel ist es, die Selbstverantwortung – in diesem Fall für die eigenen Lernprozesse – zu befördern. Am deutlichsten tritt es in Hinblick auf die Selbstbestimmung individueller Lernziele und die individuelle Verantwortung für die Zielerreichung zu Tage.

Inhaltliche Lernziele sind in einer „Neuen Lernkultur" weder institutionell, noch pädagogisch begründet oder von einer ‚normativen' Bildungstheorie abzuleiten. Für Ludwig ist ein „stofflich feststehender Seminarplan/Lehrplan, der vom Lehrenden geplantes Wissen vermitteln soll" (Ludwig 2003b: 271) professionell nicht länger begründbar. Das „gemeinsame Lerninteresse" als „Einheit des Lehr-, Lernzusammenhangs" bleibt „permanent fragil" (Ludwig 2004: 122). Vorausbestimmte Lernziele verhindern es Meueler zufolge, „die Sozialerfahrungen der Teilnehmer, ihre je subjektiven Interessen, Bedürfnisse und Wünsche" (Meueler 1998: 151) zu berücksichtigen. Lernziele müssten demgegenüber von den Lernenden „selbst bestimmt" (Arnold/Schüßler 1998: 131) werden oder ein „subjektives Lerninteresse" (Ludwig 2004: 117) darstellen, denn eine Vereinbarung von Zielen soll nicht län-

15 Foucault betonte immer wieder, dass der Widerstand gegen diese Unterwerfung weniger darin besteht, zu entdecken, was wir sind, als vielmehr abzuweisen, was wir sind (Foucault 1990: 82) und was wir sein sollen.

ger im Sinne einer Zielvorgabe erscheinen.[16] Gouvernementale Führung sorgt dafür, dass sich die Individuen ihre Ziele selbst setzen. Dem Lernenden wird so nicht länger nur eine Position zugestanden, von der aus er Lernziele empfängt und zu realisieren hat, sondern er wird zu einem „sich selbst führenden Protagonisten einer Handlungsmission" (Opitz 2004: 125), die er persönlich zu verantworten hat. Das selbst gestellte Ziel impliziert dabei einen Aufforderungscharakter: Es soll das Selbst berühren, so dass die Zielerreichung als selbst zu lösendes Problem akzeptiert wird und eine „eigene, aus uns selbst kommende Aktivität" (Sprenger 2001: 221) erzeugt. Das Ziel fungiert als Motor der Subjektivierung, indem es eine individuelle Entwicklung motiviert.[17]

Individualisierung und die damit verbundene Multiplizierung von Verantwortung lässt sich ausmachen als zentrales Kernstück einer Gouvernementalität, die maximale individuelle Verpflichtung und den damit verbundenen indirekten Zwang mit größtmöglichen Freiräumen kombiniert. Der gezielte Einsatz von spezifizierten Freiheiten, etwa im Rahmen der Lernzielbestimmung, installiert – in Anlehnung an Deleuze – eine Kontrolle mit freiheitlichem Aussehen. Die Produktion von Verantwortung suggeriert Handlungsspielräume, die überspielen, dass die im Hinblick auf die zur Zielerreichung notwendigen Subjektivierungsprozesse tatsächlich mit einer Unterwerfung einhergehen.

In einem didaktisch-methodischen Arrangement, das sich einer radikalen Subjektorientierung verschreibt, kann auch das Scheitern oder das Nicht-Erreichen der selbst gesetzten Lernziele nicht länger externalisiert werden, indem auf die beschränkenden, verhindernden Umstände der Lernarbeit verwiesen wird. In der Konsequenz erzeugt das eine paradoxe Situation: Von den Subjekten wird verlangt, in unentscheidbaren Situationen zu entscheiden und für diese Entscheidungen die Verantwortung zu übernehmen.

Die aufgezeigten gouvernementalen Führungstechniken unterstellen, dass bislang zuviel Einfluss geübt oder ‚regiert' wurde. Sie favorisieren ein Arrangement der Führung, das unter keinen Umständen in ein Herrschaftsverhältnis ‚umkippen' darf. Gleichzeitig bedeutet dies nicht, dass sich keine neuen Standardisierungen einstellen würden. Das Arrangement der Führung setzt eine Freiheit ein, die permanent bedroht scheint und deren Erhaltung einer ununterbrochenen Aktivierung bedarf. Dabei zielen alle regulatorischen Eingriffe darauf ab, die Kapazitäten der „Kompetenzentwicklung" (Arnold 1999: 33),

16 Für Sven Opitz verwandelt sich die „Führung durch Zielvorgabe" in gouvernementalen Regierungspraktiken in eine „Führung durch Zielvereinbarung" (Opitz 2004: 125).

17 Die Entwicklungs-Perspektiven für Subjektivität, die die Autoren für eine „Neue Lernkultur" aufzeigen, werden in Kapitel 5.1. im Hinblick auf Handlungs*angebote* und Handlungs*gebote* einer eingehenden Untersuchung unterzogen.

„Selbstverständigung" (Ludwig 2004: 116), „Selbstsorge" (Forneck 2005a: 23) und „Selbstverwirklichung" (Meueler 2005: 684) zu steigern; Führung wird in immer stärkerem Maße zur Selbstführung.

Dieser Zusammenhang wird im Folgenden verdeutlicht, indem im Anschluss an Foucault die Transformation von Machtverhältnissen an einem konkreten Beispiel verdeutlicht wird. Dabei rückt die didaktisch-methodische Gestaltung von Lernräumen ins Zentrum der Betrachtung. Untersucht wird die Frage, wie sich die Ambivalenz der Freisetzung der lernenden Subjekte über didaktisch-methodische Praktiken zur Gestaltung von Lernräumen zeigt.

Es wird angenommen, dass die didaktisch-methodische Rationalität, die sich auf die Macht eines Souveräns bezieht, Führungspraktiken begründet, die sich auf einen festen Ort, einen festen Raum beziehen. Sie arbeiten mit Mechanismen der Unterdrückung und dem binären Code des richtigen/falschen, normalen/abnormalen Verhaltens, an den sich Prozesse der Ausschließung anschließen. Didaktisch-methodische Praktiken, denen eine disziplinäre Rationalität zugrunde liegt, richten sich demgegenüber an den individuellen Körper und entfalteten ihre Machtwirkungen über Verfahren der Freisetzung, Nutzbarmachung und Erkennung von Menschen. Das lernende Individuum hat sich in feste Strukturen zu fügen und dabei seine Subjektivität ‚einzuüben'. Dieses System der allumfassenden Einschließung und des normierten Reglements wird im Zeichen der Gouvernementalität abgelöst von der Ambivalenz der Freisetzung zur Modulation. Die gouvernementale Rationalität, die didaktisch-methodischen Praktiken für eine „Neue Lernkultur" zugrunde liegt, verpflichtet das Subjekt zur verantwortlichen Selbstregulierung.

5.2.3 Transformation räumlicher Anordnungen

Im Folgenden werden verschiedene räumliche Lernarrangements, die im Sinne Foucaults Machteffekte entfalten, dargestellt. Die historisch je spezifische Form oder Rationalität der Regierung materialisiert sich auch in der jeweiligen Lernraumgestaltung. Dabei gilt es, die Lernraumgestaltung im Zeichen einer souveränen Machtrationalität von der zu unterscheiden, die disziplinären Regierungszielen oder einer gouvernementalen Regierung entspricht.

Mit der Untersuchung ‚souverän gestalteter' räumlicher Arrangements soll ermittelt werden, wie über diese Momente der Anordnung, Unterdrückung und Ausschließung entstehen. Anschließend soll die räumliche Gestaltung untersucht werden, die eine disziplinäre Rationalität begründet. Dabei wird offensichtlich, dass die Disziplinarmacht einen leeren Raum künstlich und sehr filigran gestaltet, um mit subtilen Maßnahmen disziplinäre Machtverhältnisse zu etablieren.[18]

Didaktisch-methodische Praktiken, die im Zeichen gouvernementaler Rationalität als Führung der Führungen angelegt sind, nehmen eine gänzlich andere räumliche Anordnung vor. Die gouvernementale Rationalität arbeitet mit einem „Sicherheitsdispositiv" (Foucault 2004: 19). Im Zeichen der Sicherheit tritt Foucault zufolge eine grundlegende Frage auf, die es zu beantworten gilt: Wie kann die Zirkulation von Menschen und Dingen innerhalb eines Raums so organisiert werden, dass eine gefährliche oder schlechte Zirkulation vermindert und eine gute Zirkulation maximiert werden kann? (Vgl. ebd.: 37)

Die souveräne Macht richtet sich auf das Innere eines Territoriums aus, die disziplinäre Macht auf die Körper der Individuen und die gouvernementale Macht auf Multiplizität in Bewegung.[19] Dabei ist die Frage, wie eine „maximale ökonomische Entwicklung" (Foucault 2004: 32) aller erreicht werden kann. Didaktisch-methodische Arrangements werden dabei selbst als in Entwicklung begriffen angenommen. Eine gewisse Anzahl von Dingen, Ereignissen und Elementen werden geschehen oder entstehen. Was gilt es zu tun, um dem, was nicht genau vorhersehbar, bereits im Vorfeld die Stirn zu bieten?

Die gouvernementale Rationalität hat dafür eine Lösung, die darin besteht, die größtmöglichen Spielräume zu eröffnen und gleichsam dafür zu sorgen, dass die Entwicklungen sich dennoch entlang einer Linie bewegen und insgesamt ein Gleichgewicht herstellen. Dabei entsteht in Sicherheitsräumen ein „Milieu" (ebd.: 40), in dem die Zirkulation zustande kommt. Das Milieu ist ein Ensemble von natürlichen Gegebenheiten und eine Ansammlung von Individuen. „Das Milieu ist eine bestimmte Anzahl von Wirkungen, Massenwirkungen, die auf all jene gerichtet sind, die darin ansässig sind" (ebd.: 41). Für Foucault ist das Milieu etwas, in dessen Innerem eine zirkuläre Umstellung von Wirkungen und Ursachen stattfindet. Das Milieu ist dabei der Ort, an dem die äußeren Gegebenheiten mit der menschlichen Art interferieren. Wenn man die „menschliche Art ändern will, ist es gut [...] auf das Milieu einzuwirken" (ebd.: 43). In diesen Prozessen richtet sich die Aufmerksamkeit nicht auf die Gestaltung des einzelnen Details. Bedeutsam sind hingegen die Gestaltung, die Planung und die Organisation des Gesamtprozesses. Didaktisch-methodische Praktiken arbeiten mit den jeweilig gegebenen Möglichkeiten, sie schaffen nicht einen spezifischen Raum. Das Gegebene wird nicht länger dergestalt arrangiert, dass es einen perfekten Mechanismus darstellt. Es geht vielmehr darum, den Lernenden einen Möglichkeitsraum zu eröffnen, in

18 Den Zusammenhang der Raumgestaltung und der Körperpraktiken in Disziplinarmechanismus ausführlich untersucht hat Sonja Hnilica. Ihren Fokus richtet die Autorin auf die den Körper disziplinierende Funktion der Schulbank (vgl. Hnilica 2003)

19 Vergleiche hierzu Kapitel 4.2.2.

dem sie sich *wahrscheinlich* auf die gewünschte Weise verhalten werden. Es geht um die Bearbeitung von Wahrscheinlichkeiten: Eine gouvernementale Rationalität bringt ihre Machteffekte als Führung der Führungen zur Geltung, wenn über Praktiken die Zirkulation aller Verhaltensweisen ermöglicht wird. Das räumliche Arrangement ermöglicht den kommunikativen Austausch und kalkuliert darin sogar mit möglichem Widerstand. Innerhalb des Arrangements in einer „Neuen Lernkultur", das nicht mehr mit direkter Steuerung der Gegebenheiten arbeiten will, werden negative und positive Effekte evoziert. Die Führungspraktiken in einer „Neuen Lernkultur" setzen an der Ausdehnung der gewünschten Effekte an. Diese strategische Führung arbeitet mit Selbstpraktiken, die es den Individuen ermöglichen, auf sich selbst einzuwirken und sich selbst in einem intendierten Sinne verändern zu können.

Denkt man das Phänomen der Machtausübung mit Foucault, stellt sich die Macht nicht als ein exklusiver Ort dar. Im Gegenteil: Für ihn sind es alltägliche, unspektakuläre und räumlich ungebundene Verfahren, die von den spezifischen Machtmechanismen besetzt werden. Spezifisch sind diese Mechanismen, weil sie sich zu einem bestimmten historischen Zeitpunkt in einer spezifischen Modulation entwickeln. Dennoch sind sie nicht als Serie aufeinander folgender und strikt voneinander zu trennender Mechanismen zu betrachten. Vielmehr umklammern sich die Mechanismen der Souveränitätsmacht, der Disziplinarmacht und der Gouvernementalität, sie beziehen sich aufeinander und wirken im Inneren des jeweils anderen nach. Es handelt sich bei dieser Transformation der Mechanismen um keine einfache Abfolge, sondern

> „eine Serie komplexer Gefüge, in denen sich sicherlich die Techniken selbst, die sich vervollkommnen oder sich jedenfalls komplizieren, ändern, doch was sich vor allem ändert, ist die Dominante oder genauer das Korrelationssystem zwischen den juridisch-rechtlichen Mechanismen, den Disziplinarmechanismen und den Sicherheitsmechanismen" (Foucault 2004: 22).

Im Folgenden geht es um die Analyse der Machtmechanismen, die in didaktisch-methodischen Praktiken zur Gestaltung von Räumen angelegt werden. Bei diesen Mechanismen handelt es sich um ein Ensemble von Prozeduren, „deren Rolle oder Funktion und Thema darin besteht, die Macht zu gewährleisten, selbst wenn sie dies nicht erreichen" (Foucault 2004: 14).

Dabei wird zugrunde gelegt, dass die räumliche Anordnung, die Bestandteil didaktisch-methodischer Praktiken ist, bestimmte Technologien des Selbst erzeugt und auch Teil einer spezifischen Rationalität ist. In der folgenden Untersuchung werden unterschiedliche Anordnungen betrachtet, mit denen Lernräume gestaltet werden. Ein besonderes Augenmerk gilt dabei dem kontinuierlichen Wandel, dem die räumliche Ordnung in der Erwachsenen- und Weiterbildung unterzogen wird.

5.2.3.1 Souveräne und panoptische Räume

Bereits die Volksbildungskonzeption der Deutschen Gesellschaft für Volksbildung aus dem Jahre 1871 hatte bestimmte Vorstellungen hinsichtlich der Ordnung des Raumes. In den Massenveranstaltungen, in der eine auf Breitenwirkung angelegte ‚objektive' Darstellung und Vermittlung des durch Wissenschaft und Kultur vorgegebenen Bildungskanons stattfand, wurden große Räume organisiert. Der breiten Bevölkerung wurde, häufig in Bibliotheken oder anderen Vortragssälen, eine Art ‚Volks-Bildung' vermittelt (vgl. Lehner 1993: 40). Die räumliche Anordnung in derartigen Bildungsveranstaltungen, die sich auch heute noch gelegentlich in Veranstaltungen der Erwachsenen- und Weiterbildung findet, ist das Frontal-Schema.

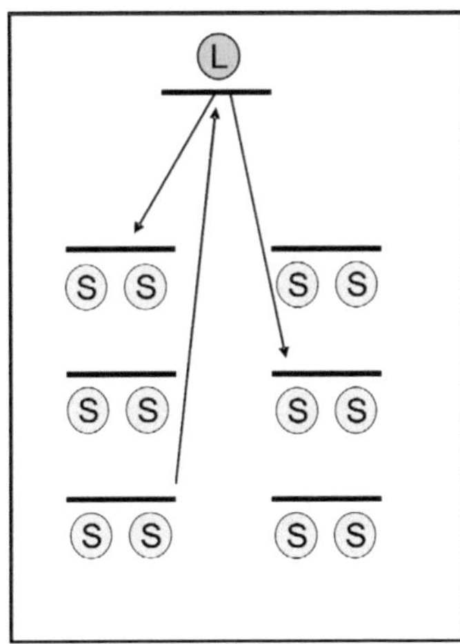

Abb. 5: Klassisches Frontalschema (eigene Darstellung)

Die Ordnung des Raumes in einem ‚klassischen Frontalschema', wie sie in Abb. 5 dargestellt ist, weist eine eindimensionale Orientierung ihrer Elemente auf. Die Tische der Lernenden sind so gestellt, dass die an diesen Sitzenden in dieselbe Richtung blicken. Die Blickrichtung geht von den Teilnehmenden hin zu der oder dem Dozierenden und über diesen hinaus zur Tafel, als dem Medium, mit dem Inhalte sichtbar gemacht werden sollen. Während die Teilnehmenden hinter ihren Tischen sitzen, steht oder sitzt der Dozierende zwischen Tafel und Dozentenpult.

Keine räumliche Anordnung ist zufällig oder ohne Bedeutung. Der nach dem Frontalschema organisierte Raum einer Arbeitsgemeinschaft[20] lässt sich in den Begriffen der Souveränitätsmacht reflektieren. Dieser Raum folgt einem Ordnungsschema, das durch verschiedene Besonderheiten charakterisiert ist. Das Verhältnis zwischen dem Lehrenden und jedem einzelnen Individuum repräsentiert sich zunächst in einer äußeren Form: Der Dozent sitzt den Teilnehmenden gegenüber. Damit wird auch die Ungleichheit des Verhältnisses symbolisiert. Zugleich zeigt die Plat-

20 Bezeichnung der einzelnen Lerngruppen innerhalb der Veranstaltungen der ‚Volksbildungsgemeinschaft'.

zierung des Dozentenpultes, das in früheren Zeiten zusätzlich noch erhöht im Raum ‚thronte', eine politische[21] Dimension des Verhältnisses zwischen den Teilnehmenden und dem Dozierenden. Dies sind die Aspekte, die Foucault notwendig für die Administration souveräner Territorien bezeichnete. Dem Dozierenden ist die Rolle des Souveräns zugeschrieben, desjenigen, der im Besitz der zu vermittelnden Inhalte ist. Er ist auch derjenige, der gegenüber der Gemeinschaft der lernenden Individuen über Sanktionsmöglichkeiten verfügt. Der Dozierende ist verantwortlich für ein bestimmtes ‚lernförderliches' Klima innerhalb der Gemeinschaft und verfügt zugleich über das zu vermittelnde Bildungswissen. Darüber hinaus herrschen in einem derart gestalteten Raum gewisse Regeln des Zusammenarbeitens, die einer binären Aufteilung von Recht/Unrecht folgen. Zuwiderhandlung kann mit Sanktionen bestraft werden, die von einem einfachen Verweis des Raumes bis zum kompletten Ausschluss aus der Lerngemeinschaft reichen. In der Terminologie Foucaults lässt sich diese Ordnung des Raumes als Territorium beschreiben, dessen Grenzen ein Innen (innerhalb des Raumes) und ein Außen (außerhalb des Raumes) definieren (vgl. Foucault 2004: 27 ff.). Dabei weisen die Erlasse und Gesetze eine Verwurzelung im Raum auf, mit dem Ziel, es den Lernenden zu verunmöglichen, sich diesem regulatorischen Netz zu entziehen.

Die Verteilung der an den Tischen sitzenden Teilnehmer/innen ist ebenfalls nicht bedeutungslos. In der Regel sitzen zwei Teilnehmerinnen nebeneinander an einem Tisch, manche Teilnehmer sitzen allein im Raum. Da sie auf das Dozentenpult ausgerichtet sind, wird ihr Kontakt untereinander eingeschränkt, obwohl sie räumlich nah beieinander sitzen. Auch findet durch die räumliche Ordnung die Zirkulation des Wissens wohl kaum untereinander als vielmehr in Bezug auf den Dozierenden statt. Das heißt, wenn die Lernenden sprechen und interagieren, dann tun sie dies gegenüber dem Dozierenden, dessen Fragen sie beantworten und dessen Aufforderungen sie Folge leisten. Die Ordnung des Raumes legt die Fokussierung des Dozenten nahe. Das hier entworfene räumliche Arrangement, das eine bestimmte Vorstellung erwachsenenpädagogischer Effizienz impliziert, deckt sich mit jenen Kriterien, die Foucault für die Mechanismen der Souveränität analysiert:

> „Ein guter Souverän, ein kollektiver oder ein individueller Souverän ist jemand, der im Inneren eines Territoriums wohlplatziert ist und ein Territorium, das auf der Ebene seines Gehorsams gegenüber dem Souverän wohlplatziert ist, hat eine gute räumliche Anordnung." (Ebd.: 32)

---

21 Politik ist hier in seiner weiten Bedeutung gemeint, wie sie sich aus der Ableitung aus griechisch ‚Polis' für Stadt oder Gemeinschaft ergibt: Der Begriff bezeichnet ganz allgemein ein vorausberechnendes, innerhalb einer Gemeinschaft auf ein bestimmtes Ziel ausgerichtetes Verhalten.

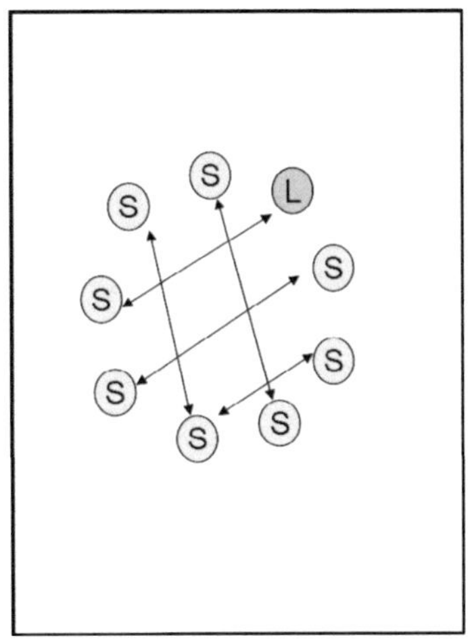

Abb. 6: Sozialform ‚Stuhlkreis' *(eigene Darstellung)*

Der Dozierende befindet sich an einem alle Aufmerksamkeit auf sich ziehenden Platz im Raum. Diese Stellung ermöglicht es ihm, Funktionen auszuüben, die er nicht ausüben könnte, stünde er am Rande. In einer ‚souveränen' Gestaltungsform des Raumes wird die Macht des Dozierenden bzw. dessen Gewalt- und Entscheidungsmonopol offen transportiert bzw. zelebriert, um sich den Gehorsam der Lernenden zu sichern.

Foucault arbeit in *Überwachen und Strafen* (Foucault 1975a) in der Beschäftigung mit Gefängnis, Psychiatrie, Fabrik und Schule die Charakteristika eines Machttypus heraus, der sich zusammen mit diesen Institutionen um die Wende des 18. zum 19. Jahrhunderts entwickelt. Diese disziplinären Machtverhältnisse haben es in Lernräumen mit einer Vielzahl unterschiedlicher Körper zu tun, die es als gelehrige und taugliche Körper herzustellen gilt (vgl. ebd.: 380). Dieser neue Machttypus musste eine Steigerung der Kräfte der individuellen Körper bei gleichzeitiger Unterwerfung derselben ermöglichen. Anders ausgedrückt: Es geht hier darum, individuelle Körper zu modellieren. Diese Modellierung des Körpers bringt eine Erkenntnis des einzelnen Individuums mit sich. Dabei sind Machtverhältnisse erkennbar, die nicht als das erscheinen, was sie (auch) sind, nämlich Verfahren zu einer Durchsetzung von Ungleichheiten und Asymmetrien bzw. zur „Fixierung von Machtverhältnissen" (ebd.: 381).

Folgen wir dieser Argumentation, kommt der Gestaltung von Lernräumen die Bedeutung zu, Strukturelemente, Techniken und Prozeduren der Disziplinarmacht zu installieren. Im Folgenden ist ein zweites, seit den frühen 1970er Jahren etabliertes Arrangement Gegenstand der Analyse, das als paradigmatisch für die von Foucault beschriebene Disziplinarmacht gelten kann: der Stuhlkreis (vgl. Abb. 6).[22] Auf prozessualer Ebene wurde der Stuhlkreis dem Frontalschema gegenüber gestellt, um zwischen ‚darstellenden' und ‚verarbeitenden' Sozialformen zu unterscheiden (vgl. Lehner 1989: 140 f.).

Der Stuhlkreis als räumliches Arrangement ist bei seiner Einführung eine didaktisch-methodische Innovation. Er steht für die Hinwendung zu den Interessen der Teilnehmenden, die im Kapitel 2.2.4. beschrieben wird. Hier soll-

22 Diese Darstellung ist vereinfacht; eigentlich kommuniziert (potenziell) jedes Subjekt (S) mit jedem S und Lehrenden (L) im Raum.

ten die Aktivitäten der Lernenden in Lehr-Lern-Prozessen insgesamt an Bedeutung gewinnen.

Die disziplinäre Ordnung des Raumes zeigt ihre Wirkung zunächst durch eine etwas andere Verteilung der verschiedenen Elemente im Raum: Foucault hat in seinem Werk *Überwachen und Strafen* eindrucksvoll den Machtmechanismus skizziert, wie er sich im panoptischen Raum entfaltet. Ein geschlossener, lückenlos überwachter Raum, innerhalb dessen die Lernenden

> „in feste Plätze eingespannt sind, die geringsten Bewegungen kontrolliert und sämtliche Ereignisse registriert werden [...], die Gewalt ohne Teilung in einer bruchlosen Hierarchie ausgeübt wird, jedes Individuum ständig erfasst, geprüft [...] wird – dies ist das kompakte Modell einer Disziplinierungsanlage" (Foucault 1975a: 253).

Der Stuhlkreis scheint einer völlig anderen Logik zu gehorchen: In dem Stuhlkreis haben die Teilnehmerinnen inklusive des Dozenten zunächst alle vermeintlich die gleiche Position zueinander. Im Zentrum der Beschäftigung steht kein Mensch, hier soll Platz sein für die Interessen, Bedürfnisse und Erwartungen der Teilnehmer/innen. In diesem Arrangement ist die Möglichkeit eröffnet, diese in immer wieder neuen Formen zu artikulieren. In einer Vorstellungsrunde werden die Teilnehmenden zum Beispiel aufgefordert, sich selbst vorzustellen. Dabei artikulieren sie ihren persönlichen Hintergrund und ihre Gründe für die Anwesenheit in dieser Situation. Formal ist das gegenseitige Kennenlernen das manifeste Thema der Situation. Gleichzeitig werden in dieser Situation Informationen ausgetauscht, die über symbolische Interaktionen in sozial nicht unbedeutsame Aushandlungsprozesse münden. Im Anschluss an Pierre Bourdieu handelt es sich um eine Situation, in der der inkorporierte Habitus von Lernenden erkennbar wird (vgl. Bourdieu 1987: 25 ff.).

Dieses Arrangement arbeitet also mit der Strategie, dass über ein von den Individuen selbst über sich hervorgebrachtes Wissen diese sich in einem sozialen Raum anordnen. Auf den ersten Blick ist der Raum mit einem Sitzkreis scheinbar offen, hierarchiefrei und dialogisch gestaltet. Gleichzeitig wird er – so zeigt sich bei näherem Hinsehen – nun nicht mehr durch die räumliche Gestaltung, sondern durch soziales Handeln parzelliert. Über diese Parzellierung werden die Subjekte im Raum verteilt und damit eine Ordnung im Raum errichtet, die jedem Subjekt seinen Platz zuweist (Foucault 1975a: 181 f.). Die Gegebenheiten des offen und ‚hierarchiefrei' gestalteten Raums erschaffen gleichsam einen „parzellierten Raum" (ebd.: 183) in dem jeder jedem sichtbar ist und jeder angehalten ist, sich selbst sichtbar zu machen. Damit ordnen sich die Subjekte, vermittelt über ihr soziales Handeln, auf spezifische Weise selbst im Raum an. Das Arrangement legt nahe, dass im Raum Strukturachsen installiert und sichtbar gemacht werden, in denen sich die Machteffekte der

Disziplin entfalten können. Hinter dem Schein formeller Gleichheit werden faktische Ungleichheiten sichtbar gemacht, reproduziert und erneut installiert.

Foucault bezeichnet in seiner Analyse des panoptischen Raums von Institutionen diese Sichtbarkeit als Falle (Foucault 1975a: 221 f.): Die Hauptwirkung dieser räumlichen Anordnung ist die Schaffung eines bewussten und permanenten Sichtbarkeitszustands, der das Funktionieren der Machtverhältnisse sicherstellt. Innerhalb dieser Ordnung des Raumes sind die Individuen jederzeit auffindbar, ihre An- bzw. Abwesenheit ist immer sichtbar und die Individuen nehmen einen festen Platz im Gesamtgefüge ein. Die in derart gestalteten Lernräumen zu verrichtenden Tätigkeiten sind klar definiert und reglementiert (häufig wird zum Beispiel zu Beginn einer Veranstaltung ein Katalog von Kommunikationsregeln erarbeitet), und sie werden geübt und damit inkorporiert.

Die Wirkung der Überwachung ist permanent, auch wenn sie für ihre Durchführung keine direkten Sanktionsgesten benötigt. Der einzelne Lernende wird zu einem „Fall" (Foucault 1975a: 246), dessen individuelle Abweichungen vom Normalen bzw. von der Norm erkannt und benannt werden kann. In dem *panoptischen Raum* fügen sich die Einzelnen nach dem definierten Prinzip der Freiwilligkeit meist ohne äußere Einwirkung. Hierzu bedarf es spezifischer Formen der Mobilisierung und Aktivierung, die die Produktion der disziplinären Maschinerie in Gang hält, die die Kräfte der integrierten Individuen permanent anreizt und kanalisiert. Der Modus didaktisch-methodischer Praktiken im Zeichen der Disziplin ist nicht die bloße Unterwerfung durch Ausübung unmittelbarer Gewalt bzw. Repression, sondern vielmehr die Kombination einer permanenten hierarchischen Überwachung. Diese reicht von der Messung erreichter Lernziele, die die Qualitäten jedes Einzelnen überprüfbar macht, über die Bewertung des Eifers, der Geschicklichkeit und Schnelligkeit, die eine Klassifizierung der Einzelnen möglich macht, bis hin zur Definition von Lernzeiten und Lernrhythmen, womit die einzelnen Lernhandlungen in eine zeitliche Reihenfolge gebracht werden. Dabei ist es nicht länger der Dozent oder die Dozentin, die als Person anweisen, anordnen oder überwachen muss. Die Teilnehmenden sind sich selbst permanent sichtbar und indem sie einander achten und beachten, kontrollieren sie sich auf spezifische Weise selbst. Einerseits schafft die gegenseitige und möglichst lückenlose Überwachung ein Klima des ‚vorauseilenden' Gehorsams und vermeidet damit unerwünschtes Verhalten schon im Ansatz bzw. stellt erwünschtes Verhalten auf Dauer. Andererseits gewinnen die Belohnung von Konformität sowie die Vorstellung der Verbesserung bzw. der Vermeidung von Nonkonformität durch Benennung und Korrektur der zugrunde liegenden Defizite immer mehr an Bedeutung.

Die perfekte Organisation der Macht im Raum vermag ihre repressive Durchsetzung überflüssig zu machen. Die Lernenden sind Gefangene einer

Machtsituation, die sie selber stützen. Das Prinzip der Macht liegt weniger in einer Person (der Dozentin oder dem Dozenten) als vielmehr in einer konzertierten (vereinbarten) Anordnung von Körpern, Gesten, Blicken und Sichtbarkeiten. Es ist die Ordnung des Raumes, in der sich fiktiv Mechanismen entfalten, die die Individuen gefangen nehmen.

„Eine wirkliche Unterwerfung geht mechanisch aus einer fiktiven Beziehung hervor, so daß man auf Gewaltmittel verzichten kann, um den Verurteilten zum guten Verhalten, den Wahnsinnigen zur Ruhe, den Arbeiter zur Arbeit, den Schüler zum Eifer und den Kranken zur Befolgung der Anordnungen zu zwingen." (Foucault 1975a: 260)

Didaktisch-methodische Praktiken im Zeichen der Disziplin richten sich auf den individuellen Körper. In einem solchen Arrangement gelten das Interesse und die Aufmerksamkeit zunächst den einzelnen Individuen; ihre Beiträge erhalten Relevanz für den Veranstaltungsrahmen. Gleichzeitig werden aber über den Sitzkreis Verhältnisse etabliert und reproduziert, die im Frontalschema noch gar keine Relevanz besaßen.

„Anstelle einer massiven und zweiteilenden Grenzziehung zwischen den einen und den andern verlangt die Disziplin vielfältige Trennungen, nach individualisierenden Aufteilungen, nach einer in die Tiefe gehenden Organisation der Überwachungen und der Kontrollen, nach einer Intensivierung und Verzweigung der Macht" (Foucault 1975a: 254).

Das ist die Art und Weise der Machtausübung, die die panoptische Form des Sitzkreises kennzeichnet. Die Stetigkeit des indirekten Zwangs durch Gesehenwerden und Sichtbarmachen gewährleistet, dass die Individuen die Machtverhältnisse internalisieren und sich dabei zunehmend selbst so verhalten, als würden sie beobachtet, klassifiziert und qualifiziert. Gearbeitet wird darüber hinaus mit Qualifizierungspraktiken. Die Disziplin „belohnt durch Beförderungen, durch die Verleihung von Rängen und Plätzen; sie bestraft durch Zurücksetzungen. Der Rang selbst gilt als Belohnung und Bestrafung" (Foucault 1975a: 230).

In diesen Prozessen macht sich die institutionalisierte Machtausübung selbst überflüssig, denn die Teilnehmenden übernehmen die disziplinären Prozeduren, Techniken, Strategien bzw. Mechanismen und bringen sie im Zuge ihrer Lernprozesse permanent zur Anwendung.

Was lässt sich aus dem bislang Skizzierten rekonstruieren? Jede Ordnung des Raumes als materiale Gestaltungsform bringt über die Ordnung der Strukturelemente im Raum bestimmte Machtverhältnisse zur Geltung. Diese Machtverhältnisse weisen erkennbar unterschiedliche Strukturen auf, werden allerdings durch eine scheinbar offenere und freie Gestaltung nicht einfach eliminiert. Vielmehr scheint es so – und Foucault zeichnet dies an zahlreichen Beispielen nach – dass sich die Machtverhältnisse lediglich verändern, eine andere Position einnehmen und eine andere Strategie verfolgen. Weder das Frontalschema ist jenseits spezifischer Machtverhältnisse, noch ist es das didaktische Arrangement des so genannten offenen Sitzkreises. Die lernenden Subjekte sind in diese Machtverhältnisse verwoben. Das ist auch der Fall, wenn es scheinbar um ein größeres Interesse an ihnen geht. Es ist genau jenes größere Interesse an den Individuen und ihren Körpern, das über die Mechanismen der Disziplin befördert wird und damit die Disziplinierung der Subjekte ermöglicht.

„Die Organisation eines [solchen, UK] Raumes war eine der großen technischen Mutationen des [...] Unterrichts, der das traditionelle System abgelöst hat. Indem er individuelle Plätze zuwies, hat er die Kontrolle eines jeden und die gleichzeitige Arbeit aller möglich gemacht. Er hat den [...] Raum zu einer Lernmaschine umgebaut – aber auch zu einer Überwachungs-, Hierarchisierungs-, Belohnungsmaschine.“ (Foucault 1975a: 188 f.)

Mit der Abbildung 7 soll der Unterschied zwischen dem traditionellen ‚souveränen‘ Frontal-System und der ‚panoptischen‘ Form des Sitzkreises grafisch verdeutlicht werden. Über didaktisch-methodische Praktiken der Raumgestaltung im Zeichen der Souveränität, also vor der Einführung disziplinärer Innovationen lässt sich Folgendes sagen:

Souveräne didaktisch-methodische Praktiken basieren auf einer zentralen Kontrolle durch den Dozierenden, der einzelne Lernende aus disziplinarischen Gründen aus dem amorphen Gesamtzusammenhang heraus lösen kann. Die hierarchische Organisation kristallisiert sich in der Machtausübung durch die Dozierende, die die Hoheit über die Grenzziehung zwischen richtigem und falschem, erwünschtem und unerwünschten Verhalten innehat. Sie oder er verfügt über Sanktionsmöglichkeiten, um deren Einhaltung zu kontrollieren. Demgegenüber ermöglichen didaktisch-methodische Praktiken im Zeichen der Disziplin eine stärkere Hinwendung zu individuellen Interessen und Bedürfnissen der einzelnen Lernenden und ermöglichen gleichzeitig eine kontinuierliche Kontrolle aller anwesenden Lernenden sowie deren Qualifizierung und Beurteilung. Dabei ist die Sichtbarkeit des Verhaltens eines jeden durch alle Beteiligten eine wesentliche Voraussetzung für die Aufrechterhaltung der Machtverhältnisse.

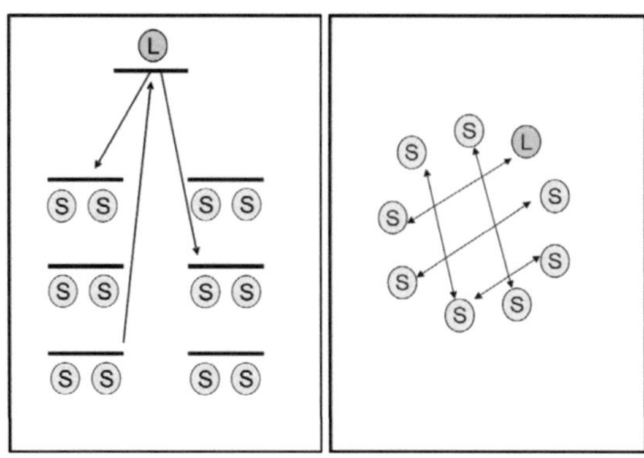

Abb. 7: Gegenüberstellung von ‚Frontalschema' und ‚Stuhlkreis' (eigene Darstellung)

Beiden Anordnungen ist eine didaktisch-methodische Gestaltung des Raums gemeinsam. Der entscheidende Unterschied bzw. die entscheidende Innovation der disziplinären Praktiken ist die gleichzeitige und gemeinsame Beschäftigung aller Beteiligten, das heißt die „Organisation eines seriellen Raumes" (Foucault 1975a: 188), also die Homogenisierung der anwesenden Lernenden. Auf der Grundlage der Vorstellung, dass Unterschiede nivelliert werden können, kann die Gesamtgruppe disziplinarisch gleichgeschaltet werden. Dass also Unterschiede existieren, die sich habitusspezifisch, aber auch im Sinne kognitiver Entwicklung oder spezifisch ausgebildeter Fähigkeiten manifestieren, ist im Sinne Foucaults durchaus funktional. Das homogene Gesamtgefüge dient gleichzeitig als Differenzierungsraum, das heißt, mittels des Vergleichs werden die Implementierung einer Bewertungslogik und damit die Klassifizierung der Lernenden möglich.

Im Anschluss an die Darstellung ‚souveräner' und ‚disziplinierender' Raumgestaltungen werden im Folgenden die Raumkonzeptionen betrachtet, die im Rahmen didaktisch-methodischer Praktiken der „Neuen Lernkultur" entworfen werden. Dem Raum wird hier eine grundsätzliche andere Bedeutung zugeschrieben: Er ist nicht als gemeinsamer Ort der Bildungsarbeit konzipiert, sondern kann individuell gestaltet werden. Gemeinsames Merkmal der verschiedenen Varianten ist, dass kein räumliches Zentrum mehr existiert.

5.2.3.2 Entwicklungsoffene und flexible Räume

Räume im Zeichen der Gouvernementalität sind von einer spezifischen Beschaffenheit. In seiner Analytik der Macht zeigt Foucault, dass Machtverhältnisse auch eine räumliche Dimension haben. Es gibt ‚souverän' und ‚disziplinarisch' organisierte Lernräume. Das betrifft auch die Lernräume und -verfahren, die sich bei der „Neuen Lernkultur" finden und flexibel präsentieren. Sie gestalten sich, so meine These, in einer Form, die die Führung der Führungen ermöglicht. Um die Regierung/Führung der Menschen sicherzustellen, werden spezifische Verfahren gewählt.

Das Konzept der Führung der Führungen ist keines, das den gesamten Lernprozess der und des Einzelnen zu lenken versucht. Wie Führung der Führungen kein festgelegtes Territorium benötigt, so brauchen die Praktiken der „Neue Lernkultur" keinen exakt strukturierten Unterrichtsraum. Machtentfaltung besteht darin, eine Menschengruppe zu begleiten, die sich auf ein Ziel zu bewegt. *Begleitung* meint in diesem Fall, aus einer gewissen Distanz darauf zu achten, dass alle Beteiligten sich im besten Sinne entfalten können, ihre Wünsche und Interessen verfolgen und ihre Entwicklungspotentiale nutzen. Schließlich handelt es sich um eine Macht, die eine Individualisierung vornimmt und dabei in einem zutiefst paradoxen Vorgang dem einzelnen Lernenden ebenso großen Wert beimisst wie dem Erreichen des übergeordneten gemeinsamen Ziels: der Bearbeitung einer Zukunft (vgl. Foucault 2004: 39).

Paradox ist dieser Vorgang insbesondere, da aus der Perspektive der Gouvernementalität das Verhalten einer Gruppe von Individuen immer stärker ins Blickfeld der Machtausübung gerät. Die Einzelne ist ein Teil dieser ‚Herde', die es zu führen und zu lenken gilt.[23] Wichtiger als die Frage der Herrschaft über einen Ort oder ein Territorium ist jetzt die Frage, wie die Kräfte insgesamt erkannt und entwickelt werden können. Somit wird der Einzelne zu einem Element in einer Menge, die einerseits sich durch individuelle Besonderheiten auszeichnet, andererseits aber als Teil einer Gesamtheit zum Ziel der Bearbeitung (Veränderung der Einstellungen, des Verhaltens, etc.) werden kann. Die Führung der Führungen stellt sich als eine dar, die gleichermaßen auf die Gemeinschaft und auf jeden Einzelnen gerichtet ist.

Für die Beschreibung des Raumes, in dem sich die Führung der Führungen entfaltet, wählt Foucault die Metapher des Herzens, weil sich in der räumlichen Anordnung nach dem Vorbild des Herzens eine wirksame Kraft zugunsten der Zirkulation entfaltet (vgl. Foucault 2004: 36 ff.). Um ihre Machtwirkungen zur Entfaltung zu bringen, gestalten Führungspraktiken Räume, die ‚herzförmig' angelegt sind. Foucault gebraucht diese Metapher, weil mit ihr der zentrale Mechanismus der Gouvernementalität veranschaulicht werden kann. Im Wesentlichen geht es vor diesem Hintergrund um das „Problem der Zirkulation" (Foucault 2004: 100). Das Ziel ist die Etablierung eines Raumes, der eine wirksame Kraft zugunsten der Zirkulation entfalten müsste. Was bedeutet das konkret?

Es ist das Herz, das die Körper mit Blut versorgt und dadurch die Durchblutung aller Organe sichert. Der Raum stellt sich als eine Art Pumpe dar. Eine Pumpe, in die sauerstoffarmes Blut einfließt und die durch komplexe Mechanismen in der Lage ist, sauerstoffreiches Blut an die Körperorgane auszustoßen. Durch die komplexen Mechanismen wird eine Zirkulation ermöglicht,

23 Vergleiche zu den Metaphern der ‚Herde' und des ‚Schäfers' das Kapitel 4.2.2.

die den Körper mit dem versorgt, was er zum Weiterleben und zu einer Zustandsveränderung seiner selbst benötigt.

Wendet man die Foucault'sche Metapher des Raumes als Herz auf die durch didaktisch-methodische Praktiken für eine „Neue Lernkultur" gestalteten Räume an, ergibt sich folgendes Bild: Die didaktisch-methodischen Praktiken arbeiten im Lernraum mit dem, was in ihm anzutreffen ist. In der Regel sind das die Interessen, Bedürfnisse, Lebenssituationen der Menschen. Der Raum ist nicht geplant und strukturiert. Es ergeben sich Situationen und Konstellation je nach Ausgangsbedingungen derer, die in diesem Raum lernen. Vermittelt über didaktisch-methodische Praktiken ist sehr wohl an Verschiedenes gedacht, was gewünschte Zirkulation befördern könnte. Die Räume sind möglichst offen gestaltet. Die „Vorausbestimmung der Lernziele" (Meueler 1998: 150) ist dabei ebenso zu unterlassen, wie „konkrete Planungsaktivitäten" (ebd.: 149), da die Lernenden nicht „zum Objekt strategischer Überlegungen" (ebd.: 150) werden sollen. Auch für Joachim Ludwig sollten Lernräume nicht durch „spezifisch ausgewählte Inhalte" (Ludwig 2004: 119) vorstrukturiert sein. Didaktisch-methodische Praktiken sollten demgegenüber einen didaktischen Raum gestalten, „in dem Verstehen als Anerkennung und Kritik von Bedeutungshorizonten möglich wird" (ebd: 121). Forneck kreiert „komplexe Ausgangssituationen, die tendenziell eine Überforderung darstellen" (Forneck 2005a: 42) und in denen eine individuelle Nachfrage nach professioneller Beratung entsteht. In der systemtheoretisch-konstruktivistischen Ermöglichungsdidaktik zielen didaktisch-methodische Praktiken insbesondere darauf, „die Lernumgebung entsprechend offen und als Angebot" (Arnold/Tutor/Kammerer 2003: 113) zu gestalten. In ihnen wird nicht angewiesen und nicht ‚geherrscht', und doch stehen sie im Rahmen einer Regierung. In ihnen soll den Subjekten Gelegenheit gegeben werden, Operationen an und mit sich selbst vorzunehmen. Es sind in der Regel offene Räume, die der individuellen Beschäftigung mit sich selbst den Vorrang geben. Eine zentrale Vermittlungs- und Kontrollinstanz existiert nicht. Gleichzeitig geht es darum, die produktiven Elemente der Subjektivierung zu maximieren, eben dadurch, dass Einzelne durchaus die Möglichkeit erhalten, sich diesem Raum auch zu entziehen. Eben diese Möglichkeit suggeriert den Freiraum, die individuelle Entfaltungsmöglichkeit und legt nahe, dass die Operationen, die ein Subjekt an sich vornimmt, es tatsächlich nur und ausschließlich vornimmt, weil es sie selbst so vornehmen möchte.

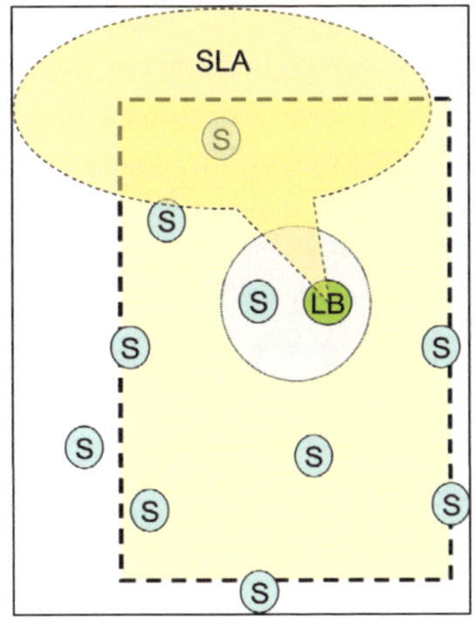

Abb. 8: Der Lernraum einer Selbstlernarchitektur (eigene Darstellung)

Dieser Zusammenhang soll im Folgenden exemplarisch an der Praxiskonzeption von Hermann Forneck und den darin nahe gelegten didaktisch-methodischen Praktiken zur Gestaltung von Lernräumen vorgestellt werden.[24]

Hermann Forneck konzipiert eine Selbstlernarchitektur, die bestimmte Lernaktivitäten mit reflexiven Selbstlernelementen verbindet. In der Regel findet die Auseinandersetzung mit dem zur Verfügung gestellten Material individuell und raumunabhängig statt, auch wenn kooperative Formen des Lernens ebenfalls stattfinden können.

Die Selbstlernarchitektur ist ein didaktisch-methodisch strukturierter Materialkorpus (vgl. Kapitel 5.1.2). Lernaktivitäten müssen nicht notwendigerweise in einem dafür vorgesehenen Raum bearbeitet werden. Wo die Lernarbeit individuell vorgenommen wird, ist letztendlich unerheblich. Relevant ist, dass die Lernarbeit von den Subjekten geleistet wird. Diese wird sowohl inhaltlich als auch methodisch über den Materialkorpus strukturiert (Forneck 2006: 7).

Betrachtet man den Raum im Modus der Metapher des Herzens, dann könnte man sagen, dass der Materialkorpus die ‚sauerstoffarmen' Subjekte mit ‚Sauerstoff' versorgt, um *selbstsorgende* Lernprozesse zu unterstützen. Teil dieses Herzens ist dabei auch die Lernberatung als eine der Interaktionsformen, in der die lernenden Subjekte mit einer anderen Person konfrontiert werden (Forneck 2005a: 33 ff.). Die beratende Person ist dabei Mittlerin zwischen dem strukturierten Materialkorpus und der individuell Lernenden. Mit Forneck könnte man sagen, sie ist ein Teil der integrierten Gesamtkonzeption (ebd.). Diese besteht aus dem Material, den Steuerungselementen und der Lernberatung. Dabei ist die Lernberatung nicht lediglich eine „beratende Begleitung" (ebd.: 33), sondern mehr als das: Konzeptionell stellt die Lernberatung einen individuellen Beratungsprozess dar, der die materiale Seite und die formale Seite des Lernprozesses in einer „intentionalen Relationierung" (ebd.) aufeinander bezieht. Die didaktisch-methodische Praktik der Selbstlernarchi-

24 Die spezifische Gestaltung von virtuellen Lernräumen wird in Kapitel 5.3.1 an der Praxiskonzeption von Rolf Arnold erörtert. Sowohl bei Joachim Ludwig als auch bei Erhard Meueler finden sich diesbezüglich keine spezifischen Aussagen. Sowohl das Konzept der Fallarbeit, als auch das des Lehr-Lern-Vertrags gehen von einem zeitlich und räumlich begrenzten Lehr-Lern-Zusammenhang aus.

tektur benötigt keinen faktischen Raum, sondern lediglich eine ‚Pumpe' der Zirkulation. Es ist nicht erforderlich, dass Lernende einen bestimmten Raum betreten, um zu lernen. Die dezentrale Organisation von Lernzeiten ermöglicht individuelle Lernprozesse bei gleichzeitig gemeinsamer Verfügung über den Materialkorpus.

Die räumlichen Anordnungen, wie sie im Diskurs der „Neuen Lernkultur" entworfen werden, sind Bestandteil spezifischer Machtverhältnisse, die sich auch mit ihrer Hilfe etablieren. Veränderungen in den Machtverhältnissen, so sollte mit den vorangegangenen Ausführungen deutlich werden, ziehen auch Modifikationen der räumlichen Gestaltung von Lernprozessen nach sich. Es gibt souveräne Herrschaftsformen, in denen Lernräume über didaktisch-methodische Praktiken so gestaltet werden, dass die souveräne Macht sich offensichtlich Geltung verschafft. Sie werden ergänzt durch Praktiken, die im Detail und am Körper der Individuen arbeiten. Führungs- oder Regierungspraktiken schließlich bedürfen – um sich Geltung zu verschafften – keiner gemeinsamen Raumgestaltung. Im Gegenteil: Um Praktiken der Selbstführung auf Seiten der Subjekte anzuregen, scheint gar eine Entgrenzung der Lernräume förderlich zu sein. In individualisierten Lernprozessen ist jeder Akteur auf sich gestellt, die Individualitäten zirkulieren. Dennoch verfangen sie sich in einem Netz bzw. indem sie lernen, spinnen die Akteure sich selbst in ein Netz gouvernementaler Machtverhältnisse. Die Regierung als Führung der Führungen strukturiert einen Möglichkeitsraum, in den sich das Verhalten der Individuen einschreibt.

5.2.4 Zusammenfassung und Passage

In Kapitel 5.2 wurde der Frage nachgegangenen, wie didaktisch-methodische Praktiken die Führung der Führungen von lernenden Subjekten anleiten. Untersucht wurde dabei, *in welcher* Form sie ein Feld von Möglichkeiten strukturiert, um bestimmte Handlungen und Selbstführungen wahrscheinlicher zu machen. Didaktisch-methodische Praktiken werden in den Praxiskonzepten als Handlungsweisen gedacht, in denen die direkte Einflussnahme auf das Lernen Erwachsener grundsätzlich nicht möglich ist. Im Zusammenhang mit der Argumentation dieser Untersuchung erscheinen sie aus diesem Grund als Praktiken, die mit einer ‚Regierung auf Distanz' arbeiten.

Dabei kann die Regierung als Führung der Führungen im Rahmen didaktisch-methodischer Interventionen nur stattfinden, wenn durch die Programme Bedingungen hergestellt werden, die sicherstellen, dass die lernenden Subjekte das Potential zu autonomen, freien und selbstbestimmten Handlungen haben. Die programmatische Ermächtigung der Lernenden als autopoietisches System (Arnold), regiertes (Forneck), vergesellschaftetes (Ludwig) oder determiniertes (Meueler) Subjekt wurde in Kapitel 5.1 analysiert. Diese Ermächtigung wird zur fundamentalen Bedingung: Ohne sie wäre es nicht möglich, auf die Handlungen der Lernenden einzuwirken und sie damit als aktiven Bestandteil der Machtverhältnisse in diese zu integrieren.

Die hier analysierten Programme veranlassen eine qualitative Transformation von Subjektivität, während sie vorgeben, eine quantitative Erhöhung der Freiheit und Handlungskapazitäten zu bewirken.[25] Dieser Zusammenhang, der sich als Konfiguration von Möglichkeitsräumen beschreiben lässt, bewirkt auch eine Art ‚Neu-Justierung' der Grundstruktur didaktisch-methodischer Praktiken. Diese neu justierte Aufgabe besteht nicht lediglich in einer diskursiv erzeugten Veränderung der Subjekte.[26] Insbesondere weil diese Funktion der Didaktik nicht länger als von außen herstellbar gedacht wird, wird sie auf besondere Weise konzipiert: Die Subjekte sollen sich auf eine bestimmte Art und Weise selbst objektivieren, um sich selbst in eben dieser Weise zu transformieren. Diesen Prozess bezeichnet Foucault als Subjektivierung (Foucault 1982: 246 f.).

In einer als klassisch bezeichneten Lernkultur orientierten sich theoretische Aussagezusammenhänge und praktische Vermittlungsbemühungen an dem so genannten Didaktischen Dreieck, wonach in didaktischen Theorien, aber auch im praktischen Zusammenhang des Vermittlungsprozesses der Lerninhalt, das lernende Subjekt und das lehrende Subjekt funktional aufeinander bezogen werden. Demnach gilt es, in einem von Lehrenden didaktisch strukturierten Vermittlungsprozess die spezifischen Lerninhalte methodisch so aufzubereiten, dass sie sich den lernenden Subjekten erschließen bzw. die Subjekte Gelegenheit erhalten, sich zu verändern. Bezogen auf die Grundfunktion didaktischer Aussagen lässt sich dieser Zusammenhang wie folgt skizzieren:

25 So stellt auch Opitz fest, dass eine gouvernementale Regierungsstrategie keine Steigerung von Freiheitsgraden bewirkt, sondern mit einer Transformation von Subjektivität einhergeht (vgl. Opitz 2004: 71).

26 Vgl. hierzu Kapitel 2.1.1, in dem das Argument von Transformationen der Gegenstands- und Funktionsbestimmungen im didaktisch-methodischen Diskurs begründet wurde.

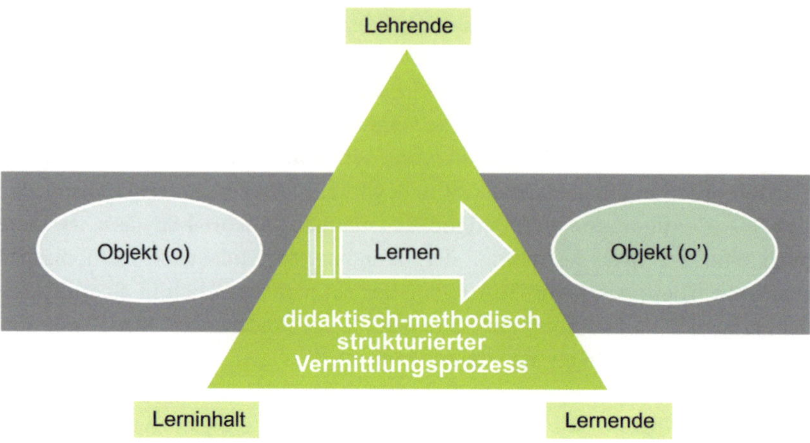

Abb. 9: Grundfunktion didaktisch-methodischer Handlungsweisen (eigene Darstellung)

In derart entworfenen Vermittlungsprozessen organisieren die Lehrenden die sozialen Verhältnisse so, dass sich verschiedene Lernende in ein optimales, nämlich lernförderliches Verhältnis zu den von ihnen strukturierten Lerninhalten setzen können. Die am Didaktischen Dreieck orientierte didaktisch-methodische Gestaltung von Lehr- und Lernprozessen (grüner Bereich) betont neben der Bedeutung der Lernenden auch die Bedeutung der Lerninhalte, um die intendierte Funktion optimal erreichen zu können. Das Ziel der methodisch-didaktischen Gestaltung ist es, lernförderliche Prozesse auf Seiten der Lernenden zu evozieren. Gleichzeitig werden aber – so die Kritik – die Objekte, in diesem Fall also die Lernenden, in diesen Vermittlungsprozessen auf eine spezifische Weise beschränkt. Anders formuliert lautet die Kritik: Die lehrer- und inhaltszentrierte Perspektive des Didaktischen Dreiecks objektiviert die Lernenden, insofern sie zu Objekten einer didaktisch-methodischen Bearbeitung werden.

Die am Didaktischen Dreieck orientierten didaktischen Aussagen zu Zielbestimmung, Inhaltsauswahl und Methodenselektion gebe dem Lehrenden, dem Fach und der Institution eine strukturelle Dominanz gegenüber den Objekten des Lernens. Demgegenüber soll diese strukturelle Dominanz ‚jetzt' zugunsten einer Subjektorientierung in allen Zusammenhängen des Lehrens und des Lernens aufgegeben werden. Dabei werden die Eigengesetzlichkeit von Lehr-Lern-Prozessen und die Eigensinnigkeit der Lernenden nun selbst zum Kern didaktisch-methodischer Bearbeitung, so dass individuelle Situationen, Interessen und Perspektiven ins Zentrum praktischer wie theoretischer didaktischer Aufgaben rücken.[27] Vermittelt über diese Kritik an einer traditionell genannten Lernkultur wird erkennbar, dass sich ‚jetzt' eine Transformation der Gegenstands- und Funktionsbestimmung in didaktischen Aussagezusammenhängen abzuzeichnen beginnt.

Didaktisch-methodischen Praktiken in einer „Neuen Lernkultur" gestalten sich als Regierungsweisen, die nicht in Form einer Herrschaftsausübung erscheinen. Sie unterscheiden sich von souveränen und disziplinierenden Machtpraktiken, gerade indem sie die Subjekte in ihre eigene Subjektivierung/Unterwerfung einspannen. Didaktisch-methodische Praktiken, die Subjektivierungsprozesse befördern, kalkulieren mit Adressaten und Adressatinnen, die sich von der Idee der Regierung ihrer selbst leiten lassen. In diesen Prozessen werden dem Subjekt durch Zuschreibungen Handlungsmöglichkeiten eröffnet. Allerdings sind diese Handlungsmöglichkeiten des Subjektseins so „präfiguriert" (Rieger-Ladich 2004: 212), dass Subjekte sich in einer gewünschten Weise führen. Und je größer die Handlungsspielräume aus der Perspektive des Subjekts erscheinen, desto besser können sich die Machtwirkungen und -beziehungen darin entfalten.[28] Die geforderte radikale Subjektorientierung geht mit einer Verschiebung der Grundstruktur didaktisch-methodischer Praktiken einher, die wie folgt skizziert werden könnte:

Abb. 10: Grundstruktur didaktisch-methodischer Regierungspraktiken (eigene Darstellung)

27 Das Subjekt und seine Selbstbezüglichkeit war einst der „Stachel der Pädagogik" (Adam 1988: 11).

28 Plakativ veranschaulicht werden kann dieser Zusammenhang mit folgendem Beispiel: In der virtuellen und globalisierten Welt des Internets hinterlässt jeder User jeden Tag zahlreiche Spuren – man könnte von einem elektronischen Fingerabdruck sprechen, in dem persönliche Interessen, Vorlieben, Kaufinteressen und Konsumgewohnheiten gespeichert werden. Je größer die Handlungsspielräume bei der Nutzung des Internets, je freier sich die Subjekte darin bewegen, desto vielfältiger sind die persönlichen Zeichen, die sie darin zurück lassen. Diese Zeichen lassen das Individuum zunehmend transparent und damit berechenbar erscheinen, ohne dass es hierzu genötigt oder gezwungen wäre.

Im Anschluss an Foucault besteht die Grundstruktur didaktisch-methodischer Praktiken darin, die individuelle „Führung zu lenken" (Foucault 1982: 266f). Damit ist jene strategische Führung der Individuen gemeint, die sich als eine differenzierende und unsichtbare Einflussnahme auf deren Verhalten darstellt. Als immer umfassenderer und gleichzeitig weniger fassbarer Zugriff auf den Menschen offenbaren die Machtverhältnisse einen scheinbar paradoxen Effekt: Je autonomer sich die Subjekte selber führen und je mehr Eigenverantwortung sie darin übernehmen, desto stärker verstricken sie sich in Regierungsziele im Sinne einer Lenkung des von den Subjekten selbst Gewollten.

Die beschriebene Grundstruktur didaktisch-methodischer Praktiken zielt nicht länger auf Stabilisierung und Identität, sondern auf permanenten Umbau und Transformation. Dabei wird das die Erwachsenen- und Weiterbildung seit den 1950er Jahren orientierende Lehr-, Professions- und Institutionalisierungsverständnis – wonach die Gestaltung von Lernumgebungen einer ausgebildeten Profession bedarf, die Lernziele definiert und Lerninhalte analysiert, die wiederum mit spezifischen Methoden in spezifischen Veranstaltungsformen als Lerngegenstände von Lehr- und Lernprozessen angeboten werden – grundsätzlich in Frage gestellt. In diesem wurde noch davon ausgegangen, dass in Lernprozessen ein Innen/Außen-Verhältnis mit Blick auf das Subjekt und den (Lern-)Gegenstand sozial organisiert wird.

Die didaktisch-methodischen Bemühungen im Rahmen einer „Neuen Lernkultur" zielen auf die Erneuerung des Verhältnisses von ‚Innen' und ‚Außen', von Subjektivität und Gesellschaftlichkeit. Die Termini ‚Innen' und ‚Außen' hatten in diesem Zusammenhang die Funktion, „sich auf eine Grenze zurück zu beziehen, die um Stabilität bemüht ist" (Butler 1991: 197) Den Theoretikern der „klassischen Lernkultur" war dabei sehr wohl bewusst, dass „diese Stabilität, diese Kohärenz zum großen Teil durch kulturelle Anordnungen bestimmt ist, die das Subjekt sanktionieren" (ebd.). Das ‚Innen' der Subjekte diente dabei seit jeher als Operationsbasis für Subjektivität. Mit ihrer Hilfe wird das ‚Innen' der Subjekte durch ein spezifisches und disziplinär erzeugtes Wissen in eine Form gebracht, in der es pädagogisch transformiert werden kann. Dieses disziplinär erzeugte Wissen betonte dabei eine paradox ambivalente Grundstruktur moderner Subjektivität und zielte mit effektiver Steuerung und Strukturierung von Lern- und Bildungsprozessen auf einen Autonomiegewinn, der durch eine „sich bildende Person in dieser allererst hervorgebracht bzw. immer wieder neu aufrechterhalten und zugleich weiterentwickelt" werden müsse (Forneck 2005c: 126).

Jetzt gerät die Verhältnisbestimmung von ‚Innen' und ‚Außen' selbst in die Kritik und eine „Neue Lernkultur" fokussiert nicht mehr primär auf die Stabilisierung von Strukturen (kognitiv/Identität). Die stabile und statische Innen/Außen-Grenzziehung weicht dabei einer „flexiblen Grenzziehung" (Link 1997: 75). Funktionalität für gesellschaftliche Zwecke und Subjektivität werden in dieser Auseinandersetzung einander nicht mehr entgegen gesetzt. Sie verschmelzen vielmehr zu einem neuen Typ funktionaler Subjektivität. Hierin geht es nicht mehr, wie noch von klassischen Bildungstheoretikern kritisiert, um die Subsumtion des Subjekts unter die funktionalen Erfordernisse, die von außen (Gesellschaft) an es herangetragen werden. Funktionalität wird als Chance für das Subjekt begriffen, seine Kräfte zu steigern, Kompetenzen und sich selbst auf den Weg zu bringen.

Die Einebnung des Verhältnisses von ‚Innen' und ‚Außen' führt dabei aber nun keineswegs – wie intendiert – zur Aufhebung der paradox ambivalenter Grundstruktur moderner Subjektivität. Durch die Verschiebung der Innen-Außen-Grenzen werden gleichzeitig neue Normativitäten generiert. Diese Normen werden hierin nun nicht mehr als mehr oder minder repressive von außen zur Geltung gebrachte Normen konzipiert, sondern positiv in Form von Flexibilitäts-, Produktivitäts- und Steigerungsappellen. Der aktuelle Versuch, das Innen-Außen-Verhältnis zu verschieben, bringt eine neue Form der Thematisierung von Subjekten hervor. Die Funktion besteht insbesondere darin, die Subjekte ‚offen', anschlussfähig und erreichbar für Veränderungen zu halten.

Die im Zeichen einer „Neuen Lernkultur" entwickelten didaktisch-methodischen Praktiken zur Ausgestaltung von Lehr-Lern-Verhältnissen in der Weiterbildung verfolgen damit vor allem ein Ziel: Ein neues Regime der Führung von Führungen zu etablieren, indem die Subjekte zur Selbstführung und Selbstleitung angehalten und aktiviert werden.

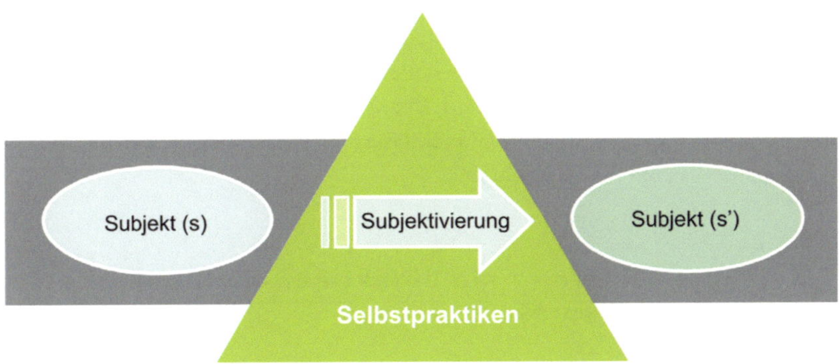

Abb. 11: Grundfigur: „Neue Lernkultur" (eigene Darstellung)

Die Transformation des ‚Thematischen Subjekts' als Gegenstand didaktischer Aussagen soll in diesen Konzeptionen nicht länger von ‚außen' befördert werden. Die grundlegende Idee des neuen Steuerungsregimes besteht darin, dass die Subjekte durch Subjektivierungsprozesse, die von Selbstpraktiken unterstützt werden, sich selbst in einer intendierten Weise verändern. In dieser neuen Verhältnisbestimmung geht es vor allem um die „Umstellung von entlastenden Traditionen auf Ich-Leistungen“ (Combe/Buchen 1996) und damit um neue Zumutungen, die mit der Herstellung und Aufrechterhaltung der geforderten Subjektivität verbunden sind. Die Forderung nach einer „Neuen Lernkultur“ geht vor dem Hintergrund gesamtgesellschaftlicher Modernisierungsprozesse mit einer neuen Gegenstandskonstitution und einer neuen Funktionsbestimmung des Didaktischen einher. Das Feld des Lehrens und Lernens ordnet sich um einen spezifischen Subjektbegriff, der, als Gegenstand erkannt, neue Bearbeitungsweisen, also didaktisch-methodische Praktiken erforderlich macht.

In diesem Sinne ist eine „Neue Lernkultur“ funktional. Sie ist nicht länger bestrebt, Menschen zu disziplinieren und entsprechend gesellschaftlich funktionsfähig zu halten, sondern sie ist bemüht, Menschen zu führen, in dem sie selbstständige und funktionsfähige Subjekte allererst (mit-)produziert.

Die Grundstruktur didaktisch-methodischer Regierungspraktiken besteht darin, die Individuen zu führen, indem sie mit einer kalkulierten subjektiven Handlungsfreiheit arbeiten. Diese Handlungsfreiheit ist insofern kalkuliert, als dass didaktisch-methodische Regierungspraktiken das Feld möglicher Handlungen strukturieren. Didaktisch-methodische Regierungspraktiken arbeiten dabei produktiv und stimulierend und implizieren ein Zusammenspiel zwischen Führung und Selbstführung.

Das spezifische Zusammenspiel aus Führung und Selbstführung ist Gegenstand der nachfolgenden Ausführungen. Dabei soll gezeigt werden, inwiefern die Praxiskonzepte didaktisch-methodische Praktiken zur Führung der (Selbst-)Führung als eine Bearbeitungsweise entwerfen, mit der die Einbindung des Subjekts in seine eigene Unterwerfung möglich wird. Zur Frage steht, auf welche Weise didaktisch-methodische Praktiken die Selbstführung der Subjekte anregen, so dass Subjektivierung schließlich selbst als didaktisch-methodische Praktik erscheint.

5.3 Subjektivierung als didaktisch-methodische Regierungspraktik

Das spezifische Zusammenspiel zwischen Führung und Selbstführung, wie es in den didaktisch-methodischen Praktiken der „Neuen Lernkultur“ angelegt ist, wird Gegenstand der folgenden Ausführungen sein. Der Fokus richtet sich dabei auf die nahe gelegten Selbstpraktiken, mit denen die lernenden Individuen sich selbst zu Objekten ihres eigenen Lernens machen. Technologien des Selbst implizieren einerseits die Idee der Steigerung und andererseits die der Transformation von Subjektivität.

Der professionellen Logik folgend wurden didaktisch-methodische Praktiken bislang eingesetzt, um Wege vorzuzeichnen, die die lernenden Subjekte beschreiten können, um sich Wissen anzueignen und sich zu verändern. Die Wege und damit verbundenen Methoden wurden kontinuierlich weiter entwickelt. Das Ziel war, das Lernen der Subjekte effektiver zu gestalten und die Lerninhalte optimaler aufzubereiten und damit besser erlernbar zu machen. Wie oben dargestellt, geschah dies lange Zeit mittels disziplinärer und repressiver Maßnahmen. Eine solche Form der ‚äußeren Herrschaft' über die Lernenden und den Lernprozess scheint an ihre Grenze gekommen, das heißt, ihre Wirksamkeit hat sich als beschränkt erwiesen.

Im Folgenden gilt es, die Ziele didaktisch-methodischer Praktiken, die wie die Praktiken der „Neuen Lernkultur" mit Subjektivierungsweisen arbeiten, zu prüfen. Inwiefern eignen sie sich dazu, die Verantwortung für die Steigerung der Lernleistung in das Subjekt hinein zu verlagern. Untersucht wird die „Ökonomie der Perfektionierung" (Wrana 2006: 83), mit der das Subjekt aufgefordert wird, selbst in sich herzustellen, was äußere Disziplinierung nicht vermag:

Dem Subjekt wird nahe gelegt, einer Logik des Handelns zu folgen und diese permanent in sich selbst zu aktualisieren, die von ihm verlangt, sich selbst zu disziplinieren und die nötigen Ressourcen zu mobilisieren. Diese Forderung artikuliert sich indirekt mittels einer Terminologie, in der die Kreativität, Eigenaktivität und Selbststeuerung der Subjekte betont wird. Hierin soll das – so lautet die Kritik an den so genannten klassischen Lehr- und Lernformen – bislang nicht thematisierte ‚Eigene' zur Sprache gebracht werden und so die Doktrin der radikalen Subjektorientierung eingelöst werden.

Die vorgeschlagenen Subjektivierungsweisen wären dementsprechend nicht im eigentlichen Sinne disziplinierend: Sie sind nicht darauf ausgerichtet, ein von außen vorgegebenes funktionales Optimum auf dem vorgeschriebenen Weg zu erzielen. Dennoch, so wird sich im Folgenden zeigen, sind sie gesellschaftlich funktional, indem sie der Steigerung und Transformation von Subjektivität dienen. Mit Wrana und Forneck lassen sich die Subjektivierungsweisen als Momente einer „Kapitalisierung des Selbst" (Forneck/Wrana 2005: 155) bezeichnen. Denn während das Subjekt in disziplinierenden Rahmen zur Verbesserung seines Lernens und damit zur Optimierung seiner Funktionalität angehalten wird, so wird es im Sinne der Technologien des Selbst flexibel, offen und anschlussfähig gehalten. Die Bereitschaft zur eigenen ‚Verflüssigung', zur permanenten Hervorbringung des Selbst in einem anderen Modus, ist für die Kapitalisierung des Selbst zentral. Der Clou ist, dass das Subjekt, würde es sich ‚nur' bilden und nicht auch seine Flexibilität perfektionieren, in seiner konkreten Ausgestaltung dysfunktional würde. Funktional im Sinne des gouvernementalen Regimes ist es nur, wenn es flexibel und veränderbar bleibt. Eine derartige Sichtweise auf Flexibilität und Veränderung apostrophiert die Fähigkeit von Menschen, sich im Verhalten und Erleben wechselnden Lebensverhältnissen rasch anzupassen.

Wenn methodisch-didaktische Praktiken nicht *an*, sondern *in* den Individuen ansetzen, benötigen didaktisch-methodische Handelnde solche Instrumente, die nicht nur an die Individuen *heran*, sondern in sie *hinein* reichen. Die didaktisch-methodischen Praktiken, werden im Folgenden daraufhin analysiert, auf welche Weise sie einen direkteren, genaueren und unmittelbareren Zugriff auf die Subjekte und ihren Lernprozess ermöglichen.

5.3.1 Regierte Zirkulation: Ermöglichung in virtuellen Lernräumen

Der Begriff der „Neuen Lernkultur" wird häufig auch in Zusammenhang mit digitalen Lerntechnologien verwendet (vgl. Dietrich/Herr 2005: 29). Virtuelle Lernumgebungen sind auch für Arnold ein bedeutsamer Bereich für ermöglichungsdidaktische Handlungsweisen (vgl. Arnold/Tutor 2007: 133). In Kapitel 5.2.3 finden sich bereits grundsätzliche Anmerkungen zur Entgrenzung von Räumen in einer „Neuen Lernkultur". Auch Didaktisch-methodische Praktiken, wie Arnold sie programmatisch fasst, benötigen nicht länger einen intentional gestalteten Raum für gemeinsame Lernarbeit. Die Möglichkeiten, Transformationsprozesse auf Seiten der Subjekte anzubahnen, sind für ihn zeitlich und räumlich nicht begrenzt.

Die Möglichkeiten der Neuen Medien werden in den letzten Jahren verstärkt als Hoffnungsträger für ein neues Erwachsenenlernen propagiert (vgl. Dohmen 1999: 53 ff.). Multimedia- und E-Learning-Angebote, also Lehr- und Lernangebote, bei denen digitale Medien zum Einsatz kommen, nehmen an Bedeutung zu. Vor dem Hintergrund des von vielen geteilten Verständnisses der Gesellschaft als einer Informations- und Wissensgesellschaft wird als Implikation akzeptiert, dass Menschen mehr und mehr in die Lage versetzt werden müssen, sich selbstständig über Medien neues Wissen anzueignen.

Aus systemisch-konstruktivistischer Perspektive fördern Neue Medien die „Eigeninitiative und Selbsttätigkeit im Lernprozess" (Arnold/Tutor 2007: 125). Ihre Aufnahme in didaktisch-methodische Überlegungen soll dazu führen, den lernenden Subjekten eine „individuelle Wirklichkeitserschließung in allen Lebensbereichen" (ebd.) zu ermöglichen. Gezielt wird auf die räumliche und zeitliche Ausdehnung des Lernens nach dem Motto *Learning everywhere and everytime* verwiesen. Die Voraussetzung für diese mediale und individuelle Wirklichkeitserschließung ist „Selbstlernkompetenz" (ebd.). Sie umfasst für Arnold die Fähigkeit, die „Schritte der Antizipation bzw. Planung, der Durchführung und der Kontrolle" (ebd.) des eigenen Lernens „selbst aktiv" (ebd.) zu bewältigen. Da virtuelle Lernumgebungen „gerade durch den Aspekt der Selbststeuerung" (ebd.: 133) leben, scheinen sie für Arnold prädestiniert, erwünschte Transformationsprozesse auf Seiten der lernenden Subjekte „anzubahnen“ (ebd.).

Bei der Einrichtung virtueller Lernumgebungen geht es Arnold zufolge vor allem darum, „die Transferstrecke zwischen Lernort und Anwendungsort“ (Arnold 2007: 133) zu verkürzen.[29] Virtuelle Lernumgebungen als Bestandteil didaktisch-methodischer Praktiken können ihre Wirkungen aus einer „gewissen Distanz“ (ebd.) entfalten. Die Lernenden scheinen weit weg vom Geschehen, aber gerade hieraus gewinnen die Praktiken Arnold zufolge ihre Wirksamkeit.

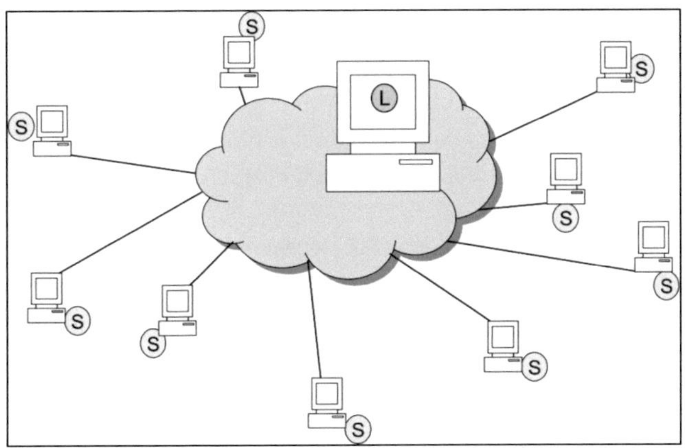

Abb. 12: Virtuelle Lernräume [30]

Die eigentliche ‚Ferne‘ des virtuellen Lernens ergibt sich erst bei der Durchführung des Angebots. Ein virtuell Lernender ist in einer eindeutig anderen Situation als der Lernende in einem Lernraum. Dabei ist der ‚Fern‘-Lernende Arnold zufolge in viel „stärkerem Maße auf sich selbst verwiesen“ (Arnold/Tutor 2007: 147). Und das ist auch gewünscht, denn didaktisch-methodische Praktiken in virtuellen Lernräumen zielen darauf, dass die Lernenden entsprechende „Erschließungskompetenzen und Lernstrategien“ (ebd.: 148) entwickeln, die ihnen die Bewältigung der Lernsituationen ermöglichen. Für

29 Vor dem Hintergrund der Debatte um das ‚Lernen am Arbeitsplatz‘ haben dezentrale Lernorte in der Weiterbildung insgesamt stark an Bedeutung gewonnen (vgl. Dehnbostel et al. 1992; Dehnbostel 1994).

30 Virtuelle Lernräume sind gekennzeichnet über dezentrale Lerngelegenheiten. Die „Fernstudienmaterialien“ werden zentral in ein virtuelles Netz eingespeist und darüber distribuiert. Die Lehrenden stehen für eine technologiegestützte Nachfrage und Kontaktaufnahme zur Verfügung (vgl. Arnold/Tutor 2007: 134).

Arnold handelt es sich bei diesen Kompetenzen um „Subjektqualitäten" (ebd.), also Fähigkeiten, die ein kompetentes Subjekt auszeichnen. Virtuelle Lernumgebungen erzielen demnach ihre Wirkungen unmittelbarer, als es Präsenzveranstaltungen leisten (ebd.: 134).

Neben dem Aspekt der „Kürze der Transferstrecke" (ebd.: 148) haben die Lernenden individuell Gelegenheit, alle in ihrem Leben relevant erscheinenden Bezüge in ihren Lernprozessen aufzugreifen. Die Distance-Learning Methode ist dabei nicht nur eine Organisation von Lehr- und Lernprozessen, die die Transferstrecke möglichst kurz hält. Sie ermöglicht zugleich eine „Individualisierung des Lernprozesses, die weit über das hinausgeht, was häufig die face-to-face-Kommunikation in Präsenzveranstaltungen zulässt" (Arnold/Tutor 2007: 134). Was genau ist damit gemeint? Für Arnold folgen „Präsenzlehrveranstaltungen" (ebd.) einem fragwürdigen Konzept. Dabei sei ein „Lernen im Gleichschritt" (ebd.) vorgesehen und eine Art „Einheitskost für alle" (ebd.), die allenfalls zufällig den „Appetit des Einzelnen" (ebd.) treffe. Individueller Lernbedarf und individuelle Lernbedürfnisse würden darin kaum berücksichtigt.

Demgegenüber zielen systemisch-konstruktivistische Praktiken in virtuellen Lernumgebungen darauf, dass Lerninhalte möglichst reichhaltig vorhanden sind (vgl. Arnold/Schüßler 1998: 97). Auf diese Weise wird dem Lernenden eine Auswahl der für ihn relevanten Lernaspekte ermöglicht. Das Angebot an Lernwegen kann viel größer als in Präsenzsituationen sein, weil die Anforderung an den Lehrenden entfällt, eine Lerngruppe auf einen gemeinsamen Weg zum Lehrziel zu halten. Da der virtuelle Raum Lehrende und Lernende zeitlich entkoppelt, wird dem Lernenden mehr Flexibilität (zum Beispiel bei der Auswahl der Inhalte), also ein „Grad an Offenheit" zugestanden (ebd.: 92). Flexibilität ist dabei gleichbedeutend mit der Fähigkeit, sich permanent und unverzüglich auf Veränderungen einzustellen. Der Begriff vermittelt den Eindruck, ein Lernender könnte frei entscheiden – freilich auf der Grundlage einer übergreifenden Rationalität, welche den Einzelnen auf Flexibilität verpflichtet. „Wie beweglich, instabil und dynamisch gesellschaftliche Normen sein mögen. Flexibilität ist inzwischen eine feste Größe" (Lemke 2004: 82). Virtuelle Lernräume bieten hierfür den angemessenen Rahmen. Dabei verstehen sie die „Individualisierung des Lernprozesses" (Arnold/Tutor 2007: 134) auch als flexible Möglichkeit, subjektiv bedeutsame Inhalte aufzugreifen und wieder zu verwerfen. Die ermöglichten individuellen Lernwege eröffnen dabei die Möglichkeit zu einer fortwährenden Bewegung des Lernens in der virtuellen Lernumgebung. Dabei wird über virtuelle Lernumgebungen eine inhaltlich bestimmte und raum-zeitlich verankerte Ordnung aufgelöst. Mit dieser didaktisch-methodischen Praktik, die „nachhaltige Lernprozesse zu ermöglichen" (Arnold/Tutor 2007: 98) bemüht ist, wird dabei zuallererst Bewegung und Beweglichkeit der Lernenden erzeugt. Bedingung für die zunehmende Beweglichkeit ist dabei die in virtuellen Lernumgebungen vollzogene Deterritorialisierung des Lehrens und Lernens. Indem eine „Vielfalt von Lernwegen“ (ebd.: 86) eröffnet wird, wird zugleich eine neue Topologie des Raums begründet: Da keine Strukturierung und äußere Ordnung die mannigfaltigen individuellen Lernwege mehr kontrollieren soll, wird die Kontrolle subjektiviert und mit Hilfe bereit gestellter Selbstpraktiken evoziert. So zählt Arnold die „Selbstdisziplinierung des Lerners“ (ebd.: 148) auch zu einer wesentlichen Voraussetzung erfolgreicher Lernprozesse in virtuellen Lernumgebungen.

Mit virtuellen Lernumgebungen wird Arnold zufolge die frontalunterrichtliche Lernraumgestaltung überwunden. Gleichzeitig muss auch „multimediales Lernen“ (Arnold/Tutor 2007: 137) sich an „Kriterien eines nachhaltigen und erwachsenengemäßen Lernens messen lassen“ (ebd.). Entscheidend ist, dass der „Content“ (ebd.: 136), also der Lerninhalt dabei so aufbereitet sein muss, dass er von den Lernsubjekten „erschließbar“ (ebd.) ist. Die „erschließungsorientierte Aufbereitung“ (ebd.) bedeutet, dass die Lernenden darin zur „Selbsttätigkeit aufgefordert und angehalten werden“ (ebd.). Die Aktivierung der lernenden Subjekte ist das zentrale Charakteristikum systemisch-konstruktivistischer Konzeptionen zur Gestaltung virtueller Lernräume. In diesen werden hierzu zahlreiche Selbstpraktiken angelegt. Virtuelles Lernen ist voraussetzungsreich: Der Lernende muss bestimmte Systemzustände mitbringen, wenn er erfolgreich selbstorganisiert lernen will. Lernende benötigen eine neugierige Haltung, müssen fähig sein zur Selbstmotivation und ausreichendes Selbstbewusstsein vorweisen.

Um die erfolgreiche Teilnahme an einer internetbasierten Lernumgebung zu gewährleisten, müssen Teilnehmer/innen sich deshalb auch zunächst „einer neuen und ungewohnten Situationen“ (ebd.: 86) aussetzen, „die auch Ängste verursachen kann“ (ebd.). Wenn sie sich selbsttätig einen problemlosen Zugang zur Lernumgebung geschaffen haben, müssen Teilnehmende sich in der Lernumgebung zurechtfinden lernen, zum Beispiel in dem sie beginnen, mit einzelnen anderen Teilnehmenden zu interagieren. Die grundlegend erforderlichen Fähigkeiten, um sich in einer virtuellen Lernumgebung zurechtzufinden, bezeichnet Arnold als „Selbst- und Sozialkompetenz“ (Arnold/Tutor 2007: 126). Eine grundlegende Sozialkompetenz ist erforderlich, da die individuellen Lernaktivitäten durch die Schaffung virtueller Kommunikationsplattformen gleichzeitig sozial angebunden werden. Die Selbstkompetenz bezieht sich neben der angesprochenen Selbstdisziplinierung auf die Fähigkeit zu „Anstrengung, Aufmerksamkeit und Motivation“ (ebd.: 126). Dabei müssen Teilnehmende einer virtuellen Lernumgebung permanent zahlreiche Entscheidungen treffen: Sie müssen ihre Inhalte auswählen, dabei entscheiden, welche Informationen für sie persönlich relevant sind. Sie müssen die Abfolge, den Zeitpunkt und den Umfang ihres Lernpensums festlegen. Sie müssen auf „Anforderungen produktiv" (ebd.) reagieren und „Handlungen kreativ entwickeln" (ebd.).

Über diese Entscheidungen müssen sie Rechenschaft ablegen, in dem sie sie persönlich dokumentieren oder kommunizieren. Hierfür halten virtuelle Lernumgebungen Praktiken für „die Planung-, Steuerung- und Kontrollprozesse des Lernens" (ebd.) bereit. Relevant für Lernprozess in virtuellen Lernumgebungen ist,

> „dass die lernende Person sich ihres Wissens sicher ist, das heißt, dass sie sich aufgrund ihrer Kompetenz zur Reflexion über das Wissen sowie über den gesamten Lernvorgang und über die eigenen Aktivitäten als verursachender Instanz des Lernprozesses gewiss sein kann und sie dadurch auch eine positive Rückkopplung über ihre Lernfähigkeit erhält." (Ebd.)

Lernende in virtuellen Lernumgebungen sind überdies aufgefordert, sich an themenspezifischen Gruppendiskussionen zu beteiligen und angehalten, das Ausmaß an Kommunikation und deren kooperativen Charakter zu intensivieren (vgl. ebd.). Wenn sie das alles erreicht haben, haben sie eine ganze Reihe von Operationen an sich selbst vollzogen oder anders gesagt: ihren „Systemzustand" verändert. Sie haben eine Methodenkompetenz entwickelt, „die geeignete Aneignungs- und Lernstrategien für den konkreten Lernprozess, also für Vorgänge der internen Organisation" (ebd.: 127) für sie bereithält.

Bildung und Kompetenzentwicklung vollziehen sich in virtuellen Lernräumen Arnold zufolge viel nachdrücklicher. Die Studienorganisation erfordert auf Seiten der lernenden Subjekte einen hohen Grad an Flexibilität und Beweglichkeit. So deuten auch Arnold und Tutor an, dass Lernen in virtuellen Räumen, die „geistige Selbstdisziplinierung" (Arnold/Tutor 2007: 148) des Lernenden fördert und sich die intendierte Wirkung damit „unmittelbar einstellt" (ebd.). Bildung und Kompetenzentwicklung gleichen dann „mehr einem Umbau, als einem Neubau" (Arnold 2007: 8). Subjekte transformieren sich, in dem sie auf sich selbst einwirken. Dies sind aber genau jene Praktiken, die in dieser Publikation als Führung zu Selbstführung und damit als Regierungspraktiken analysiert werden.

5.3.2 Reflexive Selbstbeobachtung in Selbstlernarchitekturen

Selbstlernarchitekturen, wie Hermann Forneck sie entwirft, stellen eine „integrierte Gesamtkonzeption" (Forneck 2005a:23) didaktisch-methodischer Praktiken dar. Integriert ist diese Gesamtkonzeption, da in ihr drei zentrale Steuerungsdimensionen ineinander greifen sollen: Die Selbstlernarchitektur ist dabei der konkrete Materialkorpus, in dem Lernressourcen bereitgestellt werden, die die materiale und die formale Dimension eines Lernprozesses aufeinander beziehen. Zweitens geht es um Lernberatung als einen individuellen Beratungsprozess, der auf die „Verbesserung der Lernfähigkeiten der einzelnen Lernenden in Lernkontexten zielt" (Forneck/Springer 2005: 108). Drittens ist die Prozesssteuerung zu nennen: Die in der Selbstlernarchitektur zum Einsatz gebrachten Prozesssteuerungselemente lassen sich in „Formen des kooperativen Lernens" und „Dokumentations-, Reflexions- und Prüfungspraktiken des individuellen Lernens" (Forneck 2005a: 23) unterscheiden.

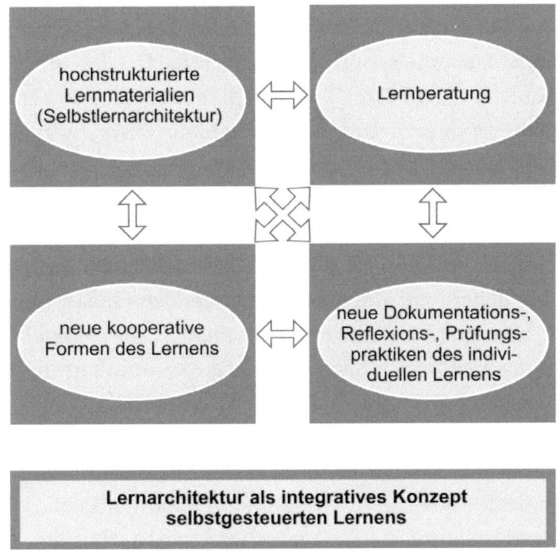

Abb. 13: Selbstlernarchitektur als integratives Konzept (vgl. Forneck 2005a: 23)

Die Selbstlernarchitektur ist als didaktisch-methodisches Gesamtarrangement zu bezeichnen, in dem das Lernen der Subjekte gezielt gesteuert wird. Gezielte Steuerung als eine professionelle Tätigkeit soll über die Bereitstellung einer Selbstlernarchitektur auf Seiten der Lernenden Lernprozesse evozieren, in denen diese *Selbstsorge* realisieren können.

Unter Selbstsorge versteht Forneck die Möglichkeit, die Strukturiertheit des eigenen Lernens reflexiv einzuholen und sich ihr zugleich zu entziehen. Damit werden, so Forneck, „Fluchtlinien" (Forneck 2005a: 43) des eigenen Lernens entwickelt.[31] Die in der Selbstlernarchitektur angelegten Lernwege sind dabei einer didaktisch-methodischen Entwicklungslogik folgend so strukturiert, dass Lernende sich in der Auseinandersetzung mit so genannten Lernaktivitäten inhaltliches Wissen erarbeiten können und zugleich ein Verständnis davon erhalten, wie sie dies tun. Die Lernaktivitäten, als kleinste mikrodidaktische Einheit einer Selbstlernarchitektur, bestehen deshalb aus einem Materialkorpus, einer vorgeschlagenen Lernpraktik – also einem Hinweis auf eine mögliche Bearbeitungsweise und einer Lernwegsempfehlung, die die Bildung bestimmter Lesarten von Lernobjekten anregen soll (Forneck 2006: 34). Über die Verbindung von materialen Lerninhalten mit inhalts- wie auch lernwegsbezogenen reflexiven Praktiken wird neben den materialen Inhalten auf einer zweiten Ebene zugleich die Dimension formalen Wissens oder das Lernen des Lernens thematisch. Neben Lernpraktiken und Lernwegsempfehlungen kommen in Selbstlernarchitekturen eine ganze Reihe weiterer apersonaler Steuerungselemente zum Einsatz, die die selbstreflexive Qualität des Lernens unterstützen sollen (vgl. ebd.: 54). Dazu zählt das selbstsorgende Lernen, in dem neben der Aneignung eines Lerninhalts und der Entwicklung von Lernpraktiken ein reflexiver Zugang zum jeweiligen Lernprozess verwirklicht wird.

In diesem Kapitel werden individuelle Reflexionsverfahren, die Forneck einsetzt, um die Dezentrierung des Lernenden von seinen individuellen Lernweisen zu ermöglichen, auf ihren subjektivierenden Gehalt untersucht.[32] Neben den zwei kooperativen Steuerungselementen ‚Wissensplattformtreffen' und ‚Kooperativer Erfahrungsaustausch' sind es vor allem die Dokumentations-, Reflexions- und Prüfungspraktiken (Lernjournal, Lernplanung, Dokumentation der Lernwege und Leistungsstandardisierung und -messung) des individuellen Lernens, die die selbstreflexive Qualität des Lernens eröffnen sollen (vgl. Forneck 2005a: 23). Diese Instrumente flankieren die individuellen Lernprozesse insofern sie zu einer bestimmten Haltung und einer bestimmten Tätigkeit auffordern. In dem sie eine reflexive Haltung zum eigenen Lernen einfordern, beschränkt sich ihre Funktion nicht lediglich darauf, sich mit sich selbst zu beschäftigen. Sie legen darüber hinaus nahe, bestimmte Entschlüsse zu fassen und Handlungsweisen zu verändern. Exemplarisch wird

31 Die Didaktik der Selbstsorge wird in Kapitel 3.2 dargestellt.

32 Diese wurden ausgewählt; es wäre durchaus denkbar, sämtliche Elemente der Selbstlernarchitektur daraufhin zu überprüfen.

im Folgenden dieser Aufforderungscharakter an der Arbeit mit den eingesetzten Lernjournalen gezeigt.[33]

In der Beschäftigung mit dem eigenen Lernen in einem Lernjournal, wird den Lernenden nahe gelegt, sich reflexiv auf die Art und Weise ihres eigenen Vorgehens im Lernprozess zu beziehen. Dabei erhalten die Lernenden vorab bestimmte Hinweise zum Gebrauch ihres Lernjournals. Hier wird eine Zweiteilung des Journals in einen linken Notizenteil und in einen rechten Reflexionsteil vorgeschlagen. Auch wenn darauf hingewiesen wird, dass diese Empfehlung im Laufe des Selbstlernprozesses von den Lernenden einem „Konsumptionsprozess" (Forneck 2005a: 31) unterzogen wird, in der sich die Gestaltung des Lernjournals verändert, installiert oder fördert die Empfehlung ein bestimmtes Selbstverhältnis auf Seiten der Lernenden: Das Selbstverhältnis, das in Lernprozessen entstehen und sich entwickeln kann, ist das Verhältnis einer Person zu ihren lernenden Aktivitäten. In derartigen Selbstverhältnissen – so lässt sich im Anschluss an Foucault zeigen – erzeugt das Subjekt eine ‚innere Wahrheit' über sich selbst. In dem ein lernendes Subjekt in seinem Lernjournal ergründet, wie es lernt und was in ihm vorgeht, muss es versuchen, andere Handlungsoptionen zu erkennen (vgl. Foucault 1988a: 52).

Die Selbstverhältnisse und -techniken sind von der Antike bis zur Gegenwart historischen Veränderungen unterzogen. In seinem Spätwerk beschäftigt sich Michel Foucault mit diesen Entwicklungen. Hier geht es um die Frage, wie das Subjekt eine ‚innere Wahrheit' über sich selbst und seine Identität herstellt. Das antike Selbstverhältnis, das wesentlich mit der Sorge um sich und der Achtsamkeit gegenüber den Aktivitäten der Seele (als dem Prinzip, das Werkzeuge in Gebrauch nimmt) verbunden war, wurde demnach abgelöst von einem Selbstverhältnis christlichen Ursprungs in dem die Frage „Wie tue ich etwas?" abgelöst wurde von der Frage: „Wer bin ich? Als wen soll ich mich erkennen?" (Ebd.: 28)

Selbsterkenntnis wird zu einem Prinzip für Selbstverhältnisse, wie sie auch in den Lernjournalen angeregt werden. Diese Selbstverhältnisse, wie Foucault sie anhand der antiken und der christlichen Selbstpraktiken beschreibt (ebd.: 22 ff.), richten sich stets nur scheinbar an bereits bestehende Subjekte. Tatsächlich sind sie allen voran Anleitungen, wie man sich als Subjekt konstituiert. In der Beschäftigung mit dem Lernjournal wird den Lernenden nahe gelegt, sich auf eine bestimmte Weise als *jemand* zu erkennen, und das heißt, zu diesem *jemand* zu werden. Wrana hat herausgearbeitet, dass sich das Subjekt in den im Lernjournal vollzogenen Aussagen gegenüber sich selbst verändert:

33 Forneck empfiehlt in selbstsorgenden Lernprozessen den Einsatz eines Lernjournals (Forneck 2005a: 22). Eine diskursanalytische Untersuchung dieser reflexiven Praktik im Zusammenhang mit Subjektivierung hat Wrana vorgelegt (Wrana 2006).

„A sagt x über A* zu A‘. Indem das Ich zu sich selbst etwas über sich selbst sagt, produziert es zum einen sein Selbst – A*. Aber zugleich verschiebt es sich selbst! Wenn A über A* spricht, sind A und A* nicht dieselben, denn A wird temporalisiert und verschoben und so wird A im Akt des Äußerns zu A‘“ (Wrana 2006: 157).

In der mit dem Lernjournal nahe gelegten reflexiven Auseinandersetzung verstricken sich die Lernenden in das System der Akzeptabilität, in dem sie ihre eigenen Gedanken und Handlungen vor dem Hintergrund eines als intelligibel bezeichneten Handelns bewerten. Wie in der Ludwig'schen Konzeption der Fallarbeit ist es hier notwendig, sich selbst zum Objekt der Betrachtung zu machen. Auch Wrana kommt zu dem Ergebnis, dass das Subjekt „in der an sich selbst gerichteten Rede […] zu sich selbst in ein Verhältnis tritt, das es spaltet und transformiert“ (Wrana 2006: 245), eben indem es sich selbst zum Objekt seiner Betrachtung und zum Gegenstand einer Bearbeitung macht.

Für Forneck sind die reflexiven Selbstpraktiken Teil eines neuen Steuerungsregimes, das in der Lage sein soll, Prozesse der Dezentrierung zu eröffnen. Praktisch bedeutet das, dass die intendierten Selbstverhältnisse als ein differenziertes Nebeneinander verstanden werden können, die gleichzeitig einen Blick auf die in ihnen enthaltenen Subjektivierungsweisen eröffnen. Damit ist Forneck bestrebt, den Subjektivierungsprozessen, die stets mit Lernprozessen verbunden sind, analytisch zu begegnen und zugleich eine Auseinandersetzung über das diskursive Spiel zu ermöglichen. Dabei wird auch in Rechnung gestellt, dass sich die Subjekte diesem niemals entziehen können.

Eine gelungene Praxis der Dezentrierung hat „bis zu einem gewissen Punkt etwas Schöpferisches, sie ist die Refiguration der diskursiven Strukturen, manchmal nur Reproduktion, manchmal ein Ereignis der Transformation“ (Forneck 2005a: 43).[34] Die selbstreflexiven Elemente der Selbstlernarchitektur will Forneck als eine bestimmte *Klasse* von Praktiken verstanden wissen:

„Sie stellen dann den Versuch dar, die Grenzen des Denkbaren zu verschieben. Damit sind sie kein autonomer Prozess der Subjektivität, sondern ein Prozess der Transformation diskursiver Praktiken und in diesem Sinne selbst eine diskursive Praxis.“ (Ebd.)

34 Forneck spielt hier auf einen Begriff von Widerstand an, wie er im Poststrukturalismus beispielsweise von Judith Butler konkretisiert wird. Für Butler bleibt das Subjekt nur durch Wiederholung seiner selbst als Subjekt bestehen. Gleichzeitig ist es genau diese Reartikulation, die die Unvollständigkeit des Subjekts ausmacht. Damit wird die Wiederholung zum Ort der Subversion und damit „zur Möglichkeit einer Neuverkörperung der Subjektivationsnorm, die die Richtung ihrer Normativität ändern kann“ (vgl. Butler 2001: 95).

Versteht man Lernen mit Forneck als eine Praxis der Selbstsorge, handelt es sich bei diesem Prozess sowohl um die Aneignung von Wissen, Können und Fähigkeiten als auch um die Entwicklung eines Bewusstseins von dieser Aneignung. Lernende sollen in die Lage versetzt werden, „einer Determination in Lernprozessen insofern zu begegnen, als sie den Prozess dynamisch halten" (Forneck 2005a: 44). Diese Forderung kann auch gelesen werden als Versuch, den Lernprozess dynamisch zu halten und damit die Subjekte selbst dynamisch, also offen und ‚anschlussfähig' zu halten. Mit den in Selbstlernarchitekturen systematisch eingeführten Selbstführungspraktiken werden die Lernenden auf eine permanente ‚Reise' geschickt. Auf dieser Reise, also dem Prozess des Lernens, hat sich das lernende Subjekt mittels Selbstführungspraktiken zu ‚verflüssigen' und zu verändern. Das lernende Subjekt ist angehalten, sich immer wieder aufs Neue selbst hervorzubringen, es gibt keinen Endpunkt der Entwicklung. Es geht – wenn man in dem Bild der Reise bleibt – nicht um das Erreichen eines Ziels, sondern um den Weg, vielmehr um die ‚verschlungenen' Wege, die notwendigerweise nie an ein Ziel führen. Denn: der Weg ist das Ziel und damit der permanente Umbau, die fortgesetzte Transformation, die kontinuierliche und flexible Entwicklung. Flexibel und veränderbar zu bleiben, kann angesichts der gegenwärtigen gesellschaftlichen Transformationsprozesse als die zentrale adäquate Persönlichkeitsdisposition bezeichnet werden.

Das Subjekt soll sich selbst gegenüber eine unternehmerische Haltung einnehmen, indem es zum Manager seines Lebens und seiner Persönlichkeit wird. Ulrich Bröckling, der das Konzept des *unternehmerischen Selbst* konkretisiert, beschreibt es wie folgt:

> „das unternehmerische Selbst hat weder einen Namen noch Adresse [...]. Es bezeichnet überhaupt keine empirische vorfindbare Entität, sondern die Richtung, in der Individuen verändert werden und sich verändern sollen. Es existiert nur im Gerundivum, als zu produzierendes und zu optimierendes" (Bröckling 2002: 178).

Gleichwohl verpflichtet die Anrufung als unternehmerisches Selbst das Subjekt auf ein Bündel von Persönlichkeitsmerkmalen, das die Übernahme von Selbstverantwortung für die eigene Situation ebenso einschließt wie die Bereitschaft, individuelle Risiken einzugehen. Die Beschaffenheit des unternehmerischen Selbst ist demnach alles andere als eine Privatangelegenheit. Es ist vielmehr eine Form politischer Machtausübung, die institutionelle Arrangements (mit präskriptiven Annahmen über die Natur der Lernenden) ebenso einschließt wie Technologien des Selbst als Subjektivierungspraktiken. Auch die Erwachsenen- und Weiterbildung ist aufgefordert, den Subjekten eine unternehmerische Haltung sich selbst gegenüber näher zu bringen. Dies ist zugleich der Grund, warum Subjektivierungspraktiken, mit deren Hilfe sich das

Subjekt kreativ und flexibel macht, es zugleich bis an die Grenzen seiner Leistungsfähigkeit fordern. Bröckling verweist darauf, dass eine strukturelle Überforderung produziert wird, die den Einzelnen in einen Zustand versetzt, in dem es fortwährend kritisiert werden kann. Damit wird eine Dauerspannung erzeugt, die das Subjekt niemals zur Ruhe kommen lässt (vgl. Bröckling 2003: 91).

5.3.3 Demokratisierte panoptische Beobachtung: Die Fallarbeit

In der von Joachim Ludwig skizzierten Fallarbeit verbinden sich die Beteiligten einer Lernsituation mit der räumlichen Anordnung zu einem umfassenden System allseitiger Beurteilungen. Zu einer Falldarstellung gehören: ein Fallerzähler (FE), bestimmte Teilnehmer und Teilnehmerinnen in einem Innenkreis und andere Teilnehmer und Teilnehmerinnen in einem Außenkreis sowie der oder die Fallberater/in (FB). Die räumliche Anordnung lässt sich wie in Abb. 14 darstellen:

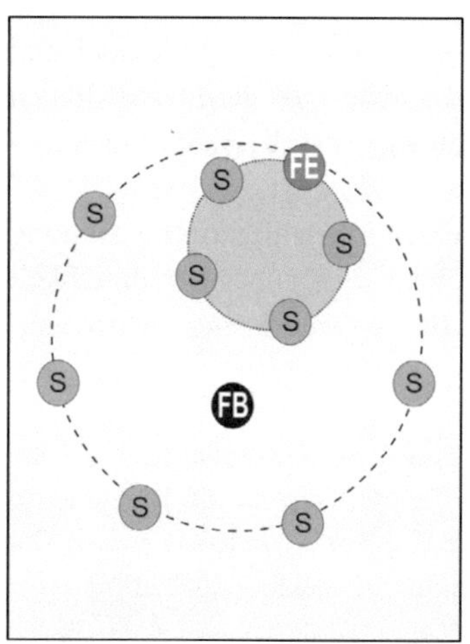

Abb. 14: Ausgangssetting in der Fallarbeit (eigene Darstellung)

Die Fallerzählerin (FE) hat die Aufgabe, einen Fall zu skizzieren, in dem ihre subjektiv gegebenen Bedeutungshorizonte zu einer als problematisch empfundenen Handlungssituation führten. Der Fallberater (FE) hat in einem vorbereitenden Gespräch darauf „hinzuwirken" (Ludwig/Müller 2001: 1), dass die Fallgeschichte in einer Weise konturiert wird, die eine gemeinsame Bearbeitung des Falls ermöglicht.

Der Außenkreis hat die Aufgabe, die in der Fallschilderung auftretenden Personen, die „in bestimmten Beziehungen zueinander stehen" (ebd.), analytisch in einem Soziogramm darzustellen.

Die Personen, die im Innenkreis sitzen, erhalten den Auftrag, der Erzählung der Fallgeschichte zuzuhören und sich ein Bild von der Geschichte zu machen, um anschließend „die Geschichte aus einer Innensicht heraus zu entfalten" (ebd.: 2). Die Personen des Innenkreises haben im Anschluss an die Fallerzählung die Möglichkeit, das bei ihnen entstandene Bild durch Nachfragen zu vervollständigen, indem sie der oder dem Fallerzähler/in (FE) Fragen stellen.

„Ein wichtiges Ziel ist hier, das Handeln der Personen im Fall kennen zu lernen – wer hat was, wann, wo, wie, weshalb gemacht? Aber auch Emotionen, die bei den Personen in verschiedenen Situationen hochkamen, sollten durch Nachfragen transparent werden.“ (Ebd.)

Der Fall, in dem die Fallerzählerin (FE) ein subjektiv wahrgenommenes Handlungsproblem skizziert, soll in einem Prozess der Selbstvergewisserung und in Auseinandersetzung mit den von anderen angebotenen Bedeutungshorizonten so bearbeitet werden, dass die Fallerzählerin ihre subjektiv gegebenen Bedeutungshorizonte bezogen auf die konkrete Handlungssituation erweitern und differenzieren lerne. Auf diese Weise optimiere sie ihre Handlungsfähigkeit. Die Fallarbeit ermöglicht es, einen individuellen Fall einer erwünschten Fremd- und Selbstverständigung zu unterziehen. Dieses spezifische Setting impliziert damit ein umfassendes System allseitiger Beobachtung:

Die Fallerzählerin ist, während sie den Fall skizziert (Arbeitsschritt 1), darüber informiert, dass die Personen aus dem Innen- und dem Außenkreis ihren Fall insgesamt kritisch reflektieren und ihr Handeln einschätzen werden. Dadurch befindet sich die Fallerzählerin in der Situation unter multiperspektivischer Aufsicht. Geht man davon aus, dass die Fallerzählerin sich bereits im Vorfeld darüber im Klaren ist, dass diese Situation entstehen könnte, kann die didaktisch-methodische Praktik bereits in der Situation selbst verhaltenskontrollierend wirken. Gleichzeitig ist die kontrollierte Fallerzählerin die Kontrolleurin derjenigen, von denen sie kontrolliert und beobachtet wird, denn deren Aussagen können zu einem späteren Zeitpunkt ebenso Gegenstand der Betrachtung werden. Dieses Setting möchte ich mit Ulrich Bröckling als *demokratischen Panoptismus* bezeichnen. Dabei tritt „an die Stelle eines allsehenden Beobachters auf der einen und den in ihren eigenen Beobachtungsmöglichkeiten aufs äußerste eingeschränkten Beobachtungsobjekten“ (Bröckling 2003: 85) auf der anderen Seite – wie es in klassischen Formen des Panoptismus der Fall ist – ein anderes Regime. Der demokratische Panoptismus ist durch ein nicht-hierarchisches Modell reziproker Sichtbarkeit gekennzeichnet. „Jeder ist Beobachter aller anderen und der von allen anderen Beobachtete“ (ebd.).

Mit Hilfe von – dem vertiefenden ‚Verstehen des Falls‘ dienenden – Rückfragen durch den Innenkreis (Arbeitsschritt 2) steht die Frage der Handlungsfähigkeit der Fallerzählerin zur Disposition. Dabei zielen die Rückfragen auf alle Sachverhalte, die die beschriebene Situation beeinflussen (Interaktionsvorgänge und Beziehungen, Beteiligungsstile und -strukturen, betriebliches und gesellschaftliches Umfeld). Die Fallerzählerin soll in ihrem Handeln, ihren Absichten, Interessen, Bedürfnissen und Begründungen für das gezeigte Verhalten ‚verstanden‘ werden.

Die für die Fallerzählerin mit der Rekonstruktion der Fallgeschichte verbundene Chance, zu einem vertiefenden Verständnis ihrer Handlungsproblematik zu gelangen, hat auch eine Kehrseite: Sie impliziert einen Bekenntniszwang. Als Selbstpraktik oder selbstbezogene Handlungsweise zielt sie auf eine „innere Wahrheit“ (vgl. Foucault 1984b), darauf, sich selbst zu beforschen und sich zugleich zu dieser Wahrheit zu bekennen.

Das Verfahren lockt und legitimiert sich über das Versprechen, diese Selbstpraktik verhelfe dazu, die soziale Handlungsfähigkeit der Fallerzählerin zu erweitern und zu optimieren. Das Verhalten der Fallerzählerin wird hierbei selbstredend nicht unmittelbar regiert bzw. kontrolliert. Die Fallarbeit stellt auch kein disziplinäres Unterwerfungsverfahren dar. Durch die spezifische Verknüpfung von Selbst- und Fremdbeobachtung und die unter gegenseitiger Beobachtung stattfindenden Reflexionsprozesse kann das Verfahren auf direkte Einflussnahme verzichten. Die entscheidenden Effekte werden über die – durch den Austausch mit anderen – installierten „Rückkopplungsschleifen“ (Bröckling 2003: 81) erzielt, die der Einzelnen signalisieren, ob sie sich der Norm entsprechend verhält oder von ihr abweicht. In dem Interaktionsraum der Fallarbeit werden zwar formal lediglich „Gegenhorizonte“ (vgl. Ludwig 2004: 121) aktualisiert, gleichwohl ist davon auszugehen, dass auch diese sich aus einem verfügbaren gesellschaftlichen Bedeutungssystem herleiten. Intelligibles Verhalten ist dabei im „System der Akzeptabilität“ (Foucault 1990: 34) vorgezeichnet. *Innerhalb* dieses Systems der Akzeptabilität lassen sich für die Fallerzählerin (FE) tatsächlich neue Bedeutungshorizonte eröffnen und Handlungsmöglichkeiten entwickeln. Diese verbleiben jedoch innerhalb eines spezifischen gesellschaftlichen Möglichkeitsraums. Die Norm ist dabei im Unterschied zu traditionellen Disziplinarmechanismen lediglich relational bestimmt, das heißt, sie eröffnet den Raum für vielfältige Handlungsweisen. Entscheidend ist nicht, die Individuen auf genormte Handlungsweisen zu verpflichten, sondern Differenzen zu kultivieren und zu optimieren (vgl. Lemke 1997: 251).

Diese Kontrolle ist gouvernementaler Art. Aus dieser Perspektive bedeutet Kontrolle nicht länger, die Kontrollierten auf einen fixen Sollwert, eine exakt definierte Norm festzulegen, sondern einen spezifischen Möglichkeitshorizont zu eröffnen, in dem eine unabschließbare Dynamik der Selbstoptimierung in Gang gesetzt werden kann.[35] In diesem Regime des „flexiblen Normalismus“ (Link 1997: 88) kommt den Lesarten und Interpretationsperspektiven der im Innen- und Außenkreis Beteiligten die Funktion eines Wahrheitsregimes zu. Die Fallerzählerin geht in ihrem Selbstverständigungsprozess in eine Auseinandersetzung mit den angebotenen Bedeutungshorizonten. Da-

35 Vgl. zur Differenz zwischen der disziplinären Normalisierung und der Norm innerhalb des Sicherheitsmechanismus Foucault 2004: 89 ff.

bei sollen diese Gegenhorizonte das Wissen über sich selbst von subjektiven Verzerrungen und Blindstellen befreien helfen.

„Der Spiegel, der dem Einzelnen vorgehalten wird, soll an Objektivität dadurch gewinnen, dass er verschiedene Spiegelbilder durch Übereinanderprojizieren zu einem Durchschnittsbild synthetisiert." (Bröckling 2003: 86)

Das Verfahren der Fallarbeit beruht dabei außer auf dieser Bedrohung auch auf einer Verheißung, die seine besondere Attraktivität ausmacht: Es eröffnet Möglichkeitsräume für neues und anderes Verhalten. Das Verfahren verspricht dem Einzelnen, seine persönlichen Potentiale zu entfalten und gleichzeitig eine „erweiterte Teilhabe an der gesellschaftlichen Lebenssicherung" (Ludwig 1999a: 675) zu eröffnen und die Entfaltung der subjektiven Lebensqualität zu ermöglichen. Die Bedingung dafür ist, dass die Fallerzählerin (FE) die gesammelten Rückmeldungen zum Ausgangspunkt einer methodischen Arbeit an sich selbst macht. Was allerdings zur Entfaltung der subjektiven Lebensqualität möglich und nötig ist, definieren alle Beteiligten im Rahmen der Entwicklung ihres situativen, auf ein bestimmtes System der Akzeptabilität bezogenen Wahrheitsregimes selbst. Innerhalb dieses Möglichkeitsraums hat sich jede der Beteiligten zu vergegenwärtigen, dass sie verschiedene Möglichkeiten hat und nutzen sollte. Die Selbstoptimierung ist ein nicht mehr hintergehbares Instrument und gleichsam als Ziel der Fallarbeit dechiffrierbar.

Dafür ist auch notwendig, dass das Individuum aus sich einen Fall macht, „einen Fall, der sowohl Gegenstand für eine Erkenntnis wie auch Zielscheibe für eine Macht ist" (Foucault 1975a: 246). Mit der Bedeutung einer solchen Individualisierungsmatrix beschäftigt sich Foucault in *Überwachen und Strafen*. In seiner Analyse wird offensichtlich, dass die Praktiken, die aus einem Individuum einen Fall machen (Beobachtung, Beschreibung, Selbstbeschreibung etc.), als „objektivierende Vergegenständlichung und subjektivierende Unterwerfung" (Foucault 1975a: 247) fungieren. Darin erhalten alle Individuen ihre eigene Individualität als Stand zugewiesen, mit dem sie auf die sie charakterisierenden Eigenschaften, Maße und Abstände festgelegt werden können, die aus ihnen einen Fall machen. Das Setting der Fallarbeit scheint dadurch, wie sich hier Selbst- und Fremdführung, Subjektivierung und Kontrolle verschränken, geradezu paradigmatisch für das Ineinandergreifen verschiedener Machtmechanismen: Es arbeitet an der Schnittstelle zwischen Disziplinarmechanismus und gouvernementaler Führung.

Anders als mit den Disziplinarmechanismen werden bei der Fallarbeit die Autonomie des Individuums und die Spielräume seines individuellen Handelns keineswegs systematisch beschnitten oder konditioniert. Im Gegenteil, die Spielräume des individuellen Handelns werden derart erweitert, dass sie als persönliche Ressource nutzbar gemacht werden können. Die entsprechend des Wahrheitsregimes erforderliche Adaptionsleitung liegt in der persönlichen Verantwortung des Individuums. Das Subjekt soll selbst eine gesteigerte Handlungsoption erreichen; der Preis dafür ist eine spezifische Unterwerfung.

Die Umsetzung des Gebots: „Erkenne Dich selbst", das Foucault als eine christliche Technologie des Selbst beschrieben hat, soll nun im Blick der anderen erfolgen. Das Gebot ist verbunden mit der Forderung, sich selbst und das eigene Handeln auf der Grundlage der geschilderten *Gegenhorizonte* zu verändern. Diese beiden Aspekte sind es, die die subjektivierende Funktionsweise der Fallarbeit ausmachen. Aus einer interpretativen Selbsterkundung und verbunden mit der Arbeit an der Optimierung oder mindestens Erweiterung der eigenen Handlungsspielräume entspringt eine Form von Subjektivität, welche die Autonomie des Einzelnen in gleichem Maße befördert, wie sie sie an die Interpretation der anderen bindet. „Ich bin, was über mich erhoben wird und was ich ausgehend davon, aus mir mache" (Bröckling 2003: 154).

In einem letzten Abschnitt wenden wir uns Subjektivierungsweisen zu, die über die didaktisch-methodische Praktik des Lehr-Lern-Vertrags von Erhard Meueler nahe gelegt werden.

5.3.4 Vereinbaren statt Anordnen: Der Lehr-Lern-Vertrag

Die Funktion didaktisch-methodischer Praktiken wird auch in der von Erhard Meueler vorgeschlagenen Variante des Lehr-Lern-Vertrags in Abgrenzung von so genannten klassischen methodisch-didaktischen Konzepten vorgenommen. In dieser Konzeption werden Lehr-Lern-Prozesse nicht länger über Anordnungen gesteuert, sondern über Vereinbarungen. Es geht also im Folgenden um eine Kultur der Vereinbarung, die sich als neues Steuerungsregime etablieren soll.

Vertragstheorien haben im modernen politischen Denken Europas mindestens seit dem 18. Jahrhundert eine markante Bedeutung gewonnen (vgl. Dzierzbicka 2006: 9 f.). Sie stehen in der Tradition einer normativen Politiktheorie, etwa „der Idee einer gerechten politischen Ordnung, die so beschaffen ist, dass alle Betroffenen ihr zustimmen können" (ebd.: 10). Meueler sieht sich in der Tradition solcher Theorien und bezieht sich explizit auf Rousseaus Idee des Gesellschaftsvertrags (contrat social) (vgl. Meueler 1998: 141). Diese Idee ist von der Annahme geleitet, dass die Menschen in der Lage sind, sich selbst eine gesellschaftliche Ordnung zu geben, „in der die Preisgabe der natürlichen Unabhängigkeit für den einzelnen keinen Selbstverlust bedeute, weil dafür eine Freiheit unter selbstgegebenen Gesetzen mit gleichen und gesicherten Rechten für alle gewonnen würde" (Nipkow 1977: 215).

Vertragstheorien kann man folglich als Bemühungen zusammenfassen, ein soziales Ganzes unter Berücksichtigung von Einzelinteressen zu organisieren. Demgegenüber weist das gegenwärtige *Vereinbarungspostulat* eine neue Komponente auf: „Der Vertrag erscheint als grundlegende soziale Institution“ (Bröckling 2007: 129). In dem hier zu erörternden Zusammenhang ist die Vereinbarung keine abstrakte, fiktive Größe innerhalb sozialer Gemeinschaften, sondern eine Vereinbarung zwischen Individuen und Institutionen und, so könnte man ergänzen: des einzelnen Individuums mit sich selbst.

In scharfer Abgrenzung zu einer Anordnungskultur, in der institutionelle Lernziele Subjekte in gesellschaftlichen Verhältnissen determinieren, schlägt Erhard Meueler vor, zu Beginn eines Lernprozesses mögen sich die Beteiligten Lerner und Lernerinnen sowie das anwesende Lehrperson auf einen Lehr-Lern-Vertrag verständigen. Eine derart „offene Lerngelegenheit“ (Meueler 1998: 142) ist konzipiert als Abstimmungsprozess aller Beteiligten, in dem diese die Lerninhalte (was wird gelernt), die Lernziele (woraufhin wird gelernt), die Methoden und Sozialformen (wie wird gelernt) und die weitere Planung (in welchen Schritten wird gelernt) vereinbaren.

„Ein Vertrag“, schreibt Meueler, „ist im sonstigen Alltagsleben ein Rechtsgeschäft, das durch einen Antrag und seine Annahme zustande kommt“ (ebd.: 140). Verträge regulieren alle Bereiche des Alltags. Über Kauf-, Miet-, Arbeits-, Versicherungs- und Eheverträge werden Beziehungen zwischen Individuen, zwischen Individuen und Organisationen und zwischen Organisationen geregelt. Die didaktisch-methodische Praktik des Lehr-Lern-Vertrags – so wird im Folgenden ausgeführt – konkretisiert die angestrebten Vertragsverhältnisse noch um einen weiteren Aspekt. Sie legt nahe, dass die Einzelnen auch gut daran tun, die Beziehung zu sich selbst vertragsförmig zu gestalten, das heißt, ein Selbstverhältnis im Zeichen des Vertrags zu etablieren.

In einer „offenen Lerngelegenheit“ (ebd.: 142) hat der Lehr-Lern-Vertrag für Meueler die „Einrichtung eines stabilen Bezugsrahmens der gemeinsamen Arbeit, sowohl was die Arbeitsorganisation wie die Stetigkeit des Leiterverhaltens betrifft“ (ebd.: 140) zu regeln. Die Voraussetzung für einen stabilen Bezugsrahmen zu schaffen, betrifft *implizit* ebenso das Verhalten der lernenden Subjekte: Denn die Stetigkeit, die notwendig ist, um einen stabilen Bezugsrahmen für die individuellen Lernprozesse herzustellen, ist von einem kalkulierbaren Verhalten der lernenden Subjekte abhängig. Dieses kalkulierbare Verhalten steht in einem paradoxen Verhältnis zu der von Meueler hinsichtlich der zu verhandelnden Gegenstände geforderten Offenheit. Und doch ergibt sich für Meueler hieraus kein Widerspruch: Der Lehr-Lern-Vertrag richtet sich also an gleichberechtigte, verantwortliche Personen in einem „dialogischen Beziehungsmodell“ (Meueler 2005: 687). Diese Personen stehen sich im Lehr-Lern-Prozess gleichberechtigt gegenüber. Damit sei ein gänzlich anderes Arrangement ermöglicht: Die Gestaltung des Lehr-Lern-Prozess wird nicht länger einseitig an institutionellen Zielen ausgerichtet.

Darüber hinaus soll die Bildungsarbeit mit Erwachsenen nicht nur von ihnen selbstbestimmt sein, sondern sich auch an demokratischen Werten orientieren. Der Vertrag soll eine *bessere* Lehre und ein *besseres* Lernen ermöglichen und damit schließlich ein *besseres*, weil freieres Leben (vgl. ebd.: 148). Hierfür werden selbstverantwortliche Lerngruppen konzipiert, die selbst ihre Aufgaben und Ziele setzen. Ein in diesem Sinne guter Lehr-Lern-Prozess ist für Meueler entwicklungsoffen, er soll „Möglichkeiten für die Zukunft offen halten" (ebd.: 151). Möglichkeiten für die Zukunft zu eröffnen, gelingt Meueler zufolge und ganz im Sinne einer gouvernementalen Rationalität, wenn Menschen ihr Handeln als ein Aushandeln verstehen. Denn die selbst vorgenommenen Zielvereinbarungen verpflichten nachhaltiger als ein Regime des Anordnens und Kontrollierens. Da Meueler davon ausgeht, dass solche Aushandlungsprozesse keiner Ordnung unterworfen würden, bleibt diese didaktisch-methodische Praktik ihm zufolge strikt freiheitlich.

Entgegen den emanzipatorischen Intentionen des Autors erscheint der Lehr-Lern-Vertrag aus der hier eingenommenen Perspektive als Bestandteil gouvernementaler Machtstrategien, lediglich die Relationen verändern sich: Die scheinbar freie Verhandlungsposition der beteiligten Subjekte kann nicht als Widerpart, sondern muss als elementares Medium der Machtverhältnisse verstanden werden. Der vertraglich vereinbarte Konsens wirkt einerseits aktivierend auf die Subjekte, andererseits gibt er ihrer Verpflichtung einen freiheitlichen Schein. Die sich etablierenden Machtverhältnisse werden an die Zustimmung der Beteiligten gebunden, die dementsprechend keinen Grund zur Klage haben: Was auch immer dem Subjekt über den Lehr-Lern-Vertrag und die in ihm vereinbarten Prozesse zugemutet wird, es hat es selbst so gewollt.

Gegenstand der von Meueler empfohlenen Vertragsverhandlung ist eine Verhältnisbestimmung aller Beteiligten. Ihm zufolge hat bislang die Leitung einen Vertrag mit den Organisatoren oder Veranstalterinnen des Lehr-Lern-Prozesses abgeschlossen, die Meueler auch als „Mächtige" (ebd.: 141) beschreibt.

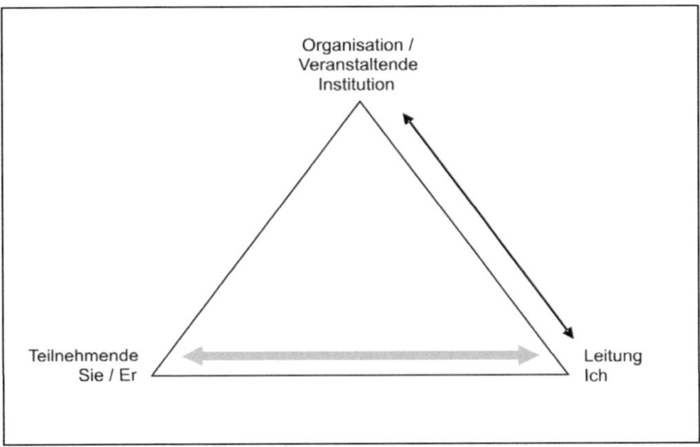

Abb. 15: Lehr-Lern-Vertrag (vgl. Meueler 1998: 141)

Worum es nun bei der vorgeschlagenen Vertragsverhandlung gehen soll, ist, dass die Leitung auch mit der Gruppe der Teilnehmenden einen Vertrag abschließt, was bislang nicht so war. Zu Beginn der Veranstaltung regt die Leitung deshalb an, „einen zweiseitigen Vertrag darüber auszuhandeln, was man in den nächsten Stunden miteinander machen wolle“ (ebd.). Der Lehr-Lern-Vertrag zwischen Lernenden und Lehrenden ist Meueler zufolge darin begründet, dass das Lehr-Lern-Verhältnis sich nicht jenseits eines institutionalisierten Rahmens etablieren kann.

In gouvernementaler Perspektive ist es nicht der von Meueler als mächtig bezeichnete institutionalisierte Rahmen, den die Machtverhältnisse benötigen, um sich zu entfalten. In dem Meueler den Widerspruch in dem Verhältnis Institution – Lernende zu begründen versucht, verkennt er die gouvernementalen Machtverhältnisse innerhalb einer gesamtgesellschaftlichen Lern- und Vereinbarungskultur. Aus dieser Perspektive ist der Lehr-Lern-Vertrag geradezu paradigmatisch und steht keineswegs im Widerspruch zu institutionalisierten Interessen. Zahlreiche Studien belegen mittlerweile, dass auch Schulen, Weiterbildungsinstitutionen und Universitäten eine Verschiebung in eine solche Richtung gezielt organisieren (vgl. Dzierzbicka 2006: 178). Die didaktisch-methodische Praktik des Lehr-Lern-Vertrags kann als mikrodidaktische Umsetzung dieses ‚Vereinbarungstrends‘ verstanden werden, der den Subjekten eine spezifische Position im sozialen Raum ermöglicht und sie zugleich in ein spezifisches Verhältnis zu sich selbst stellt.

Um dieses Verhältnis zu charakterisieren, wird im Folgenden das Ablaufschema beim Abschluss eines Lehr-Lern-Vertrags analysiert. In dem Konzept kann *Stetigkeit* als zentrale Voraussetzung für das Einrichten eines stabilen Bezugsrahmens der gemeinsamen Arbeit betrachtet werden.

Zu Beginn der Veranstaltung regt die Leitung an, „einen zweiseitigen Vertrag darüber auszuhandeln, was man in den nächsten Stunden miteinander machen wolle" (Meueler 1998: 141). Um diesen zweiseitigen Vertrag zwischen Leitung und Lerngruppe aushandeln zu können, erläutert die Leitung zunächst ihre Funktion in der gemeinsamen Arbeit, die im Wesentlichen in der Unterstützung der Umsetzung des gemeinsam Vereinbarten liegt. Das eigentlich Entscheidende beim Entwerfen eines Lehr-Lern-Vertrags sind aber die Bedürfnisse und Interessen, die von den Teilnehmern und Teilnehmerinnen artikuliert werden.

Nun treten alle Akteure in einen gemeinsamen Aushandlungsprozess darüber ein, wo sie sich befinden (Ausgangslage), um was es ihnen geht (Problembestimmung), was konkret herauskommen soll (Ziele) und wie der Prozess aussehen soll (Vereinbarung der Methoden). In einer solchen Vertragsverhandlung kann und muss Meueler zufolge „alles zur Sprache kommen, was Sie [die Leitung, UK] und alle anderen Beteiligten mitbringen" (ebd.: 142).

Was passiert nun in dieser Aushandlungssituation? Da man Verträge nur im Hinblick auf etwas abschließen kann, über das man verfügt und das man deshalb in die Tauschbeziehung einspeisen kann, müssen sich alle Beteiligten als Eigentümer konstituieren. Weil es in Verträgen um Verpflichtungen geht, müssen sich die Akteure zunächst selbst vergewissern, über was sie je individuell verfügen und was die anderen in den Prozess einzubringen haben. Um sich überhaupt vertraglich binden zu können, haben alle Akteure ihren Status als Vertragssubjekt unter Beweis zu stellen.

> „Ein Vertragssubjekt zu sein, bedeutet, als jemand anerkannt zu sein, der ein bestimmtes Ansehen genießt oder einen bestimmten Status besitzt, als ein Individuum, das selbstständig genug ist, um als vertragsmündig gelten zu können, mit anderen Worten, als jemand, [anerkannt zu sein, UK] der Verantwortung für seine Absichten, Wünsche, Wahlentscheidungen und Handlungen übernimmt." (Yeatmann 1997: 128)

Ihren Status als Vertragssubjekt demonstrieren die einzelnen Akteure nicht zuletzt dadurch, dass sie als zuverlässige Vertragspartner ihrer Selbst auftreten. Das heißt, dass sie in der Lage sind, ihre disparaten Interessen und Bedürfnisse aufeinander abzustimmen, sich klare Ziele zu setzen und dabei verbindliche Selbstverpflichtungen einzugehen.

Das Aushandeln eines Lehr-Lern-Vertrags ist Meueler zufolge wichtig, „um das gemeinsame Vorhaben gegen Zufälligkeiten, Planlosigkeit und abstruse Beliebigkeit zu schützen" (Meueler 1998: 143). Das gemeinsame Vorhaben, und in diesem Fall ist die beabsichtigte Vermittlung zwischen Identitäts- und Realitätsarbeit gemeint, muss geschützt werden (vgl. ebd.). Dieser Zusammenhang verweist auf die übergeordnete Funktion der Vereinbarungen innerhalb des Lehr-Lern-Vertrags.

Die Vertragsvereinbarung konstituiert damit einen Modus des Regierens der eigenen Person, denn es regt ein Selbstverhältnis an, das zunächst in einem Ausloten der eigenen Wünsche und Fähigkeiten besteht. Weiterhin binden sich die Subjekte in diesem Selbstverhältnis an selbst gesteckte Ziele, was auch Prozesse der regelmäßigen Prüfung, ob diese auch erreicht wurden, einschließt. Schließlich kann die Sicherung der Vertragseinhaltung durch selbst auferlegte Sanktionen erreicht werden.

Um die geforderte Arbeit an der eigenen Identität leisten zu können spaltet sich der Einzelne in diesem Aushandlungsprozess in den Eigentümer eines bestimmten Vermögens und damit als Vertragspartei und gleichzeitig in den Gegenstand eines Vertrages, womit Selbstmobilisierung und Selbstdisziplinierung als zwei Seiten einer Medaille miteinander verschmelzen.

Kristallisationspunkt des Lehr-Lern-Vertrags ist eine partnerschaftliche Zusammenarbeit nach demokratisch im Dialog der Beteiligten ausgehandelten Regeln. Als Belohnung für diese Selbstmobilisierung wird eine individuelle Identität in Aussicht gestellt. Die Voraussetzung für eine kontinuierliche Lern- und Aushandlungsbereitschaft ist ein Subjektivierungsprozess, also eine Objektivierung der eigenen Wünsche und Bedürfnisse, die das Ziel verspricht: Stabilisierung der eigenen Identität. Da die Identitätsarbeit einer permanenten Modifikation unterliegt, muss die Identität gleichzeitig fragil bleiben. Diese Fragilität ist auch der Systematik des Lehr-Lern-Vertrags geschuldet. Die Bereitschaft, in jedem Moment seine individuellen Bedürfnisse zu kommunizieren und zu überprüfen, ist notwendiger Bestandteil für die Entwicklungsoffenheit. Zugleich ist die vertraglich vereinbarte Stetigkeit – das heißt, sich selbst permanent zu überprüfen und gegebenenfalls zu disziplinieren – der Grundpfeiler des erfolgreichen Abschlusses des Prozesses.

Auch das Vereinbaren von Veränderungen des Lehr-Lern-Vertrags ist dabei scheinbar demokratisch legitimiert, gleichzeitig haben sich die Subjekte in der Gruppe entwicklungsoffen zu präsentieren, da die gemeinsame Arbeit auf eine ständige Optimierung zielt.

Mit dem Lehr-Lern-Vertrag wird eine auf Dauer gestellte Aushandlungsbereitschaft unter den oben beschriebenen subjektivierenden Bedingungen etabliert, in der die Kontrolle und die Vormachtstellung der Leitung in den Hintergrund treten. An ihre Stelle treten ein systematisches und dauerhaftes Vereinbaren von neuen Verbindlichkeiten, da veränderte Situationen möglicherweise neue Aushandlungssituationen nötig werden lassen.

Das Vertragsprinzip steht für demokratische Verhältnisse, Gleichheit und Selbstbestimmung. Es bildet den Gegenentwurf zu Reglementierung, Kontrolle und autoritärer Bevormundung. Die gouvernementale Rationalität dieser Vereinbarungskultur zeigt sich demgegenüber in dem Aufruf, sich selbst jederzeit als Vertragssubjekt zu konstituieren und sich damit im sozialen Raum des Lehr-Lern-Prozesses zu positionieren. Die formale Gleichheit der Kontraktparteien wiederum verfestigt und legitimiert die Selbstverpflichtung und -verantwortung der Einzelnen. Die Inhalte des Lernprozesses liegen jedoch nach wie vor nicht in der Verfügungsgewalt der Lernenden. Insofern wird die Einführung der Vereinbarungskultur als ein Ermächtigungsinstrumentarium für Lerngruppen konzipiert, „de facto aber macht sie Ungleiche zu ohnmächtigen Gleichen" (Dzierzbicka 2006: 286).

6 Schlussbetrachtungen

„Die Leute wissen, was sie tun; häufig wissen sie, warum sie das tun, was sie tun; was sie aber nicht wissen, ist, was ihr Tun tut" (Dreyfus/Rabinow 1994: 219).

Ausgangspunkt meiner Dissertation war das Anliegen, die Foucault'sche Analytik der Gouvernementalität für die Bearbeitung didaktisch-methodischer Fragestellungen fruchtbar zu machen. Dabei war zugrunde gelegt, dass es im Anschluss an Foucault angezeigt ist, Macht ohne Rekurs auf individuelle Intentionalität zu denken. Es wurde argumentiert, dass sich im Diskurs um eine „Neue Lernkultur" Machtverhältnisse entfalten, deren Effekte auf didaktisch-methodische Praktiken analysiert werden können.

Zu Beginn habe ich insbesondere die Frage gestellt, inwiefern der didaktisch-methodische Paradigmenwechsel, der in dem Diskurs um eine „Neue Lernkultur" gefordert wird, seinem Anspruch gerecht wird, eine Reduktion externer Steuerung vorzunehmen. Darüber hinaus schienen mir die Implikationen interessant, die ein derartiger Wandel des Lehr-Lern-Paradigmas mit sich bringt. Ich wollte diesen Wandel aus einer bestimmten machttheoretischen Perspektive beschreiben und damit zeigen, dass sich die Fremdbestimmung der lernenden Subjekte unter diesen Vorzeichen keineswegs verflüchtigt. Was sich verändert, ist der theoretische und didaktisch-methodische Zugriff auf die lernenden Subjekte, der um so schwerer zu dechiffrieren ist, da er begrifflich an einen Freiheits- und Selbstbestimmungsdiskurs gebunden ist. Dieser Diskurs, der auch im Zusammenhang mit gesellschaftlichen Transformationsprozessen gelesen werden kann, erhöht den Druck auf die Erwachsenen- und Weiterbildung, sich zu dynamisieren.

Die gesellschaftliche Situation scheint es erforderlich zu machen, variablere Lehr- und Lernformen und Lerngelegenheiten zu entwerfen, die der Lernfähigkeit und Selbststeuerung der lernenden Subjekte entspricht. Didaktisch-methodische Praktiken haben dann weniger die Aufgabe, einen definierten Wissenskanon zu vermitteln, sondern erhalten den Auftrag, Selbstlernen und Selbstführung anzuleiten sowie die Entwicklung erforderlicher Kompetenzen zur Bewältigung von Zukunftsungewissheit und alltäglichen Herausforderungen zu fördern.

Das Motiv zur Innovation, das einer „Neuen Lernkultur" zugrunde liegt, entspringt nicht allein dem didaktisch-methodischen Feld der Erwachsenen- und Weiterbildung. Gesellschaftliche Erfordernisse und didaktisch-methodische Innovationen scheinen sich keinesfalls auszuschließen. Im Gegenteil, im zweiten Kapitel dieses Bandes konnte gezeigt werden, dass es historisch betrachtet stets gesellschaftliche Veränderungen waren, die als Begründungsfolie für didaktisch-methodische Erneuerungen dienten. Mit der historisch-systematischen Darstellung des Wandels der Gegenstands- und Funktionsbestimmungen in didaktischen Aussagen und der Kontextualisierung des Diskurses um eine „Neue Lernkultur" wurde der Bezug zu gesamtgesellschaftlichen Konstellationen verdeutlicht. Didaktische Aussagen gehen in dem hier entfalteten Verständnis immer einher mit diskursiven Prozessen, in denen bestimmte didaktisch-methodisch relevante Gegenstände entstehen oder hervorgebracht werden und ein Feld der Bearbeitung und des Eingreifens eröffnen. Gleichzeitig wurde die dem Erkenntnisbereich der Didaktik zugrunde liegende Systematik veranschaulicht. In didaktisch-methodischen Diskursen werden je spezifische Objekte in einem Ausgangs- und einem Zielzustand definiert. Darüber hinaus wird die auf das Objekt anzuwendende Funktion skizziert. Schließlich werden didaktisch-methodische Praktiken vorgeschlagen, mit denen der funktionale Prozess der Zustandsveränderung des didaktisch-methodischen Objekts befördert und unterstützt werden kann.

Diese Systematik lässt sich im Diskurs um eine „Neue Lernkultur" und im Zusammenhang mit aktuellen gesellschaftlichen Problemstellungen erneut auffinden. Auch die im dritten Kapitel untersuchten Ansätze, die als paradigmatische Positionen im aktuellen Diskursfeld gelten können, reflektieren gegenwärtige gesellschaftliche Veränderungen. In dem Kapitel wurde eine systemisch-konstruktivistische Didaktikkonzeption (Arnold) ebenso erörtert wie eine poststrukturalistisch fundierte (Forneck), eine subjektwissenschaftliche (Ludwig) und eine emanzipatorische (Meueler). Dabei konnte gezeigt werden, dass im Kontext der Diskussion um eine „Neue Lernkultur" eine didaktisch-methodische Übersetzung der gegenwärtigen gesellschaftlichen Veränderungen ihren Ausdruck in der Kritik an einer als traditionell bezeichneten Lernkultur findet. Im Zusammenhang mit dieser Kritik werden didaktisch-methodische Handlungsweisen als welche beschrieben, die in repressiver, die Eigenständigkeit und Selbstbestimmung der lernenden Subjekte einschränkender Art und Weise, vorgehen.

Rolf Arnold kritisiert dabei insbesondere die „objektivistische Illusion" (Arnold 1996: 721) lerntheoretischer Positionen. Fälschlicherweise werde davon ausgegangen, dass menschliche Wahrnehmung und Kognition objektive Realitäten repräsentiere. Die Kernthese systemisch-konstruktivistischer Lerntheorien lautet demgegenüber, dass alles, was lernende Subjekte wahrnehmen, eine Konstruktion ihres individuellen Gehirns sei. Wenn Wissensaufbau, Kognition und Emotionen das Ergebnis autopoietischer, operationaler Aktivitäten des menschlichen Gehirns darstellen, dann müssen didaktisch-methodische Praktiken sich von einer lehrerzentrierten Perspektive lösen. Systemisch-konstruktivistische Ansätze plädieren mit dem Konzept der Selbstreferenz und Autopoiesis für die Gestaltung offener und kontingenter Lernprozesse, in denen den Lernenden eine Strukturveränderung ermöglicht wird.

Die didaktische Konzeption des selbstsorgenden Lernens, wie es Hermann J. Forneck vor einem poststrukturalistischen Hintergrund entwirft, nimmt die Kritik an dem einschränkenden Charakter der klassischen Lernkultur auf. Das führt aber keineswegs zu einer Aufgabe der Steuerungsfunktion didaktisch-methodischer Praktiken. Vielmehr wird in Selbstlernarchitekturen ein ganzes Arsenal professioneller Steuerungspraktiken bereit gestellt, mit deren Hilfe es gelingen soll, den Lernenden die Verfügung über ihren eigenen Lernprozess zurückzugeben. Die Kritik lautet demgemäß bei Forneck nicht, dass durch professionelle didaktisch-methodische Praktiken gesteuert wird, sondern diese richtet sich lediglich gegen traditionelle Steuerungsformen.

Für Joachim Ludwig ist die klassische Vermittlungsidee in Lehr-Lernverhältnissen eine Denkfigur, die die Möglichkeit der Herstellung von Lernprozessen impliziert. Mit seinem am Subjekt und am Verstehen der Lernenden orientierten, didaktischen Ansatz will er den Vermittlungsanspruch einer so genannten klassischen Lernkultur begrenzen und einen kritisch-reflexiven Bildungsbegriff etablieren, indem er die Handlungsgründe von Individuen zum Ausgangspunkt von lernenden Selbstverständigungsprozessen heranzieht. In Prozessen der Selbst- und Fremdverständigung über als problematisch erfahrene Handlungssituationen sollen expansive Lernbegründungen die Erweiterung gesellschaftlicher Teilhabe ermöglichen.

Erhard Meueler schließlich will die Entschulung der Erwachsenen- und Weiterbildung vorantreiben. Dieses Programm verbindet didaktische Überlegungen mit einem Begriff von Emanzipation und will Anregungen zu selbstständigen und selbstverantwortlichen Aneignungsverhältnissen geben. Aneignung ist in der Meueler'schen Konzeption eine aktive, von außen nicht steuerbare Tätigkeit des lernenden Subjekts, mit deren Hilfe es ein individuelles Verhältnis mit dem Objekt als Gegenstand seines eigenen Interesses herstellt. In derartigen Aneignungsverhältnissen werden nach Meueler die Lernenden als Subjekte respektiert und nicht länger (wie in der Schule) genötigt, sich den gesellschaftlichen Anforderungsbedingungen anzupassen und zu unterwerfen.

In dieser Darstellung wurde veranschaulicht, dass den unterschiedlichen Ansätzen die Forderung nach neuen didaktisch-methodischen Konzepten zur Gestaltung von Lehr-Lern-Prozessen gemeinsam ist. Dabei unterscheiden sich die Autoren einer „Neuen Lernkultur" hinsichtlich der Begründung ihrer Abgrenzung von didaktischen Traditionen maßgeblich. Dementsprechend wurde der Blick auf die je unterschiedlichen Begründungsfiguren gerichtet, die für die Gestaltung von Lehr-Lern-Prozessen in einer „Neue Lernkultur" herangezogen werden. Deren didaktisch-methodische Praktiken werden dabei weniger interventionistisch (Arnold), weniger enteignend (Forneck), weniger begrenzt durch den Außenanspruch (Ludwig) und weniger fremdbestimmt (Meueler) gefasst.

Vermittelt über die Kritik an einer als traditionell bezeichneten Lernkultur – und darin insbesondere der Gewichtung der Lerninhalte und der Verfügung der Lernenden über ihre eigenen Lernprozesse – verschiebt sich die Grundstruktur der didaktisch-methodischen Systematik grundlegend. Der Fokus der didaktisch-methodischen Bemühungen richtet sich nicht länger auf eine von außen unterstützte Zustandsveränderung, sondern das lernende Subjekt selbst rückt ins Zentrum des skizzierten Zusammenhangs. Über die Funktion der Selbstführung soll dieses Subjekt Gelegenheit erhalten, sich selbst zu verändern.

Mit der Darstellung der didaktisch-methodischen Ansätze wurde verdeutlicht, dass die von Arnold, Ludwig und Meueler entwickelten Perspektiven eine Reduktion externer Einflussnahme durch Instruktion und/oder Lehrhandeln fordern, um Fremdsteuerung durch Selbststeuerung zu ersetzen. Demgegenüber zielt Forneck auf die Etablierung einer neuen didaktisch-methodischen Steuerungs- und Entwicklungslogik, die die Enteignung der Lernenden innerhalb der klassischen Lernkultur überwindet. Die Fragen der Autoren ähneln sich jedoch grundsätzlich: Sie lauten, wie ein Mehr an Selbststeuerung (Arnold), Selbstsorge (Forneck), gesellschaftlicher Teilhabe (Ludwig) oder Selbstverfügung (Meueler) in Lehr-Lern-Prozessen zu erreichen sei. Alle fordern und fördern die Beteiligung der lernenden Subjekte.

Dieses Merkmal wurde auch bei der nachfolgenden Analyse der von den Autoren entwickelten Praxiskonzepte aufgegriffen, deren Rahmen das Forschungsprogramm einer Gouvernementalität der Gegenwart bildet. Mit den im vierten Kapitel dargestellten macht- und gouvernementalitätstheoretischen Überlegungen wurde eine Grundlage für die „interpretative Analytik" (Dreyfus/Rabinow 1994: 23) der in den vier Praxiskonzeptionen ausgearbeiteten didaktisch-methodischen Praktiken gelegt. Mithilfe der Darstellung der theoretischen Komponenten der Machtanalytik – Wissen, Macht und Subjektivität – wird die Wendung Foucaults vom Begriff der Macht zu dem der Regierung und mithin zu einer Führung von Führungen nachvollzogen. Diese Neuorientierung Foucaults zielt darauf, das komplexe Zusammenspiel von Selbstführung und Fremdführung theoretisch und begrifflich zu präzisieren.

In der vorliegenden Dissertation wurde argumentiert, dass diese Betrachtungsweise einen innovativen und fruchtbaren Zugang zu didaktisch-methodischen Praktiken in der „Neuen Lernkultur“ ermöglicht. Die Analytik der Gouvernementalität ist für die Erwachsenen- und Weiterbildung ein interessantes Theorieangebot, da sich die Makroebene der Transformation des Bildungswesens und die Mikroebene konkreter didaktisch-methodischer Handlungsweisen zusammen denken lassen. Didaktisch-methodische Handlungsweisen lassen sich nicht nur als Teil der Gouvernementalität der Gegenwart deuten, sie erscheinen vor dem hier skizzierten Hintergrund als nahezu paradigmatische Form gouvernementaler Macht.

Mit dem von Foucault entwickelten Analyseinstrumentarium wurden didaktisch-methodische Praktiken als Technologien des Selbst definiert. Als solche sind es Anleitungen, die es Individuen ermöglichen, auf sich einzuwirken und sich selbst zu transformieren (vgl. Foucault 1988a: 26). Technologien des Selbst zielen darauf, dass Lernende selbstständig oder mit Unterstützung anderer eine Reihe von Operationen an ihrem Denken, ihrem Verhalten und ihrer Existenzweise vornehmen und damit sich selbst und ihr eigenes Lernen (um)gestalten. Didaktisch-methodische Handlungsweisen für eine „Neue Lernkultur“ stellen damit Regierungspraktiken dar, mit denen nicht direkt und unmittelbar auf andere eingewirkt wird, sondern auf deren Handeln. Mit dieser Begriffsbestimmung wurde die von Foucault gelegte Spur der pastoralen Macht verfolgt – und zwar in die Praxiskonzepte für eine „Neue Lernkultur“. Hierzu wurden die Praxiskonzepte der unterschiedlichen Autoren als Regierungsprogramme gelesen, in denen die gouvernementale Rationalität der Führung der Führungen zu erkennen ist.

Mit dieser Vorgehensweise wurde der Boden bereitet für die interpretative Analyse der in den Praxiskonzepten entwickelten didaktisch-methodischen Praktiken. Gegenstand des fünften Kapitels war dabei einerseits die Frage, inwiefern die Reduktion externer Steuerung – nicht nur, aber auch, weil sie sich in einen Freiheits- und Selbstbestimmungsdiskurs bindet – zu einer Transformation der Machtverhältnisse innerhalb von Lehr-Lern-Prozessen führt. Darüber hinaus wurde die Frage untersucht, wie über didaktisch-methodische Praktiken die Selbstführung der Lernenden angeleitet wird, das heißt, in welcher Form didaktisch-methodische Praktiken spezifische Subjektivierungsprozesse unterstützen.

In Kapitel 5.1 wurde hierfür die je spezifische Gegenstands- und Funktionsbestimmung untersucht, die in den unterschiedlichen Praxiskonzepten für eine „Neue Lernkultur“ vorgenommen wird. Dabei konnte gezeigt werden, dass es sich bei diesen Programmen um Objektivierungsformen handelt. Sie verwandeln durch sehr unterschiedlich konzipierte Maßnahmen eine disparate

Menge von lernenden Individuen in ein ‚erkanntes' und damit kalkulierbares ‚Thematisches Subjekt'. Bei diesem ‚Thematischen Subjekt', das in den Ansätzen entworfen wird, um es in eine Form zu bringen, in der es didaktisch-methodisch bearbeitbar wird, handelt es sich um eines, dass jeweils offen, anschlussfähig und erreichbar für Veränderungen gehalten werden soll. Auf der Grundlage der jeweiligen Funktionsbestimmung soll dieses ‚Thematische Subjekt' Gelegenheit erhalten, sich selbst zu verändern. Diese Veränderungsprozesse definiert Arnold als Wandlung eines autopoietischen Systems zu einem kompetenten Subjekt. Bei Forneck, so wurde herausgestellt, hat ein regiertes Subjekt durch Selbstsorge die Möglichkeit, sich selbst zu dezentrieren. Bei Ludwig wurde die Verständigung als das Moment identifiziert, durch welches das vergesellschaftete zum expansiv lernenden Subjekt wird. Meueler hingegen bestimmt den Bildungs- und Aneignungsprozess als einen, durch den das determinierte zum freien Subjekt wird.

Dabei wurde die in den Praxiskonzepten vorgenommene Objektivierung gleichsam als Voraussetzung für die Etablierung didaktisch-methodischer Praktiken beschrieben. Die in den Praxiskonzepten entworfene Programmatik zielt nicht länger auf Disziplinierung, Enteignung oder Fremdsteuerung. Es wurde herausgestellt, dass es sich um eine Führung handelt, die sich über das Einwirken auf Handlungen anderer manifestiert, und zwar indem auf deren Art und Weise, *sich selbst zu führen*, eingewirkt wird. Auf diese Weise konnte gezeigt werden, dass didaktisch-methodische Führungspraktiken für eine „Neue Lernkultur" als welche konzipiert sind, die die individuelle Aktivität und Eigeninitiative fördern. Indem sie um die Stärkung und Maximierung der subjektiven Potentiale der Lernenden bemüht sind – so wurde argumentiert – evozieren sie genau damit eine entsprechende Selbstführung auf Seiten der lernenden Subjekte.

Dementsprechend, so wurde im anschließenden Kapitel 5.2 dieser Faden aufgenommen, kann die Führungskultur in einer „Neuen Lernkultur" als strategische Führung bezeichnet werden. Als solche hat sie nicht mehr viel gemein mit der Instruktion oder Anweisung in der so genannten klassischen Lernkultur. Didaktisch-methodische Praktiken in einer „Neuen Lernkultur" zielen nicht länger auf eine genau bestimmte Wirkung. Vielmehr eröffnen sie den Lernenden weitreichende Handlungsmöglichkeiten, indem sie stimulierend und produktiv vorgehen. Sie ermöglichen den individuellen Voraussetzungen der Lernenden entsprechende Lernprozesse. Feststehende oder definierte Lerninhalte verlieren ihre Bedeutung, stattdessen werden Lernprozesse angelegt, die ein flexibles Agieren von Akteuren mit ihren Lerninteressen ermöglichen. In dieser „kontrollierenden Entkontrollierung" (Opitz 2004: 120) zeigt sich eine wesentliche Intention didaktisch-methodischer Praktiken. Da die didaktisch-methodisch evozierte Veränderung keine ist, die von außen herstellbar wäre, wird die Veränderung als eine konzipiert, die die Subjekte selbst an sich vornehmen sollen. Dabei werden sie einer strategischen Situation ausgesetzt, die eine spezifische Weise der Selbstführung befördert.

In einem Zustand dauerhafter Modulation werden von jedem Akteur und jeder Akteurin situationsspezifische Anpassungsleistungen verlangt. Der freiheitliche Charakter, also die Abkehr von normierenden didaktisch-methodisch vorgegebenen Regeln und Strukturen, erzeugt eine Situation, in der die Subjekte größtmögliche Handlungsspielräume erhalten. Gleichzeitig sind die lernenden Subjekte hierin aufgefordert, ein erhöhtes Maß an Eigenverantwortung für das Gelingen der Lernsituation zu übernehmen.

Die Modulation nur lose gekoppelter Elemente in einer „Neuen Lernkultur" verbindet sich so mit einem Imperativ: Das Individuum muss diese unstrukturierte Modulation selbstständig und autonom bewältigen. Das nicht nur scheinbar, sondern realiter offene Feld flexibler Handlungsmöglichkeiten, das didaktisch-methodische Führungspraktiken eröffnen, ist damit gleichzeitig durch neue Verpflichtungen gekennzeichnet.

Diese implizieren die Entwicklung von Flexibilität ebenso wie die gleichzeitig gesteigerte Verantwortung für das eigene Handeln auf Seiten der Subjekte. Beide Aspekte wurden als Zielperspektive des Regierungshandelns dechiffriert: Der Regierungsauftrag an die selbstverantwortlichen Subjekte lautet Aktivität und Selbstgestaltung. Mit Lazzarato kann man in diesem Zusammenhang von einem „autoritären Diskurs" (Lazzarato 1998: 42) sprechen, der die Subjekte permanent dazu auffordert, sich selbst auszudrücken, situativ zu handeln und in diesen Prozessen gleichzeitig mit anderen zu kommunizieren und zu kooperieren.

Diese Form der strategischen Führung didaktisch-methodischer Praktiken arbeitet mit und an der Subjektivität der lernenden Subjekte. Die Ausgestaltung dieser Subjektivität wird vermittelt über die Orientierung an deren eigenen, subjektiven Interessen, Wünschen und Bedürfnissen. Mit diesem Vorgehen sind Subjektivität und Funktionalität für gesellschaftliche Zwecke nicht länger als entgegen gesetzt anzusehen. Stattdessen verschmelzen sie zu einem Typ funktionaler Subjektivität. Funktionalität wird in diesem Zusammenhang als Chance für das Subjekt begriffen und mit der Forderung nach Flexibilität, Produktivität und Selbstverantwortung verbunden. Dieses Führungsregime wurde schließlich in Kapitel 5.3. mit der Analyse der didaktisch-methodischen Praktiken detailliert beschrieben. Hier werden die Subjektivierungspraktiken, mit denen sich Subjekte in ihre eigene Unterwerfung einbinden, selbst als paradigmatische Form didaktisch-methodischer Regierungstechnologie veranschaulicht.

Im Durchgang durch die von den Autoren entwickelten didaktisch-methodischen Praktiken des virtuellen Lernraums (Arnold), der Selbstlernarchitektur (Forneck), der Fallarbeit (Ludwig) und des Lehr-Lern-Vertrags (Meueler) wurden die Instrumente und Verfahren benannt, mit deren Hilfe lernende Subjekte auf ihr eigenes Handeln einwirken können. Virtuelle Lernräume eröffnen ein ganzes Feld an notwendigen Selbstpraktiken. Um den zahlreichen Herausforderungen dieser Lernform gewachsen zu sein, werden Praktiken der Planung, Steuerung und Kontrolle des eigenen Lernens relevant. Der Raum erfordert zahlreiche Handlungsmodalitäten, mit denen die Lernenden auf sich selbst einwirken, um sich zu transformieren. Der demokratische Panoptismus, der die didaktisch-methodische Praktik der Fallarbeit charakterisiert, stellt sich als ein nicht-hierarchisches Modell reziproker Sichtbarkeit dar. Es arbeitet mit Praktiken des Bekenntnisses, die die Subjekte zum Ausgangspunkt einer methodischen Arbeit an sich selbst heranziehen.

In über Selbstlernarchitekturen evozierten Lernprozessen erweisen sich Praktiken der auf Selbsterkenntnis zielenden Selbstreflexion, wie sie beispielsweise durch Lernjournale angeregt werden, als zentral. Als Verhältnis, das das Subjekt zu sich einnimmt, ermöglicht es ihm eine Distanz, mit der es seine Selbstlernkompetenzen und Handlungsmöglichkeiten erweitert. Gleichzeitig wird das Subjekt einer neuen Führung unterworfen: seiner eigenen Regulierung. Im Modus der Selbstführung wird es befähigt, sich selbst und sein Verhältnis zur Umwelt zu regulieren.

Die didaktisch-methodische Praktik des Lehr-Lern-Vertrags, so wurde schließlich deutlich, ergänzt das Instrumentarium der Selbstführung noch um einen weiteren Aspekt: Sie legt nahe, dass die Einzelnen sich zur Erreichung der angestrebten Lehr- und Lernziele durch ein Vertragsverhältnis verpflichten. Dadurch wird die Gestaltung der Beziehung zu sich selbst vertragsförmig angelegt. Lernende etablieren, angeregt durch die Praktik des Lehr-Lern-Vertrags, ein Selbstverhältnis im Zeichen des Vertrags. Die Zielperspektive der interpretativen Selbsterkundung wie der Selbstverpflichtung ist die eigene Optimierung. Sie befördert die Autonomie des Einzelnen in gleichem Maße, wie sie sie an das Urteil der anderen oder an einen Vertrag bindet.

Die durch didaktisch-methodische Regierungspraktiken nahe gelegten Selbstverhältnisse dienen vor dem Hintergrund der hier eingenommenen Perspektive nicht einzig der Ermächtigung der lernenden Subjekte. Während das Subjekt im disziplinierenden Rahmen zur Verbesserung seines Lernens und damit zur Optimierung seiner Funktionalität angehalten wird, wird es im Sinne der Technologien des Selbst flexibel, offen und anschlussfähig gehalten. Zentrales Merkmal didaktisch-methodischer Regierungspraktiken ist die Bereitschaft der Subjekte zur eigenen ‚Verflüssigung', zur permanenten Hervorbringung des Selbst in einem anderen Modus. Damit kann eine unabschließbare Dynamik der Selbstoptimierung in Gang gesetzt werden. Dass die damit geforderte, permanente „Überarbeitung seiner selbst" (Duttweiler 2007: 229) im doppelten Sinne auch eine Zumutung ist, sollte in der vorliegenden Publikation gezeigt werden.

Die Perspektive einer radikalen Subjektorientierung ist, so konnte gezeigt werden, nur auf der Folie einer Denkfigur möglich, in der die Gestaltung von Lehr- und Lernprozessen Erwachsener als verhindernd und beschränkend beschrieben wird. Aus einer machttheoretischen Perspektive im Anschluss an Foucault muss demgegenüber davon ausgegangen werden, dass die Effekte der Macht keineswegs nur eine unterdrückende oder verhindernde Funktion haben. Didaktisch-methodische Überlegungen, so die Konklusion am Ende dieser Publikation, sollten sich lösen von einer juridisch-diskursiven Vorstellung von Macht. Dies wäre eine Voraussetzung, um das professionelle Handeln in der Erwachsenen- und Weiterbildung und seine ‚Verstrickungen' in das Ensemble dessen, was in dieser Publikation als Gouvernementalität der Gegenwart bestimmt wurde, neu reflektieren zu können.

Diese Form der innerdisziplinären Reflexion impliziert die Anerkennung der Widersprüchlichkeit allen pädagogischen Handelns und damit die Akzeptanz, dass Freiheit und Selbstbestimmung in Anbetracht gesellschaftlicher Machtverhältnisse keine angemessene Beschreibungsfolie darstellen. Wenn die Figur ‚didaktisch-methodischer Handlungsweisen jenseits von Macht' als Zielperspektive entfällt – so lautet die damit vertretene These – werden die Räume jenseits bestehender Wahrheiten spezifizierbar, mit denen sich das professionelle Handeln in der Erwachsenen- und Weiterbildung in Regierungsziele verstricken lässt. Das Bemühen, die Foucault'sche Analytik der Gouvernementalität mit der Bearbeitung didaktisch-methodischer Fragestellungen in der Erwachsenen- und Weiterbildung zu verbinden, zielt darauf, den Raum des didaktisch-methodischen Denkens selbst ‚in Bewegung zu halten'. Dabei gilt es, auf der Grundlage der Analytik der Gouvernementalität Macht ohne Rekurs auf individuelle Intentionalität zu denken: Nicht um die Absichten geht es, sondern um die oft nicht absehbaren Wirkungen. Ein solches Vorgehen würde – in Anspielung auf das eingangs genannte Zitat – das Verständnis dessen erweitern, *was unser Tun tut.*

7 Literatur

Adam, Erik (1988): Das Subjekt in der Didaktik. Ein Beitrag zur kritischen Reflexion von Paradigmen der Thematisierung von Unterricht. Weinheim: Deutscher Studien Verlag

Adorno, Theodor W. (1998): Erziehung nach Auschwitz. In: Kulturkritik und Gesellschaft II. Gesammelte Schriften, Band 10-2. Darmstadt: Wissenschaftliche Buchgesellschaft, S. 674-690

Albach, Horst (Hrsg.) (1978): Lebenslanges Lernen: Festschrift für Ludwig Vaubel zum siebzigsten Geburtstag. Wiesbaden: Gabler

Althusser, Louis (1977): Ideologie und ideologische Staatsapparate. Aufsätze zur marxistischen Theorie. Hamburg/Berlin: VSA

Arbeitsgruppe Bildungsbericht am Max-Planck-Institut für Bildungsforschung (1994): Das Bildungswesen in der Bundesrepublik Deutschland. Strukturen und Entwicklungen im Überblick. Reinbek bei Hamburg: Rowohlt

Arnold, Rolf (1990): Deutungsmusteransatz. In: Grundlagen der Weiterbildung – Praxishilfen. Neuwied: Luchterhand, H. 6, S. 1-11

Arnold, Rolf (1996): Erwachsenenbildung. Eine Einführung in Grundlagen, Probleme und Perspektiven. Baltmannsweiler: Schneider Verlag Hohengehren

Arnold, Rolf (1997): Die Emergenz der Kognition. Skizze über Desiderata der Erwachsenenbildung. In: Derichs-Kunstmann, K./Faulstich, P./Tippelt, R. (Hrsg.): Enttraditionalisierung der Erwachsenenbildung. Frankfurt am Main: DIE, S. 130-143

Arnold, Rolf (1999): Lernkulturwandel. Begriffstheoretische Klärungen und erwachsenenpädagogische Illustrationen. In: Literatur- und Forschungsreport Weiterbildung, Jg. 44, S. 31-37

Arnold, Rolf (2000): Das Santiago-Prinzip. Führung und Personalentwicklung im lernenden Unternehmen. Köln: Deutscher Wirtschaftsdienst

Arnold, Rolf (2002): Von der Bildung zur Kompetenzentwicklung. Anmerkungen zu einem erwachsenenpädagogischen Perspektivwechsel. In: Literatur- und Forschungsreport Weiterbildung, Jg. 49, S. 26-38

Arnold, Rolf (2003): Systemtheoretische Grundlagen einer Ermöglichungsdidaktik. In: Arnold, R./Schüßler, I. (Hrsg.): Ermöglichungsdidaktik. Baltmannsweiler: Schneider Verlag Hohengehren, S. 14-36

Arnold, Rolf (2004): Vom expansiven zum transformativen Erwachsenenlernen – Anmerkungen zur Undenkbarkeit und den Paradoxien eines erwachsenenpädagogischen Intervenismus. In: Faulstich, P./Ludwig, J. (Hrsg.): Expansives Lernen. Baltmannsweiler: Schneider Verlag Hohengehren, S. 232-245

Arnold, Rolf (2005): Autonomie und Erwachsenenbildung. In: Hessische Blätter für Volksbildung, H. 1, S. 37-46

Arnold, Rolf (2007): Ich lerne also bin ich. Eine systemisch-konstruktivistische Didaktik. Heidelberg: Carl-Auer-Systeme Verlag

Arnold, Rolf (2008): Vom expansiven zum transformativen Erwachsenenlernen. In: Faulstich, P./Ludwig, J. (Hrsg.): Expansives Lernen. Baltmannsweiler: Schneider Verlag Hohengehren, S. 232-245

Arnold, Rolf/Gómez Tutor, Claudia (2007): Grundlinien einer Ermöglichungsdidaktik. Bildung ermöglichen – Vielfalt gestalten. Augsburg: ZIEL

Arnold, Rolf/Gómez Tutor, Claudia/Kammerer, Jutta (2003): Selbstlernkompetenz als Voraussetzung einer Ermöglichungsdidaktik. In: Arnold, R./Schüßler, I. (Hrsg.): Ermöglichungsdidaktik. Baltmannsweiler: Schneider Verlag Hohengehren, S. 108-119

Arnold, Rolf/Schüßler, Ingeborg (1998): Wandel der Lernkulturen. Ideen und Bausteine für ein lebendiges Lernen. Darmstadt: Wissenschaftliche Buchgesellschaft

Arnold, Rolf/Schüßler, Ingeborg (Hrsg.) (2003): Ermöglichungsdidaktik. Erwachsenenpädagogische Grundlagen und Erfahrungen. Baltmannsweiler: Schneider Verlag Hohengehren

Arnold, Rolf/Siebert, Horst (1995): Konstruktivistische Erwachsenenbildung. Baltmannsweiler: Schneider Verlag Hohengehren

Arnold, Rolf/Siebert, Horst (2003): Konstruktivistische Erwachsenenbildung. Von der Deutung zur Konstruktion von Wirklichkeit. Band 4 der Schriftenreihe „Grundlagen der Berufs- und Erwachsenenbildung". Baltmannsweiler: Schneider Verlag Hohengehren

Arnold, Rolf/Krämer-Stürzl, Antje/Siebert, Horst (1999): Dozentenleitfaden. Planung und Unterrichtsvorbereitung in Fortbildung und Erwachsenenbildung. Berlin: Cornelsen Girardet

Balzer, Nicole (2004): Von den Schwierigkeiten, nicht oppositional zu denken. Linien der Foucault-Rezeption in der deutschsprachigen Erziehungswissenschaft. In: Ricken, N./Rieger-Ladich, M. (Hrsg.): Michel Foucault: Pädagogische Lektüren. Wiesbaden: Verlag für Sozialwissenschaften, S. 15-39

Barthes, Roland (1964): Mythen des Alltags. Frankfurt am Main: Suhrkamp

Barz, Heiner/Tietgens, Hans (2001): Lernen Erwachsener aus Sicht der Teilnehmer- und Adressatenforschung. In: Ambos, I./Nuissl, E. (Hrsg.): DIE-Workshop Forschung zur Erwachsenenbildung, 11.-13. Januar 2001 in der Evangelischen Akademie Hofgeismar. Frankfurt am Main: DIE, S. 57-68

Barz, Heiner/Tippelt, Rudolf (2001): Lernen Erwachsener aus Sicht der Teilnehmer- und Adressatenforschung. In: Ambos, Ingrid (Hrsg.) u. a.: DIE-Workshop Forschung zur Erwachsenenbildung, 11.-13. Januar 2001 in der Evangelischen Akademie Hofgeismar. Frankfurt am Main: DIE, S. 57-68

Bastian, Hannelore (1999): Vom Adressaten zum Akteur? In: Schlutz, Erhard (Hrsg.): Lernkulturen. Innovationen, Preise, Perspektiven. Frankfurt am Main: DIE, S. 188-201

Beck, Ulrich (1986): Risikogesellschaft. Auf dem Weg in eine andere Moderne. Frankfurt am Main: Suhrkamp

Beck, Ulrich/Beck-Gernsheim, Elisabeth (Hrsg.) (1994): Riskante Freiheiten. Individualisierung in modernen Gesellschaften. Frankfurt am Main: Suhrkamp

Becker, Egon (2001): Die postindustrielle Wissensgesellschaft – ein moderner Mythos? In: Zeitschrift für Kritische Theorie, 12, S. 85-106

Benner, Dieter (1995): Studien zur Theorie der Erziehung und Bildung. Pädagogik als Wissenschaft, Handlungstheorie und Reformpraxis. Weinheim: Beltz

Benner, Dietrich/Brueggen, Friedhelm/Butterhof, Hans-Wolf (1978): Entgegnungen zum Bonner Forum Mut zur Erziehung. München: Urban & Schwarzenberg

Bergmann, Bärbel (Hrsg.) (1996): Kompetenzentwicklung '96. Strukturwandel und Trends in der betrieblichen Weiterbildung. Münster, Westfalen u. a.: Waxmann

Bischoff, Joachim (2003): Neoliberalismus als Religion. In: Supplement der Zeitschrift Sozialismus, H. 12, S. 13-35

Bittlingmayer, Uwe (2005): Wissensgesellschaft als Wille und Vorstellung. Einige kritische Anmerkungen zu einem populären zeitdiagnostischen Label. Konstanz: UVK

Blanchot, Maurice (1986): Das neue Lot. Berlin: Henssel

Blankertz, Herwig (1975): Theorien und Modelle der Didaktik. München: Juventa Verlag

Bohlender, Matthias (1998): Wie man die Armen regiert. Zur Genealogie liberaler politischer Rationalität. In: Leviathan, 26, 4, S. 497-521

Bourdieu, Pierre (1973): Grundlage einer Theorie der symbolischen Gewalt. Frankfurt am Main: Suhrkamp

Bourdieu, Pierre (1980): Entwurf einer Theorie der Praxis auf der ethnologischen Grundlage der kabylischen Gesellschaft. Frankfurt am Main: Suhrkamp

Bourdieu, Pierre (1987): Die feinen Unterschiede. Kritik der gesellschaftlichen Urteilskraft. Frankfurt am Main: Suhrkamp

Bourdieu, Pierre (1993): Sozialer Sinn. Kritik der theoretischen Vernunft. Frankfurt am Main: Suhrkamp

Bourdieu, Pierre/Passeron, Jean Claude (1971): Die Illusion der Chancengleichheit. Untersuchungen zur Soziologie des Bildungswesens am Beispiel Frankreichs. Frankfurt am Main: Suhrkamp

Brezinka, Wolfgang (1971): Von der Pädagogik zur Erziehungswissenschaft. Eine Einführung in die Metatheorie der Erziehung. Weinheim: Beltz

Bröckling, Ulrich (2000): Totale Mobilmachung. Menschenführung im Qualitäts- und Selbstmanagement. In: Bröckling, U./Krasmann, S./Lemke, T. (Hrsg.): Gouvernementalität der Gegenwart. Frankfurt am Main: Suhrkamp, S. 132-167

Bröckling, Ulrich (2002): Das unternehmerische Selbst und seine Geschlechter. Gender Konstruktionen in Erfolgsratgebern. In: Leviathan, 2, S. 175-194

Bröckling; Ulrich (2003): Das demokratisierte Panopticon. Subjektivierung und Kontrolle im 360°-Feedback. In: Honneth, A./Saar, M. (Hrsg.): Michel Foucault. Zwischenbilanz einer Rezeption. Frankfurt am Main: Suhrkamp, S. 77-93

Bröckling, Ulrich (2007): Das unternehmerische Selbst. Soziologie einer Subjektivierungsform. Frankfurt am Main: Suhrkamp

Bröckling, Ulrich/Krasmann, Susanne/Lemke, Thomas (Hrsg.) (2000): Gouvernementalität der Gegenwart: Studien zur Ökonomisierung des Sozialen. Frankfurt am Main: Suhrkamp

Bröckling, Ulrich/Krasmann, Susanne/Lemke, Thomas (Hrsg.) (2004): Glossar der Gegenwart. Frankfurt am Main: Suhrkamp

Brödel, Rainer (Hrsg.) (1998): Lebenslanges Lernen – lebensbegleitende Bildung. Neuwied: Luchterhand

Brödel, Rainer (2002): Relationierungen zur Kompetenzdebatte. In: Nuissel, E./Schiersmann, C./Siebert, H. (Hrsg): Literatur- und Forschungsreport Weiterbildung. Bielefeld: Bertelsmann, S. 39-47

Buchen, Sylvia (1997): Didaktik und kultureller Wandel. Aktuelle Problemlagen und Veränderungsperspektiven. Weinheim: Deutscher Studien-Verlag

Bund-Länder-Kommission für Bildungsplanung und Forschungsförderung (Hrsg.) (1998): Bildung für eine nachhaltige Entwicklung – Orientierungsrahmen Bonn: Bundesministerium für Bildung, Wissenschaft, Forschung und Technologie

Bund-Länder-Kommission für Bildungsplanung und Forschungsförderung (Hrsg.) (2004): Strategie für Lebenslanges Lernen in der Bundesrepublik Deutschland. Bonn: Bundesministerium für Bildung, Wissenschaft, Forschung und Technologie

Butler, Judith (1991): Das Unbehagen der Geschlechter. Frankfurt am Main: Suhrkamp

Butler, Judith (2001): Die Psyche der Macht. Das Subjekt der Unterwerfung. Frankfurt am Main: Suhrkamp

Caruso, Marcelo (2003): Biopolitik im Klassenzimmer. Zur Ordnung der Führungspraktiken in den Bayrischen Volkshochschulen (1869-1918). Weinheim: DSV

Comenius, Johan Amos (1985): Große Didaktik. Stuttgart: UTB

Combe, Arno/Buchen, Sylvia (1996): Belastungen von Lehrerinnen und Lehrern. Fallstudien zur Bedeutung alltäglicher Handlungsabläufe an unterschiedlichen Schulformen. Weinheim u. a.: Juventa

Cruikshank, Barbara (1999): The Will to Empower. Democratic Citizens and other Subjects. New York: Cornell University Press

Dauber, Heinrich (1999): Neue Lernkulturen. In: Nuissl, E./Schiersmann, Ch./Siebert, H./Weinberg, J. (Hrsg.): Literatur- und Forschungsreport Weiterbildung, 44, S. 38-47

Dean, Mitchell (1999): Governmentality. Power and rule in modern society. London: Sage

Dehnbostel, Peter (1994): Erschließung und Gestaltung des Lernorts Arbeitsplatz. In: BWP – Bildung in Wissenschaft und Praxis, Jg. 23, H. 1, S. 13-18

Dehnbostel, Peter/Holz, Heinz/Novak, Hermann (Hrsg.) (1992): Lernen für die Zukunft durch verstärktes Lernen am Arbeitsplatz – Dezentrale Aus- und Weiterbildungskonzepte in der Praxis. Berlin: BIBB

Dehnbostel, Peter/Molzberger, Gabriele/Overwien, Bernd (2003): Informelles Lernen in modernen Arbeitsprozessen – dargestellt am Beispiel von Klein- und Mittelbetrieben der IT-Branche. Berlin: BBJ Verlag

Deleuze, Gilles (1986): Foucault. Frankfurt am Main: Suhrkamp

Deleuze, Gilles (1993): Unterhandlungen 1972-1990. Frankfurt am Main: Suhrkamp

Deutscher Ausschuß für das Erziehungs- und Bildungswesen (Hrsg.) (1960): Zur Situation und Aufgabe der deutschen Erwachsenenbildung. Stuttgart: Klett

Deutscher Bildungsrat (1972): Strukturplan für das Bildungswesen. Empfehlungen der Bildungskommission. Stuttgart: Klett

Dewe, Bernd (1982): Bildungsarbeit zwischen Aufklärung und Kompetenzenteignung. Bildungs- u. professionstheoretische Überlegungen zur Handlungsstruktur in einem sozialpädagogischen Feld. In: Neue Praxis, 3, S. 240-261

Dietrich, Stephan/Füchs-Brüninghoff, Elisabeth (1999): Selbstgesteuertes Lernen – auf dem Weg zu einer neuen Lernkultur. Frankfurt am Main: Deutsches Institut für Erwachsenenbildung

Dietrich, Stephan/Herr, Monika (Hrsg.) (2005): Support für Neue Lehr- und Lernkulturen. Bielefeld: W. Bertelsmann

Dohmen, Günter (1996): Das lebenslange Lernen. Leitlinien einer modernen Bildungspolitik. Bonn: Bundesministerium für Bildung, Wissenschaft, Forschung und Technologie

Dohmen, Günther (Hrsg.) (1999): Weiterbildungsinstitutionen, Medien, Lernumwelten. Rahmenbedingungen und Entwicklungslinien für das selbstgesteuerte Lernen. Bonn: BMBF

Donzelot, Jacques (1991): Pleasure in Work. In: Burchell, G./Gordon, C./Miller, P.: The Foucault Effect. Studies in Governementality. Chicago: The University of Chicago Press

Dräger, Horst (1975): Die Gesellschaft für Verbreitung von Volksbildung. Stuttgart: Klett

Dreyfus, Hubert L./Rabinow, Paul (1994): Michel Foucault: Jenseits von Strukturalismus und Hermeneutik. Frankfurt: Athenäum

Dubs, Rolf (2000): Selbstorganisation des Lernens. In: Harteis, C./Heid, H. (Hrsg.): Kompendium Weiterbildung. Aspekte und Perspektiven betrieblicher Personal- und Organisationsentwicklung. Opladen: Leske und Budrich, S. 97-109

Duttweiler, Stefanie (2007): Sein Glück machen. Arbeit am Glück als neoliberale Regierungstechnologie. Konstanz: UVK Verlagsgesellschaft mbH

Dzierzbicka, Agnieszka (2006): Vereinbaren statt anordnen. Neoliberale Gouvernementalität macht Schule. Wien: Löcker

Ebeling, Hans (1993): Das Subjekt in der Moderne. Rekonstruktion der Philosophie im Zeitalter der Zerstörung. Reinbek bei Hamburg: Rowohlt

Erdberg, Robert von (1960): Betrachtungen zur alten und neuen Richtung im freien Volksbildungswesen (1921). In: Henningsen, Jürgen: Die neue Richtung in der Weimarer Zeit. Stuttgart: Klett

Erpenbeck, John/Heyse, Volker (Hrsg) (1999): Die Kompetenzbiografie. Strategien der Kompetenzentwicklung durch selbstorganisiertes Lernen und multimediale Kommunikation. Münster, Westfalen u. a.: Waxmann

Eugster, Balthasar (2004): Selbststeuerung und Selbsttechnologie: Soziologische Bemerkungen zur Subjektivität in Lehr-Lern-Arrangements. In: Wosnitza, M./Frey, A./Jäger, R.S. (Hrsg.): Lernprozess, Lernumgebung, Lerndiagnostik. Wissenschaftliche Beiträge zum Lernen im 21. Jahrhundert. Landau: VEP, S. 14-25

Ewald, Francois (1978): Foucault – Ein vagabundierendes Denken. In: Dispositive der Macht. Berlin: Merve, S. 7-20

Ewald, Francois (1989): Foucault verdauen. In: Spuren, H. 26/27, S. 53-56

Faulstich, Peter (Hrsg.) (1990): Lernkultur 2006: Erwachsenenbildung und Weiterbildung in der Zukunftsgesellschaft. München: Lexika-Verlag Rumpf

Faulstich, Peter (2004): Exklusion durch prekäre Inklusion und der ‚neue Geist' der Weiterbildung. In: Report: Literatur- und Forschungsreport Weiterbildung, S. 23-30

Faulstich, Peter/Ludwig, Joachim (Hrsg.) (2004): Expansives Lernen. Baltmannsweiler: Schneider Verlag Hohengehren

Flitner, Wilhelm (1930a): Extensive und intensive Volksbildung. In: Hefte für Büchereiwesen, H. 14, S. 1-10

Flitner, Wilhelm (1930b): Zur Frage der Neutralität der Volksbildung. In: Hefte für Büchereiwesen, H. 14, S. 106-108

Forneck, Hermann J. (2001): Die große Aspiration. In: EB – Vierteljahresschrift für Theorie & Praxis, H. 4, S. 158-163

Forneck, Hermann J. (2002a): Methodisches Handeln in der Erwachsenenbildung. In: Forneck, H.-J./Lippitz, W.: Literalität und Bildung. Festschrift zum 60. Geburtstag von Prof. Dr. Michael W. Schwander. Marburg: Tectum Verlag, S. 91-113

Forneck, Hermann J. (2002b): Selbstgesteuertes Lernen und Modernisierungsimperative in der Erwachsenen- und Weiterbildung. In: Zeitschrift für Pädagogik, Jg. 48, H. 2, S. 242-261

Forneck, Hermann J. (2003): Selbstgesteuertes Lernen und Modernisierungsimperative in der Erwachsenen- und Weiterbildung. In: Gary, Ch. (Hrsg.): Erwachsenenbildung im Wandel. Wien: ÖIBF

Forneck, Hermann J. (2004a): Der verlorene Zusammenhang. Eine Analyse sich auseinander entwickelnder Praktiken der Wissensproduktion. In: Hessische Blätter für Volksbildung, H. 1, S. 4-13

Forneck, Hermann J. (2004b): Randgänge des Lernens – Eine Lerntheorie jenseits des Subjekts? In: Faulstich, P./Ludwig, J. (Hrsg.): Expansives Lernen. Baltmannsweiler: Schneider Verlag Hohengehren, S. 246-255

Forneck, Hermann J. (2005a): Selbstsorge und Lernen – Umrisse eines integrativen Konzepts selbstgesteuerten Lernens. In: Forneck, H. J./Klingovsky, U./Kossack, P. (Hrsg.): Selbstlernumgebungen. Zur Didaktik des selbstsorgenden Lernens und ihrer Praxis. Baltmannsweiler: Schneider Verlag Hohengehren

Forneck, Hermann J.. (2005b): Autonomie und Erwachsenenbildung. In: Hessische Blätter für Volksbildung, H. 1, S. 1-4

Forneck, Hermann J. (2005c): Das „unregierte" Subjekt. Lernen in der Weiterbildung. In: Report – Literatur- und Forschungsreport Weiterbildung – Theoretische Grundlagen und Perspektiven der Erwachsenenbildung, Jg. 28, H. 1, S. 122-127

Forneck, Hermann J. (2005d): Der machtlose Weiterbildner. In: Hessische Blätter für Volksbildung. H. 4, S. 320-327

Forneck, Hermann J. (2006): Selbstlernarchitekturen. Lernen und Selbstsorge I. Baltmannsweiler: Schneider Verlag Hohengehren

Forneck, Hermann J./Klingovsky, Ulla/Kossack, Peter (Hrsg.) (2005): Selbstlernumgebungen. Zur Didaktik des Selbstsorgenden Lernens und ihrer Praxis. Baltmannsweiler: Schneider Verlag Hohengehren

Forneck, Hermann/Springer, Angela (2005): Gestaltet ist nicht geleitet – Lernentwicklungen in professionell strukturierten Lernarchitekturen. In: Faulstich, R./Forneck, H. J./Knoll, J. u. a. (Hrsg.). Lernwiderstand – Lernumgebung – Lernberatung. Bielefeld: Bertelsmann

Forneck, Hermann J./Wrana, Daniel (2003): Ein verschlungenes Feld. Eine Einführung in die Erziehungswissenschaft. Bielefeld: Bertelsmann

Forneck, Hermann J./Wrana, Daniel (2005): Ein parzelliertes Feld. Eine Einführung in die Erwachsenenbildung, Bielefeld: Bertelsmann

Forum Bildung (Hrsg.) (2001): Neue Lern- und Lehrkultur. Vorläufige Empfehlungen und Expertenbericht. Bonn: Bundesministerium für Bildung, Wissenschaft, Forschung und Technologie

Foucault, Michel (1961): Folie es Déraison. Historie de la folie à l'age classique. Paris: Plon. Dt. Übers. v. Ulrich Köppen: Wahnsinn und Gesellschaft. Eine Geschichte des Wahns im Zeitalter der Vernunft. Frankfurt am Main: Suhrkamp (1988)

Foucault, Michel (1966): Les Mots et les Choses. Une archéologie du regard médical. Paris: PUF. Dt. Übers. v. Ulrich Köppen: Die Ordnung der Dinge. Eine Achäologie der Humanwissenschaften. Frankfurt am Main: Suhrkamp (1974)

Foucault, Michel (1969): L'Archéologie du savoir. Paris: Gallimard. Dt. Übers. v. Ulrich Köppen: Archäologie des Wissens. Frankfurt am Main: Suhrkamp (1981)

Foucault, Michel (1971): Nietzsche, la généalogie, l'histoire. In: Hommage à Jean Hyppolite. Paris: PUF. Dt. Übers. v. Walter Seitter: Nietzsche, die Genealogie, die Historie. In: Walter Seitter (Hrsg.): Von der Subversion des Wissens. Frankfurt am Main: Fischer (1987), S. 69-90

Foucault, Michel (1973): Le Pouvoir et la norme. (Nicht-autorisierte Mitschrift der Vorlesung am Collège de France vom 28. März 1973) In: Deleuze, G./Foucault, M.: Mélanges. Pouvoir et surface. Paris. Dt. Übers. V. Ulrich Raulff: Die Macht und die Norm. In: Mikrophysik der Macht. Berlin: Merve (1976), S. 114-123

Foucault, Michel (1975a): Surveillir et punir. Naissance de la prison. Paris: Gallimard. Dt. Übers. v. Walter Seitter: Überwachen und Strafen. Die Geburt des Gefängnisses. Frankfurt am Main: Suhrkamp (1977)

Foucault, Michel (1975b): Entretien sur la prison: le livre et sa méthode. (Gespräch mit J.-J. Brochier), in: Magazine littéraire, Nr. 101, Juni 1975. Dt. Übers. v. Walter Seitter: Räderwerke des Überwachen und Strafens. In: Mikrophysik der Macht. Berlin: Merve (1976), S. 105-113

Foucault, Michel (1976a): La volunté de savoir. Histoire de la sexualité. Tome 1. Paris: Gallimard. Dt. Übers. v. Ulrich Raulff und Walter Seitter: Der Wille zum Wissen. Sexualität und Wahrheit, Band 1, Frankfurt am Main: Suhrkamp (1977)

Foucault, Michel (1976b): As malhas do poder. (Vortrag an der philosophischen Fakultät der Universität Bahia) In: Barbdrie, Nr. 4, Sommer 1981, S. 23-27. Dt. Übers. von Michael Bischoff: *Die Maschen der Macht.* In: Analytik der Macht. Frankfurt am Main: Suhrkamp (2005), S. 220-239

Foucault, Michel (1977a): Intervista a Michel Foucault. (Gespräch mit Alessandro Fontana und Pasquale Pasquino vom Juni 1976), In: Fontana, A./Pasquino, P. (Hrsg.): Microfisica del Potere: Interventi politici. Turin: Enaudi . Dt. Übers. v. Elke Wehr: Wahrheit und Macht. In: Dispositive der Macht. Berlin: Merve (1978), S. 21-54

Foucault, Michel (1977b): Corso del 7 gennaio 1976. (Vorlesung am Collège de France vom 7. Januar 1976) In: Fontana, A./Pasquino, P. (Hrsg.): Microfisica del Potere: Interventi politici, Turin: Einaudi. Dt. Übers. v. Elke Wehr: Historisches Wissen der Kämpfe und Macht. In: Dispositive der Macht. Berlin: Merve, S. 55-74

Foucault, Michel (1977c): Corso del 14 gennaio 1976. (Vorlesung am Collège de France vom 14. Januar 1976) In: Fontana, A./Pasquino, P. (Hrsg.): Microfisica del Potere: Interventi politici, Turin: Einaudi. Dt. Übers. v. Elke Wehr: Recht der Souveränität/Mechanismus der Disziplin. In: Dispositive der Macht. Berlin: Merve (1978), S. 75-95

Foucault, Michel (1980a): Table ronde du 20 mai 1978. (Gespräch mit A.Farge, A. Fontana, J.Léonard, M. Perrot u. a.) In: Michelle Perrot (Hrsg.): L'impossible prison. Recherches sur le système penitentiare au XIXème siècle, Paris: Seuil, S. 20-34

Foucault, Michel (1980b): Conversazione von Michel Foucault. (Gespräch mit Ducio Trombadori Ende 1978 in Prais) In: Il Contributo, Nr.1, Januar-März 1980. Dt. Übers. v. Horst Brühmann: Der Mensch ist ein Erfahrungstier. Frankfurt am Main: Suhrkamp (1996)

Foucault, Michel (1981a): Omnes et Singulatim: Towards a Criticism of Political Reason. (Vortrag an der Stanford University vom 10. und 16. Oktober 1979). In: McMurin, S. (Hrsg): The Tanner Lectures on Human Values. Salt Lake City: Univeristy of Utah Press. Dt. Übers. v. Claus-Dieter Rath: Für eine Kritik der politischen Vernunft. In: Lettre International, 1 (1988), S. 58-66

Foucault, Michel (1981b): Sexuality and Solitude. (Seminar mit Richard Sennet am Institute for the Humanities in New York am 20. November 1980) In: London: Review of Books. Dt. Übers. v. Walter Seitter: Sexualität und Einsamkeit. In: Von der Freundschaft. Berlin: Merve (1984), S. 25-53

Foucault, Michel (1982): Das Subjekt und die Macht. Nachwort zu Hubert Dreyfus und Paul Rabinow (Hrsg.): Michel Foucault: Beyond Structuralism and Hermeneutics. Chicago: University of Chicago Press. Dt. Übers. v. Claus Rath und Ulrich Raulff: Das Subjekt und die Macht. In: Dreyfus, H./Rabinow, P.: Michel Foucault: Jenseits von Strukturalismus und Hermeneutik. Frankfurt am Main: Athenäum (1987), S. 243-261

Foucault, Michel (1984a): L'usage des plaisiers. Histoire de la sexualité, tome 2, Paris: Gallimard. Dt. Übers. v. Ulrich Raulff und Walter Seitter: Der Gebrauch der Lüste, Sexualität und Wahrheit, Band 2. Frankfurt am Main: Suhrkamp (1986)

Foucault, Michel (1984b): Le souci de soi. Historie de la sexualité, tome 3. Paris: Gallimard. Dt. Übers. v. Ulrich Raulff und Walter Seitter: Die Sorge um sich. Sexualität und Wahrheit, Band 3. Frankfurt am Main: Suhrkamp (1989)

Foucault, Michel (1984c): L'éthique du souci de soi comme practique de liberté. (Gespräch mit Helmut Becker, Raul Fornet-Betancourt und Alfredo Gomez-Müller vom 20. Januar 1984. In: Concordia, Revista Internacional de Filisofia, Nr. 6. Dt. Übers. v. Helmut Becker und Lothar Wolfstetter: Freiheit und Selbstsorge. In: Becker, H./Gomez-Müller, A./Formet-Betancourt, R. (Hrsg.): Freiheit und Selbstsorge. Frankfurt am Main: Materialis (1985), S. 7-28

Foucault, Michel (1984d): Une estétique de L'existence. In: Le monde, 15.-16. Juli 1984. Dt. Übers. v. Marianne Karbe: Eine Ästhetik der Existenz. In: Von der Freundschaft. Berlin: Merve, S. 133-141

Foucault, Michel (1988a): Technologies of the Self. In: Martin, Luther H./Gutman, H./Hutton, P.H. (Hrsg.): Technologies of the self. Amherst: University of Massachusetts Press. Dt. Übers. v. Michael Bischoff: Technologien des Selbst. In: Martin, L. H. u. a. (Hrsg.): Technologien des Selbst. Frankfurt am Main: Fischer (1993), S. 24-62

Foucault, Michel (1988b): The Political Technologies of Individuals. In: Martin, L. H./Gutman, H./Hutton, P.H. (Hrsg.): Technologies of the self. Amherst: University of Massachusetts Press. Dt. Übers. v. Michael Bischoff: Die politische Technologie der Individuen. In: Martin, L.H. u. a. (Hrsg.): Technologien des Selbst. Frankfurt am Main: Fischer (1993), S. 168-187

Foucault, Michel (1988c): Truth, Power, Self. (Gespräch mit Rex Martin vom 25. Oktober 1982). In: Martin, Luther H./Gutman, H./Hutton, P.H. (Hrsg.): Technologies of the self. A seminar with Michel Foucault. Amherst: University of Massachusetts Press. Dt. Übers. v. Michael Bischoff: Wahrheit, Macht, Selbst. Ein Gespräch zwischen Rux Martin und Michel Foucault. In: Martin, L. H. u. a. (Hrsg.): Technologien des Selbst. Frankfurt am Main: Fischer (1993), S. 15-23

Foucault, Michel (1990): Qu'est-ce que la critique? Critique et Aufklärung. (Vortrag mit anschließender Diskussion vom 27. Mai 1978 vor der Société francaise de philosophie). In: Bulletin de la Société francaise de philosophie, Nr. 2, April-Juni 1990. Dt. Übers. v. Walter Seitter: Was ist Kritik? Berlin: Merve (1992)

Foucault, Michel (1991): Faire vivre et laisser mourir: La naissance du racisme. (Auszug aus der Vorlesung vom 17. März 1976 am Collège de France) In: Les Temps modernes, Nr. 535, Februar 1991. Dt. Übers. v. Hermann Kocyba: Leben machen und sterben lassen: Die Geburt des Rassismus. In: Diskurs, Jg. 41, Nr. 1, Februar 1992, S. 51-58

Foucault, Michel (1993): About the beginning of the Hermeneutics of the Self. In: Political Theory, Vol. 21, No. 2, pp. 198-227)

Foucault, Michel (2000): Die Gouvernementalität. In: Bröckling, U./ Krasmann, S./Lemke T. (Hrsg.): Gouvernementalität der Gegenwart. Studien zur Ökonomisierung des Sozialen. Frankfurt am Main: Suhrkamp, S. 41-67

Foucault, Michel (2001a): Dits et Ecrits. Schriften 1, 1969. In: Defert, D./Ewald, F. (Hrsg.): Wer sind Sie, Professor Foucault? Gespräch mit P. Caruso. Frankfurt am Main: Suhrkamp, S. 770-793

Foucault, Michel (2001b): Dits et Ecrits. Schriften 1, 1968. In: Defert, D./Ewald, F. (Hrsg.): Antwort auf eine Frage. Frankfurt am Main: Suhrkamp, S. 859-886

Foucault, Michel (2001c): Das Leben der infamen Menschen. Berlin: Merve

Foucault, Michel (2004): Geschichte der Gouvernementalität I. Sicherheit, Territorium, Bevölkerung. Vorlesungen am Collège de France 1977-1978. Sennelart, M. (Hrsg.). Dt. Übers. v. Claudia Brede-Konersmann und Jürgen Schröder. Frankfurt am Main: Suhrkamp

Franz, Julia (2005): Die Regierung der Qualität. Eine Rekonstruktion neoliberaler Gouvernementalität am Beispiel von Qualitätsmanagement in der Erwachsenen- und Weiterbildung. Diplomarbeit, Universität Giessen.

Ganglbauer, Stephan (1999): „Neutrale" Volksbildung und die „werturteilsfreie Wissenschaft". Die „Sehnsucht nach Schicksal und Tiefe" und der Richtungsstreit in der deutschsprachigen Volksbildungsbewegung der 20er Jahre. In: Spurensuche, 10, 1-4, S. 60-84

Gapski, Harald (2001): Medienkompetenzen. Eine Bestandsaufnahme und Vorüberlegungen zu einem systemtheoretischen Rahmenkonzept. Opladen: Westdeutscher Verlag

Gehring, Thomas (1994): Dynamic International Environmental Regimes. Institutions for International Environmental Governance. Frankfurt am Main: Suhrkamp

Gerstenmaier, Jochen (2004): Domänenspezifisches Wissen als Dimension beruflicher Entwicklung. In: Röben, P./Rauner, F. (Hrsg.): Domänenspezifische Kompetenzentwicklung zur Beherrschung und Gestaltung informatisierter Arbeitssysteme. Bielefeld: Bertelsmann, S. 135-163

Gerstenmaier, Jochen/Mandl, Heinz (1995): Wissenserwerb unter konstruktivistischer Perspektive. In: Zeitschrift für Pädagogik, Jg. 41, H. 6, S. 867-888

Giddens, Anthony (1984): Die Konstitution der Gesellschaft. Grundzüge einer Theorie der Strukturierung. Frankfurt am Main/New York: Campus

Glaser, Edith (1994): 1919 bis 1994. 75 Jahre Volkshochschule Jena. Zur Geschichte der Volkshochschule Jena und Thüringen. In: Volkshochschule der Stadt Jena (Hrsg.): Erinnerungen. Rudolstadt/Jena: Hain Verlag, S. 3-22

Göhlich, Michael/Zirfas, Jörg (2006): Lernen. Ein pädagogischer Grundbegriff. Stuttgart: Kohlhammer

Gordon, Colin (1980): Governmental Rationality: An Introduction. In: Burchell, G./Gordon, C./Miller, P. (Hrsg.): The Foucault Effect. Studies in Governementality. Chicago: The University of Chicago Press

Gronemeyer, Marianne (1988): Die Macht der Bedürfnisse. Reflexionen über ein Phantom. Reinbek bei Hamburg: Rowohlt

Han, Byung-Chul (2005): Was ist Macht? Stuttgart: Reclam

Heimann, Paul/Otto, Gunther/Schulz, Wolfgang (1965): Unterricht – Analyse und Planung. Hannover: Schroedel

Heimann, Paul (1976): Didaktik als Unterrichtswissenschaft. Stuttgart: Klett

Heydorn, Heinz-Joachim (1970): Zu einer Neufassung des Bildungsbegriffs. Frankfurt am Main: Suhrkamp

Hirschmann, Albert O. (1977): The Passion and the Interests. Political Arguments for Capitalism before its Triumph. Princeton: Princeton University Press

Hnilica, Sonja (2003): Disziplinierte Körper. Die Schulbank als Erziehungsapparat. Wien: Edition Selene

Höhne, Thomas (2003): Pädagogik der Wissensgesellschaft. Bielefeld: Transcript

Holzkamp, Klaus (1983): Grundlegung der Psychologie. Frankfurt am Main/New York: Campus

Holzkamp, Klaus (1987): Lernen und Lernwiderstand – Skizzen zu einer subjektwissenschaftlichen Lerntheorie. In: Forum Kritische Psychologie, H. 20, S. 5-36

Holzkamp, Klaus (1993): Lernen. Subjektwissenschaftliche Grundlegung. Frankfurt am Main/New York: Campus

Holzkamp, Klaus (1995): Alltägliche Lebensführung als subjektwissenschaftliches Grundkonzept. In: Das Argument 212, H. 6, S. 817-845

Holzkamp, Klaus (1996): Wider den Lehr-Lern-Kurzschluß: Interview zum Thema „Lernen“. In: Arnold, Rolf (Hrsg.): Lebendiges Lernen. Baltmannsweiler: Schneider Verlag Hohengehren, S. 21-30

Honneth, Axel (1988): Foucault und Adorno – Zwei Formen einer Kritik der Moderne. In: Kemper, Peter (Hrsg.): „Postmoderne“ oder Der Kampf um die Zukunft. Frankfurt am Main: Fischer

Honneth, Axel/Saar, Martin (Hrsg.) (2003): Zwischenbilanz einer Rezeption: Frankfurter Foucault-Konferenz 2001. Frankfurt am Main: Suhrkamp

Hurrelmann, Klaus/Engel, Uwe (1989): Bildungssoziologie. In: Endruweit, G./Trommsdorf, G. (Hrsg.): Wörterbuch der Soziologie, 1. Band, Stuttgart: UTB, S. 90-98

HVV Institut (Hrsg.) (2005): Autonomie und Erwachsenenbildung. In: Hessische Blätter für Volksbildung, Heft 1

Issing, Ludwig J./Klimsa, Paul (Hrsg.) (2002): Information und Lernen mit Multimedia und Internet. Weinheim: Beltz

Kade, Jochen (1993): Aneignungsverhältnisse diesseits und jenseits der Erwachsenenbildung. In: Zeitschrift für Pädagogik, Jg. 39, H. 3, S. 391-408

Kade, Jochen (1997): Vermittelbar/nicht vermittelbar: Vermitteln: Aneignen. Im Prozess der Systembildung des Pädagogischen. In: Lenzen, D./Luhmann, N. (Hrsg.): Bildung und Weiterbildung im Erziehungssystem. Lebenslauf und Humanontogenese als Medium und Form. Frankfurt am Main: Suhrkamp, S. 30-70

Kade, Jochen/Nittel, Dieter/Seitter, Wolfgang (1999): Einführung in die Erwachsenenbildung/Weiterbildung. Stuttgart u. a.: Kohlhammer

Kade, Jochen/Seitter, Wolfgang (1998): Bildung – Risiko – Genuß. Dimensionen und Ambivalenzen lebenslangen Lernens in der Moderne. In: Brödel, R./Kade, J. (Hrsg.): Lebenslanges Lernen – lebensbegleitende Bildung. Neuwied: Luchterhand, S. 51-59

Kejcz, Yvonne (1980): Deutungsmuster als pädagogisches Problem. In: Kejcz, Y./Nuissl, E./Paatsch, H.-U.: Problemfeld Bildungsurlaub. Braunschweig: Westermann, S. 187-204

Kerres, Michael (2001): Multimediale und telemediale Lernumgebungen – Konzeption und Entwicklung. München: Oldenbourg

Kessl, Fabian (2005) Der Gebrauch der eigenen Kräfte: eine Gouvernementalität sozialer Arbeit. Weinheim/München: Juventa

Kessl, Fabian/Richter, Martina (2005): Lebenslanges Lernen oder ununterbrochene Bildung? Eine symptomale Lektüre aktueller Bildungsprogrammatiken. In: Neue Praxis, Jg. 36, H. 2, S. 308-323

Klafki, Wolfgang (1957): Das pädagogische Problem des Elementaren und die Theorie der kategorialen Bildung. Weinheim: Beltz

Klafki, Wolfgang (1964): Studien zur Bildungstheorie und Didaktik. Weinheim: Beltz

Klafki, Wolfgang (1958): Didaktische Analyse als Kern der Unterrichtsvorbereitung. In: Die Deutsche Schule, 50, S. 450-471

Klafki, Wolfgang (1974): Studien zur Bildungstheorie und Didaktik. Weinheim/Basel: Beltz

Klafki, Wolfgang (1976): Aspekte einer kritisch-konstruktiven Erziehungswissenschaft. Gesammelte Beiträge zur Theorie-Praxis-Diskussion. Weinheim: Beltz

Klafki, Wolfgang (1985): Neue Studien zur Bildungstheorie und Didaktik. Beiträge zur kritisch-konstruktiven Didaktik. Weinheim/Basel: Beltz

Klafki, Wolfgang (1992): Pädagogisches Verstehen – eine vernachlässigte Aufgabe der Lehrerbildung. In: Klafki, Wolfgang: Erziehung – Humanität – Demokratie. Erziehungswissenschaft und Schule an der Wende zum 21. Jahrhundert. Tokyo: Kyouiku-Kaihatu-Kenkzusho, S. 135-153

Klein, Rosemarie (2002): Komplexe Lernkontexte am Beispiel von Lernberatung. In: Literatur- und Forschungsreport Weiterbildung, Beiheft, S. 241-252

Klein, Klaus/Oettinger, Ulrich (2000): Konstruktivismus. Die neue Perspektive im (Sach-) Unterricht. Baltmannsweiler: Schneider Verlag Hohengehren

Klimsa, Paul (1993): Neue Medien und Weiterbildung: Anwendung und Nutzung in Lernprozessen der Weiterbildung. Weinheim: Deutscher Studien-Verlag

Klingovsky, Ulla/Kossack, Peter (2007): Selbstsorgendes Lernen gestalten. Bern: hep

Knoll, Joachim H. (Hrsg.) (1974): Lebenslanges Lernen. Erwachsenenbildung in Theorie und Praxis. Hamburg: Hoffmann und Campe

Knoll, Joachim H./Siebert, Horst (1967): Erwachsenenbildung in der Bundesrepublik. Dokumente 1945-1966. Heidelberg: Quelle und Meyer

Köhler, Helmut (1992): Bildungsbeteiligung und Sozialstruktur in der Bundesrepublik. Zu Stabilität und Wandel der Ungleichheit von Bildungschancen. Studien und Berichte 53. Berlin: Max-Planck-Institut für Bildungsforschung

König, Heinz (1982): Sozialschichtung und Bildungschancen. In: Gesellschaft und Universität: Probleme und Perspektiven. Mannheim: Univ. Mannheim, S. 105-121

Kösel, Edmund (1993): Die Modellierung von Lernwelten. Ein Handbuch zur subjektiven Didaktik. Elztal-Dallau: Laub

Kolfhaus, Stephan (1986): Von der musischen zur soziokulturellen Bildung. Köln: Boehlau

Kommission für Zukunftsfragen der Freistaaten Bayern und Sachsen (1997): Maßnahmen zur Verbesserung der Beschäftigungslage, „Erwerbstätigkeit und Arbeitslosigkeit in Deutschland". München: Kommission für Zukunftsfragen

Kommission der Europäischen Gemeinschaften (2000): Memorandum über Lebenslanges Lernen. Brüssel: SEK

Korte, Hermann (2006): Einführung in die Geschichte der Soziologie. Lehrbuch; 8. überarbeitete Auflage. Wiesbaden: VS – Verlag für Sozialwissenschaften

Kossack, Peter (2003): Anmerkungen zur Dekonstruktion als Praktik in einem erwachsenenpädagogischen Kontext. In: Brödel, R./Siebert, H. (Hrsg.): Ansichten zur Lerngesellschaft. Baltmannsweiler: Schneider Verlag Hohengehren, S. 84-93

Kossack, Peter (2006): Lernen beraten. Eine dekonstruktive Analyse des Diskurses zur Weiterbildung. Bielefeld: Transcript

Kraft, Susanne (1999): Selbstgesteuertes Lernen – Problembereiche in Theorie und Praxis. In: Zeitschrift für Pädagogik, H. 6, S. 833-845

Krasmann, Susanne (1999): Regieren über Freiheit. Zur Analyse der Kontrollgesellschaft in Foucaultscher Perspektive. In: Kriminologisches Journal, Jg. 31, H. 2, S. 107-121

Krasmann, Susanne (2000): Gouvernementalität der Oberfläche. Aggressivität (ab-) trainieren beispielsweise. In: Bröckling, U./Krasmann, S./Lemke, T. (Hrsg.): Gouvernementalität der Gegenwart. Frankfurt am Main: Suhrkamp, S. 194-226

Krasmann, Susanne (2003): Kriminelle Elemente regieren – und produzieren. In: Honneth, A./Saar, M. (Hrsg.): Michel Foucault. Zwischenbilanz einer Rezeption. Frankfurter Foucault-Konferenz. Frankfurt am Main: Suhrkamp, S. 94-114

Kron, Friedrich W. (2004): Grundwissen Didaktik. München, Basel: Ernst Reinhardt

Krüger, Heinz-Hermann (1997): Einführung in Theorien und Methoden der Erziehungswissenschaft. Opladen: Leske und Budrich

Krüger, Heinz-Hermann (1998): Wozu noch Allgemeine Pädagogik? Notizen zur Entwicklung und Neuvermessung der Erziehungswissenschaft. In: Brinkmann, W./Petersen, J. (Hrsg.): Theorien und Modelle der allgemeinen Pädagogik. Donauwörth: Ludwig Auer, S. 101-116

Landwehr, Norbert (1995): Neue Wege der Wissensvermittlung. Ein praxisorientiertes Handbuch für Lehrpersonen im Bereich der Sekundarstufen I und II (Berufsschulen, Gymnasien) sowie in der Lehrer- und Erwachsenenbildung. Aarau: Sauerländer

Langer, Antje/Ott, Marion/Wrana, Daniel (2006): Die Verknappung des Selbst. In: Maurer, S./Weber, S. (Hrsg.): Gouvernementalität und Erziehungswissenschaft. Wiesbaden: VS – Verlag für Sozialwissenschaften, S. 281-300

Langewiesche, Dieter (1989): Erwachsenenbildung. In: Langewiesche, D./ Tenorth, H.-E.: Handbuch der deutschen Bildungsgeschichte, Band V 1918-1945. Die Weimarer Republik und die nationalsozialistische Diktatur. München: Beck

Lazzarato, Maurizio (1998): Immaterielle Arbeit. Gesellschaftliche Tätigkeit unter den Bedingungen des Postfordismus. In: Atzert, T. (Hrsg.): Umherschweifende Produzenten. Immaterielle Arbeit und Subversion. Berlin: ID Verlag

Lehmann-Rommel, Roswitha (2004): Partizipation, Selbstreflexion und Rückmeldung: gouvernementale Regiierungspraktiken im Feld der Schulentwicklung. In: Ricken, N./Rieger-Ladich, M. (Hrsg.): Michel Foucault: Pädagogische Lektüren. Wiesbaden: VS – Verlag für Sozialwissenschaften, S. 261-283

Lemke, Thomas (1997): Eine Kritik der politischen Vernunft. Foucaults Analyse der modernen Gouvernementalität. Hamburg: Argument

Lemke, Thomas (2001): Gouvernementalität. In: Kleiner, Marcus S. (Hrsg.): Michel Foucault. Eine Einführung in sein Denken. Frankfurt am Main: Campus, S. 108-122

Lemke, Thomas (2003): Andere Affirmationen. Gesellschaftsanalyse und Kritik im Postfordismus. In: Honneth, A./Saar, M. (Hrsg.): Michel Foucault. Zwischenbilanz einer Rezeption. Frankfurt am Main: Suhrkamp, S. 259-274

Lemke, Thomas (2004): Flexibilität. In: Bröckling, U./Krasmann, S./Lemke, Th. (Hrsg.): Glossar der Gegenwart. Frankfurt am Main: Suhrkamp, S. 82-88

Lehner, Martin (1989): Didaktik und Weiterbildung. Zur historischen Rekonstruktion des didaktischen Denkens in der Erwachsenenbildung. Weinheim: Deutscher Studien-Verlag

Lehner, Martin (1993): Neue Wege der didaktischen Reduktion. In: Verwaltung und Fortbildung, Jg. 21, H. 1, S. 42-50

Lenzen, Dieter (1989): Enzyklopädie Erziehungswissenschaft. In: Beller, E. (Hrsg.): Forschung in den Erziehungswissenschaften. Weinheim: Deutscher Studien-Verlag, S. 334-338

Lenzen, Dieter (1997): Lösen die Begriffe Selbstorganisation, Autopoiesis und Emergenz den Bildungsbegriff ab? In: Zeitschrift für Pädagogik, Jg. 43, H. 6, S. 949-967

Lewin, Kurt (1953): Die Lösung sozialer Konflikte. München: Christian-Verlag

Liesner, Andrea (2004): Von kleinen Herren und großen Knechten. Gouvernementalitätstheoretische Anmerkungen zum Selbstständigkeitspostulat in Politik und Pädagogik. In: Ricken, N./Rieger-Ladich, M. (Hrsg.): Michel Foucault: Pädagogische Lektüren. Wiesbaden: VS – Verlag für Sozialwissenschaften, S. 285-302

Link, Jürgen (1997): Versuch über den Normalismus. Wie Normalität produziert wird. Göttingen: Vandenhoeck & Ruprecht

Litt, Theodor (1961): Führen oder Wachsenlassen: eine Erörterung des pädagogischen Grundproblems. 9. Aufl. Stuttgart: Ernst Klett Verlag

Ludwig, Joachim (1999a): Subjektperspektiven in neueren Lernbegriffen. In: Zeitschrift für Pädagogik, Jg. 45, H. 5, S. 667-683

Ludwig, Joachim (1999b): Kursrealität aus der Perspektive der Lernenden. In: Grundlagen der Weiterbildung, 4, S. 155-157

Ludwig, Joachim (1999c): Zugänge zum selbstgestalteten Lernen aus subjektwissenschaftlicher Sicht. In: Nuissl, E./Schiersmann, Ch./Siebert, H./Weinberg, J. (Hrsg.): Literatur- und Forschungsreport Weiterbildung, 43, S. 60-74

Ludwig, Joachim (2001): Die Kategorie „subjektive Lernbegründung" als Beitrag zur empirischen Differenzierung der Vermittlungs- und Lernerperspektive mit Blick auf das Forschungsmemorandum für die Erwachsenen- und Weiterbildung. In: Faulstich, P. (Hrsg.): Wissen und Lernen, didaktisches Handeln und Institutionalisierung – Beiheft zum Report. Bielefeld: Bertelsmann, S. 29-38

Ludwig, Joachim (2003a): Subjektwissenschaftliche Didaktik am Beispiel Fallarbeit. In: Grundlagen der Weiterbildung, 3, S. 119-121

Ludwig, Joachim (2003b): Lehr-, Lernprozesse im virtuellen Bildungsraum. In: Arnold, R./Schüßler, I. (Hrsg.): Ermöglichungsdidaktik. Baltmannsweiler: Schneider Verlag Hohengehren, S. 262-275

Ludwig, Joachim (2003c): Subjektwissenschaftliche Didaktik. In: Grundlagen der Weiterbildung, 14, 3, S. 118-120

Ludwig, Joachim (2004): Vermitteln – verstehen – beraten. In: Faulstich, P./Ludwig, J. (Hrsg.): Expansives Lernen. Baltmannsweiler: Schneider Verlag Hohengehren, S. 112-126

Ludwig, Joachim (2005a): Modelle subjektorientierter Didaktik. In: Literatur- und Forschungsreport Weiterbildung, 1. Bielefeld: Bertelsmann, S. 75-80

Ludwig, Joachim (2005b): Bildung und expansives Lernen. In: Bildung und expansives Lernen. In: Hessische Blätter für Volksbildung, H. 4, S. 328-336

Ludwig, Joachim (2006): Lehren und Lernen in der Erwachsenenbildung – subjektorientiert? In: Ludwig, J./Zeuner, Ch. (Hrsg.): Erwachsenenbildung 1990-2022. Entwicklungs- und Gestaltungsmöglichkeiten. Weinheim/München: Juventa, S. 99-118

Ludwig, Joachim (2007): Kompetenzentwicklung und Bildungsberatung als reflexiver Selbstverständigungsprozess. In: Heuer, U./Siebers, R. (Hrsg.): Weiterbildung am Beginn des 21. Jahrhunderts. Münster u. a.: Waxmann, S. 183-196

Ludwig, Joachim/Müller, Kurt R. (2001): Moderationstext zur Gestaltung des Arbeitsmodells ‚Fallarbeit' in der gewerkschaftlichen Bildungsarbeit. In: Müller, K.R./Melchler, M./Lipowski, B.: Verstehen und Handeln im betrieblichen Ausbildungsalltag. München: Bayerisches Staatsministerium für Arbeit und Sozialordnung, Familie, Frauen und Gesundheit

Lüders, Christian (1989): Der wissenschaftlich ausgebildete Praktiker. Entstehung und Auswirkung des Theorie-Praxis-Konzepts des Diplomstudiengangs Sozialpädagogik. Weinheim: Deutscher Studien Verlag

Luhmann, Niklas/Schorr, Karl Eberhard (Hrsg.) (1982): Zwischen Technologie und Selbstreferenz. Fragen an die Pädagogik. Frankfurt am Main: Suhrkamp

Luhmann, Niklas/Schorr, Karl Eberhard (1988): Reflexionsprobleme im Erziehungssystem. Frankfurt am Main: Suhrkamp

Lyotard, Jean-François (1999): Das postmoderne Wissen. Wien: Passagen

Mader, Wilhelm/Weymann, Ansgar (1975): Erwachsenenbildung. Theoretische und empirische Studien zu einer handlungsorientierten Didaktik. Bad Heilbrunn: Julius Klinkhard

Mann, Alfred (1948): Denkendes Volk, volkhaftes Denken. Grundsteine zum Bau der deutschen Volkshochschule. Braunschweig: Westermann

Marinis, Pablo de (2000): Überwachen und Ausschließen. Machtinterventionen in urbanen Räumen. Pfaffenweiler: Centaurus-Verlagsgesellschaft

Markard, Morus (2003): Wissenschaft, Kritik und gesellschaftliche Herrschaftsverhältnisse. Eröffnungs-Beitrag bei der BdWi-Herbstakademie am 24.09.2003. In: Forum Wissenschaft, Jg. 20, H. 4, S. 61-65

Maturana, Humberto/Varela, Francisco (1980): Autopoiesis and Cognition: The Realization of the Living. Boston: D. Reidel

Meueler, Erhard (1990): Hauptsache: Selbstbestimmt – Über Sozialformen und Methoden einer subjektorientierten Erwachsenenbildung. In: Faulstich, Peter (Hrsg.): Lernkultur 2006. München: Lexika, S. 115-144

Meueler, Erhard (1993): Die Türen des Käfigs. Wege zum Subjekt in der Didaktik. Stuttgart: Klett-Cotta

Meueler, Erhard (1998): Erwachsenen lernen. Beschreibungen, Erfahrungen, Anstöße. Stuttgart: Klett-Cotta

Meueler, Erhard (2002): Fortbildung und Subjektentwicklung. In: Report: Literatur- und Forschungsreport Weiterbildung, H. 49, S. 59-68

Meueler, Erhard (2005): Didaktik der Erwachsenenbildung/Weiterbildung als offenes Projekt. In: Tippelt, Rolf (Hrsg.): Handbuch Erwachsenenbildung/Weiterbildung. Wiesbaden: VS - Verlag für Sozialwissenschaften, S. 677-690

Meyer-Drawe, Käthe (1990): Illusionen von Autonomie. Diesseits von Ohnmacht und Allmacht des Ich. München: Kirchheim

Meyer-Drawe, Käthe (1996): Versuch einer Archäologie des pädagogischen Blicks. In: Zeitschrift für Pädagogik, Jg. 42, H. 5, S. 655-664

Miller, Peter/Rose, Nikolas, S. (1994): Das ökonomische Leben regieren. In: Schwarz, R./Donzelot, J. (Hrsg.): Zur Genealogie der Regulation. Anschlüsse an Michel Foucault. Mainz: Decaton-Verlag, S. 54-108

Miller, Peter/Rose, Nikolas S. (1998): Governing Economic Life. In: Mabey, C./Salaman, G./Storey, J.: Strategic Human Ressource Management. A Reader. London: Thousand Oaks/New Delhi: Sage

Mollenhauer, Klaus (1972): Erziehung und Emanzipation. Polemische Skizzen. München: Juventa Verlag

Müller, Kurt R. (1998): Handlung und Reflexion – "Fallorientierte" universitäre Bildung im Studiengang Pädagogik. In: Knoll Jörg (Hrsg.): Hochschuldidaktik der Erwachsenenbildung. Bad Heilbrunn: Julius Klinkhardt, S. 68-129

Nell, Werner (1998): Bildungsbegriffe und Lernkulturen. In: Nell, Werner (Hrsg.): Lernkultur – Wandel. Mainz, S. 9-23

Nicklis, Werner S. (1967): Kybernetik und Erziehungswissenschaft. Bad Heilbrunn: Julius Klinkhard

Nittel, Dieter (2000): Von der Mission zur Profession. Bielefeld: Bertelsmann

Nipkow, Karl E. (1977): Bildung und Entfremdung. Überlegungen zur Rekonstruktion der Bildungstheorie. In: Zeitschrift für Pädagogik, 14. Beiheft ‚Historische Pädagogik'. Weinheim/Basel: Beltz, S. 205-229

Nittel, Dieter (1996): Die Pädagogisierung der Privatwirtschaft und die Ökonomisierung der öffentlich verantworteten Erwachsenenbildung. In: Zeitschrift für Pädagogik, Jg. 42, H. 5, S. 731-750

Nohl, Hermann (1939): Die sittlichen Grunderfahrungen. Eine Einführung in die Ethik. Frankfurt am Main: Schulte-Bulmke

Nohl, Hermann (1961): Die pädagogische Bewegung in Deutschland und ihre Theorie. Frankfurt am Main: Schulte-Bulmke

Nuissl, Ekkehard (Hrsg.) (1999): Neue Lernkulturen. Literatur- und Forschungsreport Weiterbildung. 44, Frankfurt am Main: Deutsches Institut für Erwachsenenbildung

Olbrich, Joseph (1997): Geschichte der Erwachsenenbildung im Kontext gesellschaftlicher Modernisierung. In: Broedel, Rainer (Hrsg.): Erwachsenenbildung in der Moderne. Opladen: Leske und Budrich, S. 257-272

Olbrich, Josef (2001): Geschichte der Erwachsenenbildung in Deutschland. Opladen: Leske und Budrich

Opitz, Sven (2004): Gouvernementalität im Postfordismus. Macht, Wissen und Techniken des Selbst im Feld unternehmerischer Rationalität. Hamburg: Argument

Pasquino, Pasquale (1985): Moderne, Subjekt und der Wille zum Wissen. In: Gesa Dane (Hrsg.): Anschlüsse. Versuche nach Foucault, Tübingen: Edition Diskord, S. 39-54

Pasquino, Pasquale (1993): Krieg und Frieden – Foucault und die Geschichte der modernen politischen Theorie. In: Tüte. Wissen und Macht. Die Krise des Regierens; Tübingen: Edition Diskord, S. 74-79

Picht, Georg (1964): Die deutsche Bildungskatastrophe. Analyse und Dokumentation. Olten: Walter

Pieper, Marianne/Gutiérrez Rodriguez, Encarnación (2003): Gouvernementalität – Ein sozialwissenschaftliches Konzept. Frankfurt am Main: Campus

Podewils, Graf Clemens von (1975): Tendenzwende: Zur geistigen Situation der Bundesrepublik Deutschland. Stuttgart: Klett

Pöggler, Franz (1972): Hermeneutische Philosophie. Zehn Aufsätze. München: Nymphenburger Verlag

Pongratz, Ludwig A. (1990): Schule als Dispositiv der Macht. Pädagogische Reflexionen im Anschluss an Michel Foucault. In: Vierteljahrsschrift für wissenschaftliche Pädagogik, Jg. 66, H. 3, S. 289-308

Pongratz, Ludwig A. (2004): Schule zwischen Disziplinar- und Kontrollgesellschaft. In: Ricken, N./Rieger-Ladich, M. (Hrsg.): Michel Foucault: Pädagogische Lektüren. Wiesbaden: VS – Verlag für Sozialwissenschaften

Pongratz, Ludwig A./Wimmer, Michael/Nieke, Wolfgang/Masschelein, Jan (Hrsg.): Nach Foucault. Diskurs- und machtanalytische Perspektiven der Pädagogik. Wiesbaden: VS – Verlag für Sozialwissenschaften

Popper, Karl (1932): Logik der Forschung. In: Keuth, H.: Karl Popper. Gesammelte Werke, Band 3. Tübingen: Mohr Siebeck

Reckwitz, Andreas (2000): Die Transformation der Kulturtheorien. Zur Entwicklung eines Theorieprogramms. Weilerswist: Velbrück

Reckwitz, Andreas (2003): Grundelemente einer Theorie sozialer Praktiken. Eine sozialtheoretische Perspektive. In: Zeitschrift für Soziologie, Jg. 32, H. 4, S. 282-301

Reichenbach, Roland (2007): Grundriss der Pädagogik. 14. Philosophie der Bildung und Erziehung. Eine Einführung. Stuttgart u. a.: Kohlhammer

Ricken, Norbert/Rieger-Ladich, Markus (Hrsg.) (2004): Michel Foucault: Pädagogische Lektüren. Wiesbaden: VS – Verlag für Sozialwissenschaften

Ricken, Norbert/Rieger-Ladich, Markus (2004): Michel Foucault: Pädagogische Lektüren. Eine Einleitung. In: dies. (Hrsg.): Michel Foucault: Pädagogische Lektüren. Wiesbaden: VS – Verlag für Sozialwissenschaften, S. 7-13

Rieger-Ladich, Markus (2004): Unterwerfung und Überschreitung: Michel Faucaults Theorie der Subjektivierung. In: Ricken, N./Rieger-Ladich, M. (Hrsg.): Michel Foucault: Pädagogische Lektüren, Wiesbaden: VS – Verlag für Sozialwissenschaften, S. 203-223

Rose, Niklas/Miller, Peter (1994): Das ökonomische Leben regieren. In: Donzelot, J./Meuret, D./Miller, P./Rose, N. (Hrsg.): Genealogie der Regulation. Mainz: Decaton

Roth, Heinrich (1962): Die realistische Wende in der pädagogischen Forschung. In: Neue Sammlung Jg. 2, S. 481-490

Rose, Nikolas S. (1992): Governing the Enterprising Self. In: Heelas, P./Morris, P. (eds.): The Values of the Enterprise Culture. The Moral Debate. London/New York: Routledge, pp. 141-164

Roth, Heinrich (1969): Die Bedeutung der empirischen Forschung für die Pädagogik. In: Oppholzer, S. (Hrsg.): Denkformen und Forschungsmethoden der Erziehungswissenschaft, Band 2: Empirische Forschungsmethoden, München: Ehrenwirth, S. 15-62

Rumpf, Horst (2006): Die Macht der Lehrgänge und die Ohnmacht des Subjekts. Über politische Implikationen der aktuellen Bildungsreform. In: Erziehungskunst, Jg. 70, S. 31-36

Sawicki, Jana (1991): Disciplining Foucault: Feminism, Power, and the Body. London und New York: Routledge

Schatzki, Theodore/Knorr-Cetina, Karin/Savigny, Eike von (Hrsg.) (2001): The Practice Turn in Contemporary Theory. London: Elsevier

Schäfer, Karl-Hermann/Schaller Klaus (1976): Kritische Erziehungswissenschaft und kommunikative Didaktik. Heidelberg: Carl Auer Verlag

Schirlbauer, Alfred (1996): Im Schatten des pädagogischen Eros. Destruktive Beiträge zur Pädagogik und Bildungspolitik. Wien: Sonderzahl

Schiersmann, Christiane (2003): Lernwege der Zukunft. In: Gary, Christian (Hrsg.): Erwachsenenbildung im Wandel. Wien: ÖIBF, S. 11-19

Schlutz, Erhard (1984): Sprache, Bildung und Verständigung. Bad Heilbrunn: Julius Klinkhard

Schlutz, Erhard (2005): Weiterbildung und Kultur. In: Tippelt, Rudolf (Hrsg.): Handbuch Erwachsenenbildung/Weiterbildung. Wiesbaden: VS – Verlag für Sozialwissenschaften

Schmidt-Semisch, Henning (2004): Risiko. In: Bröckling, U./Krasmann, S./Lemke, T. (Hrsg.): Glossar der Gegenwart. Frankfurt am Main: Suhrkamp, S. 222-227

Schmitz, Gabriela (2004): Auswahlbibliographie zur Michel Foucault-Rezeption. In: Ricken, N./Rieger-Ladich, M. (Hrsg.): Michel Foucault: Pädagogische Lektüren, Wiesbaden: Verlag für Sozialwissenschaften, S. 303-310

Sesink, Werner (1990): Der Eigensinn des Lernens. Die Dialektik der menschlichen Natur und ihr Bildungsschicksal in Familie, Schule, Arbeit und Staat. Weinheim/Basel: Beltz

Siebert, Horst (1978): Allgemeine Didaktik der Erwachsenenbildung. In: Report: Literatur- und Forschungsreport Weiterbildung, H. 1, S. 5-21

Siebert, Horst (1994): Lernen als Konstruktion von Lebenswelten. Frankfurt am Main: Suhrkamp

Siebert, Horst (1996): Bildungsarbeit konstruktivistisch betrachtet. Frankfurt am Main: Suhrkamp

Siebert, Horst (1999): Pädagogischer Konstruktivismus: eine Bilanz der Konstruktivismusdiskussion für die Bildungspraxis. Neuwied/Kriftel: Luchterhand

Siebert, Horst (2005): Erwachsenenbildung in der Bundesrepublik Deutschland – Alte Bundeslänger und neue Bundesländer. In: Tippelt, Rolf (Hrsg.): Handbuch Erwachsenenbildung/Weiterbildung. Wiesbaden: VS – Verlag für Sozialwissenschaften, S. 54-80

Siebert, Horst (2006): Didaktisches Handeln in der Erwachsenenbildung. Didaktik aus konstruktivistischer Sicht. Augsburg: Ziel

Simon, Fritz B. (1999): Die Kunst, nicht zu lernen. Und andere Paradoxien in Psychotherapie, Management, Politik. Heidelberg: Carl-Auer-Systeme Verlag

Simons, Jon (1995): Foucault & the political. London/New York: Routledge

Spitzer, Manfred (2000): Geist im Netz. Modelle für Lernen, Denken und Handeln. Heidelberg u. a.: Spektrum

Spranger, Eduard (1935): Die ästhetische Wirklichkeit. Eine Einführung. Frankfurt am Main: Schulte-Bulmke

Sprenger, Reinhard K. (2001): Aufstand des Individuums. Warum wir Führung komplett neu denken müssen. Frankfurt am Main/New York: Campus

Stehr, Nico (2001): Wissen und Wirtschaften. Die gesellschaftlichen Grundlagen der modernen Ökonomie. Frankfurt am Main: Suhrkamp

Tietgens, Hans (1990): Vorbemerkungen. In: Hollenstein, E. u. a.: Lernen Erwachsener zwischen Anleitung und Selbstorganisation. Bonn: Pädagogische Arbeitsstelle Deutscher Volkshochschul-Verband, S. 8-12

Tietgens, Hans (1992): Reflexionen zur Erwachsenendidaktik. Bad Heilbrunn: Julius Klinkhardt

Tietgens, Hans (1999): Anthropologische und bildungstheoretische Implikationen lebenslangen Lernens. In: Arnold, R./Giesecke, W. (Hrsg.): Die Weiterbildungsgesellschaft, Band 1. Neuwied/Kriftel: Luchterhand

Tietgens, Hans (1971): Erwachsene im Feld des Lehrens und Lernens. Braunschweig: Westermann

Tietgens, Hans (2001): Teilnehmerorientierung. In: Arnold, R./Nolda, S./Nuissl, E. (Hrsg.): Wörterbuch Erwachsenenbildung. Bad Heilbrunn: OBB, S. 304-305

Tietgens, Hans/Weinberg, Johannes (1971): Erwachsenen im Feld des Lehrens und Lernens. Braunschweig: Westermann

Tuschling, Anna (2004): Lebenslanges Lernen. In: Bröckling, U./Krasmann, S./Lemke, Th. (Hrsg.): Glossar der Gegenwart. Frankfurt am Main: Suhrkamp, S. 152-159

Varela, Francisco J. (1990): Kognitionswissenschaft – Kognitionstechnik. Frankfurt am Main: Suhrkamp

Voß, Günter/Pongratz, Hans J. (1998): Der Arbeitskraftunternehmer. Eine neue Grundform der Ware Arbeitskraft. In: Kölner Zeitschrift für Soziologie und Sozialpsychologie, Jg. 50, H. 11; S. 131-158

Wagenschein, Martin (1968): Verstehen lehren. Genetisch - Sokratisch – Exemplarisch. Weinheim/Basel: Beltz

Weber, Susanne/Maurer, Susanne (Hrsg.) (2006): Gouvernementalität und Erziehungswissenschaft. Wissen – Macht – Transformation. Wiesbaden: VS – Verlag für Sozialwissenschaften

Weinert, Franz E. (1982): Formen direkter Unterweisung. Schwierige Lernsteuerung. Tübingen: Deutsches Institut für Fernstudien

Willke, Helmut (2004): Einführung in das systemische Wissensmanagement. Heidelberg: Carl-Auer-Systeme Verlag

Wittpoth, Jürgen (2003): Lernkulturen einst und jetzt. In: Brödel, R./Siebert, H. (Hrsg.): Ansichten zur Lerngesellschaft. Baltmannsweiler: Schneider Verlag Hohengehren, S. 155-164

Wrana, Daniel (2003): Die Karriere lebenslangen Lernens. Eine gouvernementalitätstheoretische Studie zum Weiterbildungssystem. Beitrag zur

Tagung: Führe mich sanft. Gouvernementalität – Anschlüsse an Michel Foucault. Frankfurt am Main: Selbstdruck

Wrana, Daniel (2006): Das Subjekt schreiben. Reflexive Praktiken und Subjektivierung in der Weiterbildung. Eine Diskursanalyse. Baltmannsweiler: Schneider Verlag Hohengehren

Wrana, Daniel/Langer, Antje/Schotte, Julia/Schreck, Bruno (2001): Verstrickungen: Volk – Bildung – Faschismus. Entwurf einer diskursanalytischen Studie. Gießen: Studien- und Forschungsberichte der eb. giessen. URL des Volltextes: http://geb.uni-giessen.de/geb/volltexte/2003/1116/

Yeatmann, Anna (1997): Interpreting Contemporary Contractuslism. In: Boston, J. (Hrsg.): The State under Contraxt. Wellington: Press, S. 124-139

Zeuner, Christine (2005): Theoretische Grundlagen didaktischer Ansätze in der Erwachsenenbildung. In: Report. Literatur- und Forschungsreport Weiterbildung, H. 1, S. 65-66

Zeuner, Christine/Faulstich, Peter (1999): Erwachsenenbildung: eine handlungsorientierte Einführung in Theorie, Didaktik und Adressaten. Weinheim/München: Juventa

Pädagogik

Kathrin Audehm
Erziehung bei Tisch
Zur sozialen Magie eines Familienrituals

2007, 226 Seiten, kart., 24,80 €,
ISBN 978-3-89942-617-5

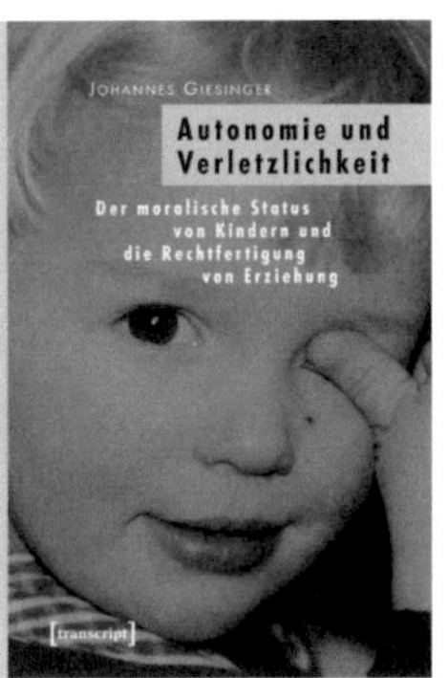

Johannes Giesinger
Autonomie und Verletzlichkeit
Der moralische Status von Kindern
und die Rechtfertigung von Erziehung

2007, 218 Seiten, kart., 23,80 €,
ISBN 978-3-89942-795-0

Ghodsi Hejazi
Pluralismus und Zivilgesellschaft
Interkulturelle Pädagogik in modernen
Einwanderungsgesellschaften.
Kanada – Frankreich – Deutschland

August 2009, ca. 350 Seiten, kart., ca. 29,80 €,
ISBN 978-3-8376-1198-4

Leseproben, weitere Informationen und Bestellmöglichkeiten finden Sie unter www.transcript-verlag.de

Pädagogik

Fabian Lamp
Soziale Arbeit zwischen Umverteilung und Anerkennung
Der Umgang mit Differenz in der sozialpädagogischen Theorie und Praxis

2007, 258 Seiten, kart., 25,80 €,
ISBN 978-3-89942-662-5

Antje Langer
Disziplinieren und entspannen
Körper in der Schule – eine diskursanalytische Ethnographie

2008, 310 Seiten, kart., 29,80 €,
ISBN 978-3-89942-932-9

Christiane Thompson, Gabriele Weiss (Hg.)
Bildende Widerstände – widerständige Bildung
Blickwechsel zwischen Pädagogik und Philosophie

2008, 228 Seiten, kart., 26,80 €,
ISBN 978-3-89942-859-9

Leseproben, weitere Informationen und Bestellmöglichkeiten finden Sie unter www.transcript-verlag.de

Pädagogik

AUTOSTADT GMBH (HG.)
DENK(T)RÄUME Mobilität
Bildung – Bewegung – Halt
2005, 176 Seiten, kart., 17,80 €,
ISBN 978-3-89942-357-0

THOMAS BRÜSEMEISTER,
KLAUS-DIETER EUBEL (HG.)
Zur Modernisierung der Schule
Leitideen – Konzepte – Akteure.
Ein Überblick
2003, 426 Seiten, kart., 26,80 €,
ISBN 978-3-89942-120-0

WILTRUD GIESEKE, STEFFI ROBAK,
MING-LIEH WU (HG.)
Transkulturelle Perspektiven auf Kulturen des Lernens
September 2009, ca. 250 Seiten,
kart., zahlr. Abb., ca. 25,80 €,
ISBN 978-3-8376-1056-7

BRITTA HOFFARTH
Performativität als medienpädagogische Perspektive
Wiederholung und Verschiebung
von Macht und Widerstand
April 2009, 270 Seiten, kart., 25,80 €,
ISBN 978-3-8376-1095-6

PETER KOSSACK
Lernen Beraten
Eine dekonstruktive Analyse des
Diskurses zur Weiterbildung
2006, 218 Seiten, kart., 25,80 €,
ISBN 978-3-89942-294-8

THORSTEN KUBITZA
Identität – Verkörperung – Bildung
Pädagogische Perspektiven der
Philosophischen Anthropologie
Helmuth Plessners
2005, 352 Seiten, kart., 28,80 €,
ISBN 978-3-89942-318-1

FELICITAS LOWINSKI
Bewegung im Dazwischen
Ein körperorientierter Ansatz für
kulturpädagogische Projekte mit
benachteiligten Jugendlichen
2007, 242 Seiten, kart., 25,80 €,
ISBN 978-3-89942-726-4

RUPRECHT MATTIG
Rock und Pop als Ritual
Über das Erwachsenwerden
in der Mediengesellschaft
März 2009, 264 Seiten, kart., 27,80 €,
ISBN 978-3-8376-1094-9

PAUL MECHERIL,
MONIKA WITSCH (HG.)
Cultural Studies und Pädagogik
Kritische Artikulationen
2006, 322 Seiten, kart., 28,80 €,
ISBN 978-3-89942-366-2

CHRISTIAN SCHÜTTE-BÄUMNER
Que(e)r durch die Soziale Arbeit
Professionelle Praxis
in den AIDS-Hilfen
2007, 304 Seiten, kart., 29,80 €,
ISBN 978-3-89942-717-2

ELLEN SCHWITALSKI
»Werde, die du bist«
Pionierinnen der Reformpädagogik.
Die Odenwaldschule im Kaiserreich
und in der Weimarer Republik
2004, 394 Seiten, kart., 28,80 €,
ISBN 978-3-89942-206-1

ROBERT STÖLNER
Erziehung als Wertsphäre
Eine Institutionenanalyse
nach Max Weber
August 2009, 254 Seiten, kart.,
ca. 28,80 €, ISBN 978-3-8376-1183-0